KB187429

보노보
SOCIAL FINANCE
은행

2013년 7월 8일 초판 1쇄 발행
2016년 9월 9일 초판 3쇄 발행

지은이 이종수·유병선 외
펴낸곳 부키㈜
펴낸이 박윤우
등록일 2012년 9월 27일
등록번호 제312-2012-000045호
주소 03785서울 서대문구 신촌로3길 15 산성빌딩 6층
전화 02) 325-0846
팩스 02) 3141-4066
홈페이지 www.bookie.co.kr
이메일 webmaster@bookie.co.kr
제작대행 올인피앤비 bobys1@nate.com
ISBN 978-89-6051-322-8 03320

책값은 뒤표지에 있습니다.
잘못된 책은 구입하신 서점에서 바꿔 드립니다.

보노보

SOCIAL FINANCE

은행

착한 시장을 만드는
'사회적 금융' 이야기

이종수·유병선 외 지음

부·키

차례

보노보 은행이
희망이다

"나는 가끔 우리가 보노보를 먼저 발견하고 나중에 침팬지를 알았거나 혹은 전혀 몰랐다면 어떤 일이 일어났을까 상상하곤 한다. 인간의 진화에 관한 논의는 폭력성과 전쟁과 남성의 지배보다는 섹슈얼리티, 공감, 배려, 협력을 중심으로 전개되었을 것이다. 그러면 지적 풍토가 지금과는 완전히 달라졌을 것이다!"

―프란스 드 발, 『내 안의 유인원』

섬뜩했다. 악마의 현시(顯示)였다. 2008년 9월 16일, 투자은행 리먼브라더스가 파산한 다음 날이었다. 화가 제프리 레이먼드(Geoffrey Raymond)가 뉴욕 월스트리트의 리먼브라더스 건물 앞에서 '주석이 있는 초상화' 작업을 펼쳤다. 길거리에 리처드 펄드(Richard Fuld)의 초상화를 세워 놓고 지나가는 사람들이 저마다 한마디씩 적게 하는 작업이었다. 1994년부터 14년간 리먼브라더스를 지휘한 펄드는 당시 월가 최장수 은행장이었다. 은행문을 닫기 반 년 전만 해도 미국 주간투자지 『바론즈』가 '미스터 월가'(Mr. Wall Street)라 했던 인물이 그다. 행인들이 펄드 초상화의 여백을 메웠다. '탐욕', '약탈', '부패', '카지노', '흡혈귀'…. 분노와 조롱의 주석이 빼곡했다. '미스터 월가'의 모습은 악의 화신이 되었다. 신뢰가 사라지자 금융은 악마의 얼굴을 했다.

뜨악했다. 잘못은 했는데 '내 탓'만은 아니라는 거였다. 2009년 1월 30일, 글로벌 금융 위기 와중의 스위스 휴양도시 다보스에서 벌어진 일이다. 시가총액 기준으로 세계 2위이자 유럽 최대 은행인 영국 HSBC의 스티븐 그린(Stephen Green) 회장이 세계경제포럼(WEF)에서 입을 열었다. "은행들이 명백하게 잘못하고 있다. 일부 관행은 어떤 잣대로 보더라도 인류의 후생에 백해무익했다." 서브프라임모기지(비우량주택 담보대출) 이후 내놓은 무책임한 반성이었다. 그린은 월가 붕괴로 미국식 경제체제의 대외 확산 전략을 뜻하는 '워싱턴 컨센서스'의 수명이 다했다고도 했다. 시장 만능주의의 제단이 무너졌다는 것이다. 하지만 그의 속내는 반성이 아니었다. 그린은 '은행을 악마화하진 마라'고 목소리를 높였다. 구제금융에 손을 내밀면서도 천문학적인 보너스를 챙기는 금융계의 파렴치에 비난이 쏟아졌지만, 그린은 보너스를 탓하지 마라고도 했다.

그린이 대변한 거대 금융자본의 입장을 요약하면 이렇다. '전문가조차 이해하기 어려운 금융 공학을 동원해 갚을 능력도 없는 사람들에게 너무 많은 돈을 빌려 준 은행의 잘못은 명백하다. 하지만 사람들도 갚지 못할 돈을 너무 많이 빌리지 않았는가. 그러니 은행을 악마로 보지 마라.' 그린의 말도 일리는 있다. 은행과 금융이 어찌 그 자체로 악마일 수 있겠는가. 그러나 악마화하지 마라는 건 금융의 탐욕과 악덕 행위를 희석시키려는 물 타기였고, 여론의 불신과 분노, 조롱에 대처하는 금융의 역공이었다. 보너스는 정당하니 은행을 악마화하지 마라고 했던 HSBC는 돈세탁과 불법 거래 혐의로 2012년 말 미국 정부에 약 19억 달러를 추정당했다. 은행의 '명백한 잘못'은 '일부 관행'의 문제에 머무르지 않는다는 얘기다.

멀뚱했다. 금융 위기로 삶이 위기에 빠지면서도 우리는 그랬다. 2009년 세밑, 미국 인터넷 신문 「허핑턴포스트」에 아리아나 허핑턴(Arianna Huffington)의 칼럼이 실렸다. 새해를 앞두고 다짐 하나쯤은 할 터이니, '계좌 옮기기'(Move Your Money)를 결심해 보자는 요지의 글이었다. 불량 제품을 사지 않듯, 불량한 거대 은행에 대해 불매운동을 벌이자는 것이다. 허핑턴은 고객의 예금으로 도박판을 벌이고는 탈이 나자 도리어 협박하고 나서는 거대 은행에서 계좌를 빼지 못할 이유가 무엇이냐고 물었다. 돈이 드는 일도 아니고 계좌를 바꾸는 약간의 번거로움만 감수하면 되는 일이라면서 말이다. 허핑턴은 펄드의 초상화에 분노와 조롱의 주석을 남기거나 하며 은행을 악마화하지 마라는 뻔뻔함에 침만 뱉고 돌아설 것인가, 아니면 금융 서비스 이용자이자 시민으로서 잘못된 판을 바꾸는 한 걸음을 내딛을 것인가의 갈림길을 제시했다.

'계좌 옮기기'는 2011년 9월 월가 점령 운동과 더불어 급속하게 시민운동으로 확산됐다. 11월 5일을 '계좌 바꾸는 날'(Bank Transfer Day)로 정하는 등 2012년 말까지 미국인 1000여만 명이 월가의 공룡 은행과 거래를 끊었다. 불길은 영국으로도 번졌다. 독일과 이탈리아, 북유럽에선 미국보다 먼저 조용하게 계좌 옮기기가 진행됐다. 계좌 옮기기의 참가자들은 금융 위기에 분노하고 실망했지만 뉴욕의 월가나 런던의 더 시티와 다른 길을 걸어온 은행, 계좌를 옮기고 싶은 '다른 은행'에서 희망도 발굴했다. 생태 위기에 대한 각성에서 윤리적 소비를 하는 '소비자 시민'으로 거듭났

듯, 금융 위기 속에서 '금융 시민'이 태동한 것이다.

그런데 이런 흐름 속에 한국 사회는 멀뚱했다. 왜 계좌를 옮기는지, 어디로 옮기자는 것인지, 그래서 무엇을 바꾸겠다는 것인지를 공감하지 못했다. 영미·유럽의 국민과 똑같이 나쁜 금융에 분노하고 실망하면서도 왜 우리는 그들처럼 희망은 발견하지 못한 것일까. 이러한 물음에서 이 책은 출발했다.

돈과 금융에 대한 다른 생각

이기와 이타, 경쟁과 배려, 자유와 평등이 뒤엉켜 밀고 당기는 것이 사람 사는 세상이듯이 금융도 양면성을 가진다. 낙담과 분노를 불러일으키거나, 자존과 희망을 중매하는 게 금융이다. 금융이 두 얼굴을 하는 건 세상살이의 혈액이라고 하는 '돈'을 다루는 한 불가피한 일이다. 악마의 금전일 수도 있지만, 잠재력을 열어 주는 '가능성의 씨앗'이나 인간 존엄을 위한 '해방의 도구'가 될 수 있는 게 돈이다. 돈이 '나쁜 주인'이지만 '좋은 하인'이라는 말도 그래서 나온다. 문제는 인간과 사회, 돈과 금융의 양면성을 어떻게 조화롭게 공존하도록 할 것인가다. 금융 자체를 악마화할 수 없다면, 돈에 대한 다른 생각을 해야 할 때다.

돈은 꿍치고 쌓아 두는 것이 아니라 돌리는 것이다. 돈이 많아야만 사회가 잘 돌아가는 건 아니다. 혈액양이 많다고 사람이 건강하다고만은 할 수 없는 것과 같다. 피는 산소를 공급하는 수단일 뿐이다. 돈은 제대로 돌 때 돈답다. 돈은 액면가를 표시하는 숫자로서의 교환가치 외에 어떠한 가치도 없다. 돈은 실물의 재화와 서비스 생산에 기여하지 않고는 가치를 만들어 내지 못한다. 돈이 '나쁜 주인'으로 군림하게 된 데에는 '물구나무 선 금융'의 탓이 크다.

금융의 본분은 여유와 필요 사이에 돈을 중개하는 것이다. 돈이 자체로 아무런 가치를 지니지 않듯, 금융은 어떤 재화도 생산하지 못한다. 돈의 중개 자체가 가치를 만드는 것은 결코 아니다. 하지만 나쁜 금융은 마치 돈으로 돈을 '생산'하는 것처럼 행동한다. 고객이 아니라 주주의 이익을 극대화하는 주주 자본주의가 극성을 부리면서 금융은 가치를 생산하는 실물경제에 돈을 돌리는 게 아니라 돈으로 돈을 벌겠다는 허상을 좇는다. 금융이 부추긴 부동산 거품이 그 예다. 예컨대 한 아파트가 여러 차례 거래되면 집값만 바뀔 뿐 새로운 아파트가 생겨나는 건 아니다. 그래서 '거품'이다. 그런데도 금융은 부동산 1만 원어치 상품을 만들어 내지 않고도 1만 원을 2만 원으로 만들 수 있다고 사기를 쳤다. 부동산 '거품'으로 파생 상품이라는 더 큰 '거품'을 만들었다. 이를 두고 로널드 베네딕터(Ronald Benedikter) 스탠퍼드대 객원교수는 "부동산 거품은 돈을 땅에 묻는 것이고, 파생 금융은 돈을 허공에 뿌리는 것"이라고 했다. 금융 위기를 불러온 월가의 돈 놓고 돈 먹기 식 도박판은 실물경제에서 돌아야 할 돈을 땅에 묻고 허공에 뿌린 결과라는 이야기다.

돈으로 무한히 돈을 벌 수 있다는, 돈에 대한 잘못된 생각이 금융 위기를 불렀다. 고객이 맡긴 돈(저축과 투자)을 땅에 묻고 허공에 뿌려 판을 키운 도박으로 주주에게 배당하고 보너스를 챙겼다. 그러면서도 시장에 맡기기만 하면 다 잘된다고 우겼다. 약탈이고 사기다. 금융을 사회 서비스로서가 아니라 이기적 목적의 도구로 악용했다. 고객에 서비스하고 그 대가로 이자와 수수료를 받는 것이 아니라, 주주 이익을 극대화하기 위해 이자와 수수료를 물렸다. 실물경제의 금융 서비스 제공자이어야 할 금융이 실물경제를 자신의 돈줄로 여겼다. 본말 전도다. 이것이 시장 만능주의와 주주 자본주의를 신주 단지로 떠받들며 세상을 어수선하게 한 '침팬지 경제'의 실세, '침팬지 은행'의 정체다.

위기 속에서 발견한 '참된 금융'

위기는 기회를 품고 있다. 2008년 월가의 금융 붕괴가 그랬다. '섬뜩'과 '뜨악'의 경험은 각성을 재촉했다. 이윤 극대화로 치닫는 '침팬지 은행'에 분노하면서도 금융이란 본디 그런 거려니, 대안이 없지 않느냐며 방관하던 자세를 고쳐 잡게 했다. 규제 완화가 침팬지 은행의 울타리만 터 준 꼴임을 후회했다. 녹색 투자니 윤리적 펀드니 사회 공헌이니 하는 침팬지 은행의 구호가 거품의 도박판을 가리는 눈속임일 뿐이라는 사실을 확인했다. 은행이 거대해질수록 안전해지기는커녕 사회를 위기로 빠뜨리고 납세자의 호주머니를 터는 강도가 된다는 것도 깨달았다.

위기로 드러난 침팬지 은행의 추악함은 돈과 금융에 대한 다른 생각,

다른 시선을 갖게 했다. 우리를 멀뚱하게 했던 '계좌 옮기기'가 그 예다. 침팬지 은행의 덩치에 가려 잘 보이지 않았고, 카지노 금융에 홀려 애써 보려고도 하지 않았던 '다른 금융'이 위기 속에서 도드라진 것이다.

다른 금융을 좀 더 들여다보면 도박판 같은 '침팬지 경제'의 한복판에 당당하게 뿌리내린, 뼛속까지 '제대로 된 금융'도 발견된다. 이들은 '윤리적 은행', '녹색 은행', '가치 지향 금융', '지속 가능 금융', '통합의 금융'이라 불리기도 한다. 침팬지 은행과 확연히 다르고, 나쁜 금융과도 구분된다. 이들을 우리는 '보노보 은행'(Bonobo Bank)이라 쓰고 '사회적 금융'(Social Finance)으로 읽고자 한다. 이 책은 바로 이들의 이야기다.

따지고 보면 은행이나 금융에 윤리적·녹색·가치 지향·지속 가능이란 수식어를 달고 사회적이란 말을 붙이는 것은 '둥근 동그라미'와 같은 동어반복일 수 있다. 금융이란 본디 경제적 합리성과 사회적 책임성이 나란히 균형을 이루어야 마땅하기 때문이다. 그런데도 그런 수식과 구분이 성립하는 이유는 명백하다. 침팬지 은행이 균형을 깨뜨리고 금융의 사회적 책임을 쓰레기통에 처박은 탓이다. 금융이 길을 잃은 것이다. 금융이 금융 다음의 새 길을 여는 창조적 파괴의 생생한 현장을 이 책에서 확인할 수 있다.

올라프 베버(Olaf Weber) 캐나다 워털루대 교수는 사회적 금융을 '경제적 지속성과 더불어 사회적·생태적 임팩트를 적극적으로 추구하는 가치 지향 금융의 한 갈래'라고 규정한다. 사회·환경 문제의 해결에 기여하는 금융을 사회적 금융이라고 보는 이도 있다. 수식어가 다양한 것처럼 사회적 금융을 한마디로 정의하긴 쉽지 않다. 사회적 금융의 실험과 진화가 현재 진행형인 까닭이다. 넓게 보면 사회적 금융은 돈을 주인으로 섬기는 침팬지 금융과 다른 금융, 돈과 금융을 보다 나은 세상 만들기의 '좋은 하인'으로 삼는 금융이라 할 수 있다. 이처럼 사회적 금융, 즉 보노보 은행은 '금융 서비스의 공급자가 금융 서비스로 인한 사회적 영향을 중시하고 이에 적극적으로 관여하는 사회적 금융'이다.

인간 존엄성을 우선하는 보노보 은행

보노보 은행은 유인원 '보노보'를 닮았다. 침팬지에 비해 덩치도 작고 수도 적고 힘도 약하고 습성도 판이하다. 그렇기에 보노보는 침팬지와 달리 공감과 우애, 배려와 환대로 무리를 지탱한다. 보노보가 침팬지와 더불어 인간 본성의 또 다른 반쪽이라는 점에 주목할 필요가 있다. 침팬지 은행이 판치는 금융에서 무너진 균형을 바로잡을 복원의 동력과 방향이 보노보 은행의 금고 속에 있기 때문이다.

보노보 은행은 사람(People)·환경(Planet)·이익(Profit)의 '3P'를 추구한다. 돈도 벌고 세상도 구하는 금융이다. 물론 사람이 우선이다. 돈 나고 사람 났다고 하는 침팬지 은행과 달리 사람 나고 돈 났다는 단순한 철학에 두 발을 단단히 딛고 있다. 보노보 은행은 돈을 벌지만, 돈을 벌기 위해서만 은행 문을 열지는 않는다. 침팬지 은행이 팽개친 '사회 지향성'을 보노보 은행은 끌어안는다. 기존 금융 시스템의 바깥이 아니라 그 안에서 금융다움을 실현한다. 여느 금융기관과 마찬가지로 금융법의 규제를 따르면서도 인간 존엄성과 공동체의 가치를 지키면서 활동한다.

보노보 은행은 문명이나 발전을 외면하는 '고결한 미개'와는 거리가 멀다. 도박이나 노예무역에 반대한 18세기의 초보적인 사회적 투자에서 비롯된 사회적 금융으로서 보노보 은행이 본격적으로 등장한 것은 1970년대 초의 일이다. '로마클럽'이 '지속 가능한 발전'(sustainable development)이란 용어를 처음으로 사용한 제1차 보고서 「성장의 한계」가 1972년에 나왔다. 이듬해엔 경제학자 E. F. 슈마허(Ernst Friedrich Schumacher)가 성장 지상주의에 대한 성찰과 대안을 모색한 명저 『작은 것이 아름답다』를, 경제적 성장과 비경제적 성장을 구분한 생태경제학의 선구자 허먼 데일리(Herman Daly)가 『정상 상태 경제를 향하여』를 펴냈다. 이러한 선구적 성찰에 대한 금융의 응답이 보노보 은행이다. 보노보 은행은 경제가 영구적으로 성장할 수 있고 또한 성장해야만 한다는 주류 경제학을 근본적으로 의심한다. 지속 가능성을 추구하는 보노보 은행은 '고결한 미개'가 아니라 금융의 '오래된 미래'인 것이다.

보노보 은행은 나쁘지 않음이 곧 좋음이란 등식을 거부한다. 실물경제에 돈을 돌리지 않고 거품을 키워 돈으로 돈을 벌 궁리나 하는 침팬지 은행의 '나쁨'을 보노보 은행은 거들떠보지도 않는다. 무기나 마약, 아동노동으로 벌어들인 돈이나 환경오염을 유발하는 더러운 돈도 마다한다. 다만 더 나은 세상을 위한 적극적인 금융을 지향할 뿐이다. 보노보 은행은 금융을 변혁의 의제 설정자로 보고, 금융의 힘을 빌려 잠재된 사회적 창조력을 해방하려 하는 '해방의 금융'이다. 인간 개발과 연대의 확장을 추구하는 '휴머니즘 금융'이다.

가치 지향·관계 지향·임팩트 지향의 금융

보노보 은행이 기본적으로 공유하는 특성으로 세 가지를 꼽을 수 있다.

첫째, 가치 지향 금융이다. 보노보 은행은 금융이 금과옥조로 여기는 '가치중립성'의 위선과 맞선다. '돈이 구린 건 아니다'(Pecunia non olet)•란 오래된 경구는 돈이 교환가치만을 지닌 숫자에 지나지 않는다는 점을 강조할 때 자주 입에 오른다. 가치중립성을 가지는 돈과 금융이 '보이지 않는 손'에 의해 세상을 이롭게 한다고도 한다. 하지만 돈이 인생의 전부라는 생각이 지배적인 현대 사회에서 과연 돈이 교환가치만을 지녔다고 할 수 있을까. 과연 돈은 가치중립적인 것인가. 어떻게 번 돈인지, 어디에 쓸 돈인지를 묻지도 따지지도 않는 게 금융다움이라는 건 위선이다. 금융은 신용을 중개한다. 상대를 '믿고' 돈을 빌려 주거나 외상으로 거래하는 것이 신용이다. 여윳돈을 받아 책임을 지고 대출하는 신용의 중개 기관으로서 금융은 결코 가치중립적이지 않고, 그럴 수도 없다. 화폐의 가치중립성 뒤로 몸을 숨길 때 금융은 병든다. 금융에 '보이지 않는 손'이란 없다.

자금 중개는 복잡한 가치 사슬로 얽혀 있다. 가치의 사슬 속에서 금융의 가치중립성은 설 자리가 없다. 대표적 보노보 은행인 '트리오도스 은행'(Triodos Bank)의 프란스 드 클레르크(Frans De Clerck) 이사는 "금융기

• 로마 9대 황제 베스파시아누스(Vespasianus)가 재정을 늘리려고 공공 화장실에 이용료를 부과하면서 악취는 화장실에서 나는 것이지 돈에서 나는 게 아니라고 주장하며 했다는 말로, 화폐의 가치중립성을 설명하는 논거로 쓰인다.

관이 사회적, 윤리적, 지속 가능성에 대해 중립성 원칙을 적용하는 것은 자금 운용에 관한 의사 결정에서 윤리적, 사회적, 환경적 고려를 배제하는 것이나 다름없다"고 말한다. 돈과 자본은 어떻게 쓰이는가에 따라 인간과 사회에 중대한 영향을 미친다. 보노보 은행은 가치중립성을 금융의 사회적 무책임으로 여긴다. 그래서 금융이 더 착하고, 사회에 더 의미 있어야 한다고 본다. 하지 말아야 할 것과 힘써 해야 할 것의 두 가지 실천 기준은 보노보 은행이 가치중립이 아니라 가치 지향의 금융이라는 것을 보여 주는 증거다.

둘째, 관계 지향 금융이다. 보노보 은행의 가장 두드러진 특징이 투명성이다. 돈이 어디서 들어와 어디에 어떻게 돌고 있는지를 1원까지 시시콜콜 밝힌다. 이는 금융 위기로 몰아넣은 침팬지 은행의 불투명성과 극적인 대조를 이룬다. 보노보 은행은 돈의 흐름을 투명하게 공개함으로써 돈을 맡긴 고객이든 돈을 쓰는 고객이든 서로 별개가 아니라 사회적으로 긴밀하게 얽혀 있는 존재라는 사실을 깨닫게 한다. 소통의 금융인 것이다. 고객들이 이자만 따질 게 아니라 금융 속에서 각자 예금자·투자자·대출자로서의 사회적 책임도 다할 것을 촉구한다. 투명성을 통해 고객과 고객, 고객과 금융의 대화를 유도하기도 한다. 규제는 나쁜 길로 빠지려는 금융의 기회주의적 속성을 어느 정도 막을 수는 있어도, 좋은 길로 나서게 하지는 못한다. 결국 고객이 깨어 있는 금융 시민으로 거듭나고, 금융 스스로 돈보다 사람을 먼저 살필 때 착한 금융은 가능하다. 돈이 투명하게 돌수록 사회적 연대가 단단해지도록 하는 금융이 가능하다. 보노보 은행의 자금 중개는 곧 사람과 사람을 잇는 관계의 중개다.

셋째, 임팩트 지향의 금융이다. 보노보 은행은 이윤 극대화가 금융을 망친 주범이라고 여긴다. 부기거래상 재무상태표(옛 대차대조표)의 맨 아랫줄(bottom line)에 적히는 숫자가 당기순손익이다. 비즈니스 세계는 이 숫자의 색깔과 크기에 목을 맨다. 과정도 가치도 결단도 이 숫자에 짓눌린다. 주주 자본주의가 극성을 부리면서 어찌됐든 흑자의 숫자만 크면 최고라는 생각이 지배했다. 이윤만이 선(善)이라는 거다. 돈을 다루는 금융기관마저 이런 이윤 극대화의 포로가 됐다. 이윤을 늘릴 수만 있으면 직원을 가차 없이 해고했고, 워런 버핏(Warren Buffett)이 말했듯 '금융의 대량 살상 무기'라는 파생 상품도 마구 만들어 돌렸다. 결산의 수치만 좇던 침팬지 은행은 이익은 제 주머니에 넣고, 손실은 사회에 떠넘겼다. 보노보 은행의 재무상태표는 다르다. 결산 아래에 두 줄(double bottom line)을 둔다. 하나는 이윤이고, 또 하나가 '임팩트'(impact)다.

임팩트는 이윤만으로 재단될 수 없는 사회적·환경적·문화적 영향을 아우르는 말이다. '가치' 혹은 '가치 창조'와 같은 의미로도 쓰인다. 금융의 사회적 책임과도 직결된다. 단지 돈과 숫자만으로 세상을 설명할 수 있다고 믿어 온 기존의 학문과 사고의 틀로는 임팩트를 측정하고 계량하기 힘들 뿐이다. 보노보 은행이 여느 금융과 다른 이유의 하나가 임팩트를 중시하고, 그들 나름의 측정 잣대를 갖고 있다는 점이다. 보노보 은행은 실물경제의 지속 가능한 성장에 돈이 돌게 함으로써 사회적 혁신을 지원하는 금융을 추구한다. 임팩트가 기대되는 사업에는 높은 대출 리스크와 낮은 이윤을 기꺼이 감수한다. 그렇다고 이윤을 무시하는 건 아니다. 보노보 은행도 흑자를 내고 재무 건전성을 중시한다. 이윤에 대해 다른 생각을 할 뿐이다. 이윤 극대화가 아니라 임팩트를 위한 '적정 이윤'을 좇는다. 보노보 은행에게 적정 이윤이란 세상을 바꾸는 임팩트에 돈을 돌리면서도 적자로 은행 문 닫을 일은 없음을 확인하는 기준인 셈이다. 임팩트를 중시함으로써 이윤과 숫자의 이데올로기 중독에서 벗어나려는 것이다. 보노보 은행은 임팩트가 큰 프로젝트에 신용을 제공하고, 그 신용을 통해 임팩트의 총량을 늘리는 금융이다.

'참 금융'의 사회적 기업들

이 책은 크게 두 부분으로 나눠, 여수신 서비스를 제공하는 제도권 은행업을 1부에서 다루고, 2부에서는 다양한 사회적 금융의 혁신을 살폈다.

1부에서 살필 7개 은행(신협)은 보노보 은행의 특성을 공유하면서도 다른 금융의 가능성을 다양하게 보여 준다는 점에서 선정되었다. 물론 우리 사회에 던지는 시사점도 고려됐다. 이들의 사례는 뒤집힌 금융 질서 안에서도 얼마든지 금융이 두 발로 설 수 있음을 증거한다. 독일의 GLS 은행은 '대출과 나눔의 공동체 은행'이란 이름처럼 다른 금융의 본보기가 되는 보노보 은행의 선구다. 네덜란드의 트리오도스 은행은 기존 금융 시스템 내에서도 보노보 은행이 얼마든지 경쟁력이 있음을 웅변한다. 이탈리아의 방카에티카(Banca Etica)는 시민사회가 힘을 합쳐 만든 비영리 단체(NPO)를 위한 윤리은행이다. 캐나다 서부 최대 신협인 밴시티(Vancity)는

▶ 사회적 금융의 다양한 혁신 사례

구분	기관 이름	설립	국가	비고
은행	GLS 은행	1973	독일	협동조합은행
	트리오도스 은행	1975	네덜란드	주식회사(비상장)
	JAK 협동조합은행(JAK)	1997	스웨덴	협동조합은행
	뉴 리소스 은행(NRB)	2006	미국	주식회사
	방카에티카	1999	이탈리아	협동조합은행
	밴시티	1946	캐나다	신용협동조합
	쇼어 은행	1972	미국	주식회사, 2010년 파산
기금	CDFI 펀드	1994	미국	정부 기금, 민간 운영
	빅 소사이어티 캐피털(BSC)	2011	영국	민간 기금, 사회적 투자은행
	소셜 임팩트 본드(SIB)	2010	영국	사회 혁신 성과 채권
	어큐먼 펀드	1998	미국	사회적 벤처 캐피털
	SOS 사회혁신센터(CDI)	2010	프랑스	사회적 기업의 금융

금융 위기 이후 '착한 은행'에 안주하지 않고 '더 좋은 은행'으로 변신 중이다. 미국의 뉴 리소스 은행은 환경의 녹색 리더십을 발휘하는 금융을 실험 중이고, 스웨덴의 JAK 협동조합은행은 무이자 은행의 실험을 이어가고 있다. 미국의 쇼어 은행(Shore Bank)은 보노보 은행도 파산할 수 있다는 사례를 보여 준다.

2부에서 다룬 5개의 기금은 사회적 경제와 사회적 금융의 관계에 대한 시사점이 풍부하다. 미국의 마을은행 기금(CDFI Fund)은 정부가 출연한 기금으로 1000여 개를 헤아리는 마을은행(CDFIs)의 생태계를 가꾼다. 영국의 BSC는 휴면 예금 등 민간 기금을 재원으로 한 '사회적 금융의 투자은행'이다. 두 기관은 돈줄이 마르지 않게 하는 사회적 금융의 저수지인 셈이다. 영국의 SIB가 사회적 난제 해결과 금융을 결합한 혁신적인 '사회적 채권'이라면, 미국의 어큐먼 펀드는 기부의 자선을 투자의 금융으로 연결한 사회적 벤처 캐피털이다. SOS 사회혁신센터(CDI)는 프랑스의 사회적 기업 집단인 그룹 SOS가 자체적으로 만들어 낸 독특한 사회적 금융기관이다. 덧붙여 금융기관은 아니지만, 보노보 은행의 연구와 지원 및 네트워킹 단체와 '임팩트'의 보편적 측정 기준을 마련한 대표적인 단체를 다뤘다. 이들도 보노보 은행 생태계의 일부이기 때문이다.

이들 금융기관의 구체적인 사례와 앞에서 언급한 보노보 은행의 공통점을 겹치면 사회적 금융의 모습이 보다 또렷해진다. '금융의 사회적 기업'이 그것이다. 사회적 기업은 세상과 삶을 위협하는 사회적 난제에 대해 말랑말랑한 생각과 알록달록한 방식의 사회적 기업가 정신으로 혁신적 해법과 대안을 내놓는다. 보노보 은행은 사회적 기업가 정신을 금융 부문에 발휘하고 있다. 사회적 기업이 구체적 현실에서 난제들을 '직접적'으로 풀어낸다면, 보노보 은행은 그런 사회적 기업에 돈이 흐르게 함으로써 '간접적'으로 돌파한다는 게 차이라면 차이다. 하지만 이는 금융의 속성에서 비롯된 것일 뿐, 사회적 기업가 정신의 발현이라는 점에선 같다.

여느 사회적 기업과 마찬가지로 보노보 은행은 금융을 선악의 이분법으로 재단하지 않는다. 규제는 필요하지만 외부의 규제로 금융이 바로 설 수 있다고 보지도 않는다. 침팬지 은행이 시장 만능주의를 내세워 폐기한 사회적 기능을 내부에서 금융의 본업으로 끌어안을 때 비로소 금융은 인간의 얼굴을 할 수 있다. 보노보 은행은 '참 금융'을 향한다. 사람과 자연에 좋은 것이 금융에도 좋은 것임을 입으로가 아니라 몸으로 실천하고 성

과로 입증한다. '금융 민주화'란 빚을 늘리는 것이 아니라 돈의 속박에서
벗어나 희망과 잠재력을 키우는 것이라고 일러 준다. 보노보 은행은 '해방
의 금융', '금융 휴머니즘'이 불가능한 것이 아니라 불가피한 것임을 울림
있는 목소리로 외치고 있다. 프랑스 드 발의 말처럼 우리가 침팬지보다 보
노보를 먼저 알았더라면 세상은 지금과 다른 모습일 것이다. 그리고 우리
가 침팬지 은행보다 보노보 은행을 먼저 알았더라면 금융 위기 속에서 멀
뚱멀뚱하지도 않았을 터이다.

2013년 6월

필진을 대표해 **유병선** 적음

독일 GLS 은행 • 네덜란드 트리오도스 은행 • 스웨덴 JAK 협동조합은행 • 미국 뉴 리소스 은행 •

이탈리아 방카에티카 • 캐나다 밴시티 • 미국 쇼어 은행

1부

공존의 금융,
보노보 은행

열린 대출과
나눔을 실천하다

독일 GLS 은행

유병선

1973년 9월의 일이다. 쉰여섯 살의 변호사 빌헬름 에른스트 바르코프
(Wilhelm Ernst Barkhoff)와 사회학을 공부하는 서른두 살의 롤프 켈러(Rolf
Kerler)가 베를린의 독일연방 금융감독원을 찾아 은행 인가를 신청했다.
금감원 담당자는 뜨악했다. 은행이 뭔지 알지도 못할 것 같은 두 인물이
금융계의 상식으로 이해하기 힘든 청사진을 들고 와 협동조합은행의 설
립을 허가해 달라고 했기 때문이다. 바르코프 일행의 말을 찬찬히 듣고 난
담당자는 "당신들이 과연 은행을 경영할 수 있겠는가" 하고 물었다. 켈러
는 4년간 신용보증협동조합의 경영을 책임졌노라고 당당하게 답했다. 그
러자 그 담당자는 묘한 웃음을 지었다. '이 사람들아, 은행이 애들 장난인
줄 아는가?' 하는 반응이었다. 담당자는 켈러에게 은행 인가를 받고 싶으

면 6주짜리 은행 경영자 연수를 받고 확인서를 끊어 오라고 했다.

바르코프와 켈러는 자문을 받으러 신용협동조합중앙회도 두드렸다. 신협의 나라라는 독일의 신협중앙회조차 이들이 만들려는 새로운 은행에 호의적이지 않았다. 돈에 대한 다른 생각은 좋지만, 신용 리스크도 크고 규제도 까다롭고 경쟁도 심한 은행보다는 다른 금융기관을 생각해 보는 게 좋지 않겠냐는 권고도 받았다. 하지만 권고는 권고일 뿐이었다. 켈러가 6주 연수를 마치자 1974년 7월 금감원에서 은행 인가가 떨어졌다. 그러나 복병이 등장했다. 은행명이 문제였다. 설립 취지를 가장 잘 드러내는 '공동체 은행'(Gemeinschaftsbank)이라는 이름을 고집했지만, 상공회의소가 기존의 '공유 경제 은행'(Gemeinwirschaftsbank)과 헷갈린다며 바꾸라고 한 것이다. 상공회의소와의 밀고 당기기 끝에 '공동체 은행'을 쓰되 '대출과 나눔의 공동체 은행'(Gemeinschaftsbank für Leihen und Schenken)의 머리글자 'GLS'를 앞에 붙이자는 타협안이 나왔다. 마침내 인가 한 달 뒤인 8월 12일 독일 중서부 보훔 시에서 설립 자본금 5억 마르크의 협동조합은행 'GLS Gemeinschaftsbank eG'가 문을 열었다.

GLS 은행은 '특별한 보통은행'이다. GLS 은행의 설립자들은 '돈 나고 사람 났다'며 돈 바람을 일으키는 보통은행의 숲에 '사람 나고 돈 났다'라고 다른 생각을 하는 은행의 작은 씨를 뿌렸다. 당시 GLS 은행이라는 작은 씨에 눈길을 준 이는 별로 없었다. 하지만 강산이 세 번이나 바뀐 지금 세상은 GLS 은행이 문을 연 1974년을 '사회적·윤리적 보통은행'의 원년으로 기억하고 있다.

2010년 증권·금융 전문지 「뵈르제 온라인」(Börse Online)과 n-tv가 독일의 모든 은행을 대상으로 하는 '올해의 은행상'을 제정했다. 2008년 금융 위기 이후 과연 은행들이 은행다운가를 금융 소비자에게 물어보고자 만든 상이었다. 결과는 뜻밖이었다. 총자산 크기가 도이체방크의 0.1퍼센트에도 못 미치는 22억 유로에 불과하고, 한해 30만 유로의 순익밖에 올리지 못하는 '구멍 가게'인 GLS 은행이 독일 최고의 은행으로 뽑힌 것이다. 어쩌다 생긴 일이 아니다. GLS 은행은 2012년까지 3년 연속 '올해의 은행상'을 수상했다. 그러자 돈의 흐름만 좇던 주류 언론들도 시선을 돌렸다. '금융 위기의 승자'라며 윤리적 은행의 선두 주자인 GLS 은행을 집중 소개했다. 철학적으로나 진정성으로나 다른 은행들이 본받아야 할 위대하고도 획기적인 모델이라는 평가도 나왔다. 금융 소비자들도 생각을 바꾸고 있다. 2008년 이래 GLS 은행의 고객이 해마다 20~30퍼센트씩 늘고 있다. 2011년에만 매달 평균 2000명이 기존의 못 믿을 은행에 맡겼던 통장을 믿을 수 있는 GLS 은행으로 옮겼다. 이런 상황 변화에 대해 GLS 은행장 토마스 요르베르크(Thomas Jorberg)는 '우리의 역량으로 따라가기 힘들 지경'이라고 말했다. 조용히 뿌려진 작은 씨앗이 일을 내고 있는 것이다. 가히 금융계의 '보노보 혁명'이다.

은행다움의 혁신, 이것이 은행이다!

GLS 은행은 여전히 작은 협동조합은행이다. 2011년 회계연도 말 현재 조합원 2만 1636명, 고객 11만 6427명, 총자산

22억 6203만 유로, 연간 순이익 33만 8000유로다. 사업 영역이 독일 전역으로 확대된 것은 2003년부터다. 경영 위기에 빠진 '외코방크'(ÖkoBank)를 인수하면서 보훔 이외에 베를린, 프랑크푸르트, 프라이부르크, 함부르크, 뮌헨, 슈투트가르트 등 6곳에 지부를 두고 있다.

대출 자원은 외부 차입 없이 조합원 출자금과 고객 예금으로 충당한다. 돈에 대한 다른 생각과 깐깐함이 "수상한 돈은 받지 않고 더러운 사업엔 돈을 대지 않는다, GLS 은행을 믿고 맡긴 조합원과 고객의 귀한 돈은 사회와 생태를 이롭게 하는 데에 윤리적으로 써야 한다"라는 고집으로 이어졌다. 고객이 맡긴 예금의 안정성을 100퍼센트 보장함은 물론이다. 대출과 투자는 지독할 정도로 엄격한 심사를 거쳐 시행한다. 환경오염을 유발하는 기업이나 아동의 노동력을 착취하는 기업, 무기나 원전으로 수입을 올리는 기업은 대출 신청 자체를 할 수 없다. 심지어 세상에서 가장 안전하다는 미국 재무부 채권도 사지 않는다. 미국이 최대 환경오염 유발국이라는 이유에서다. 필요할 때는 다양한 펀드를 운용해 자금 수요에 대응한다. 돈에 대해 이토록 까다롭게 묻고 따지다 보니 자금 운용 규모는 크지 않다. 하지만 GLS 은행이 운용하는 돈은 작지만 따뜻하다. GLS 은행이 없었으면 돈이 흘러들지 못했을 곳까지 그 영향력이 미치기 때문이다. 사람을 내치는 돈이 아니라 사람을 끌어안는 '은행다움'의 복원이 GLS 은행이 이루어 낸 금융 혁신의 요체다.

1987년 독일 최초로 풍력발전 시설이 착공되었다. 체르노빌 원자력발전소 사고가 발생한 이듬해의 일이다. 당시 거들떠도 보지 않던 풍력발전 사업에 선뜻 돈줄을 대준 은행이 바로 GLS 은행이다. 재생에너지 개발의 가치에 돈의 힘을 쏟은 것이다. 1991년에는 세계 최초로 풍력발전 펀드도 내놨다. GLS 은행은 풍력과 태양광발전이 확대돼 기존의 중앙집중식 전력 공급 체계를 벗어나는 게 생태적으로 옳은 방향이라고 확신했다. 2011년 일본 후쿠시마 원전 사고 이후 독일의 탈원전 흐름에도 GLS 은행은 일조했다. GLS 은행 산하의 자선 신탁 재단(GLS Treuhand e.V.)이 탈원전 시민·환경단체들의 큰손 기부자이다. 2011년 GLS 은행의 재생에너지 부문 투융자 규모는 7개 풍력발전 단지와 296곳의 태양광 발전소 등 317개 프로젝트, 1억 7500만 유로에 달한다. 재생에너지 사업을 전담하는 2개의 자회사(GLS Beteiligungs AG, GLS Energie AG)도 운영하고 있다. 재생에너지가 GLS 은행 투융자의 가장 큰 부문을 차지한다. 가치 있는 진짜 경제에 돈이 돌게 함으로써 세상을 바꾸는 은행, GLS 은행이 사회적·생태적 은행으로 불리는 이유다.

2011년 생명역동농법(Bio-dynamics)[•]을 실행하는 헹켈 농장(Henkel Hof)이 GLS 은행에 자금 지원을 요청했다. 100헥타르의 농원에 작물과 가축을 키우는 이 농장에 GLS 은행은 8헥타르의 농지 매입 자금으로 7만 유로를 대출했다. 아울러 GLS 은행은 대출과 별도로 헹켈 농장 인근의 일반 농지 34헥타르를 매입했다. 물론 땅 투기 목적과는 거리가 멀다. 친환경 농법이 적용되지 않는 농지를 은행이 사들여 친환경 농법을 시행하는 이

• 독일의 인지학자 루돌프 슈타이너(Rudolf Steiner)가 창시한 친환경 유기 농법으로, 식물은 땅에서 생명을 얻고, 생명이 깃든 식물 섭취로 사람의 정신 질환을 치유한다는 철학을 바탕으로 삼는다. 생명역동농법으로 생산한 농산물은 '데메터'(Demeter)란 브랜드로 세계시장에서 비싼 값에 판매된다.

농장에 30년간 장기 임대해 준 것이다. 농장은 농지 매입 부담을 줄였고, 은행은 돈과 금융의 힘으로 친환경 농지를 그만큼 더 늘렸다. GLS 은행이 돈을 융통하는 방식은 대개 이렇다. 떼돈 벌 생각으로 아무것도 따지지도 않고 대출해 주고선 이자만 따 먹는 기존 은행과는 그 방식이 판이하다. 은행이 예금자와 친환경 농업의 연대를 매개하고 확장하는 것이다. GLS 은행은 2011년에만 이런 식으로 친환경 농업 부문에 9000만 유로를 융자했다.

이처럼 돈으로 공동체의 연대를 확장하는 GLS 은행의 방식은 뿌리가 깊다. 자금난에 시달리던 생명역동농법의 도텐펠더 농장(Dottenfelder Hof)은 1968년 GLS 은행의 전신인 신탁 재단에 15만 마르크를 지원해 달라며 손을 내밀었다. 이때 기발한 해법이 등장했다. 신탁 재단은 농장에 직접 돈을 대출해 주지 않는 방식으로 농장의 자금난을 해소했다. 재단은 농장 인근의 친환경 농산물 소비자들 200명에게 각각 1000마르크를 1년 분할상환 방식으로 대출했고, 소비자들은 대출받은 1000마르크를 도텐펠더 농장에 줬다. 1년간 공급받을 유기 농산물 대금을 미리 지불한 셈이다. 부담과 리스크를 여럿이 분담하는 '신디케이트론'에 가까운 방식이다. 농장은 1년간 운영자금을 은행 빚을 내지 않고 해결했고, 소비자들은 대출금을 1년간 좋은 먹거리 구입 비용으로 활용했다. 돈이 공동체를 더 단단하게 만들어 준 흔치 않은 사례다. 도텐펠더 농장 사례는 GLS 은행의 성공 사례로 남았고, 이후 세계 곳곳에서 등장한 공동체지원농업(Community Supported Agriculture, CSA)의 원형이 됐다.

GLS 은행의 '균등안전기금'(Ausgleichs und Sicherheits Fonds)은 돈에

대한 다른 생각을 단적으로 보여 주는 사례의 하나다. 이 기금은 상환이 어려워질 경우를 대비해 대출자들이 자발적으로 돈을 내 마련한다. 대출자 스스로 만약의 상환 불능에 대비해 마련한 자발적 연대보증의 신용 안전망인 셈이다. 기금에 가입하면 대출자는 각각 1년간 대변잔고(credit balance)의 0.25퍼센트를 갹출한다. 여기에 GLS 은행이 매칭펀드 방식으로 총 대변잔고의 0.25퍼센트를 부담한다. 이 기금은 독립적 신탁 자산으로서 대출자들로 이뤄진 수탁자가 관리한다. 2011년 560만 유로의 기금이 쌓였고, 지금까지 단 2건만 실행됐다. 이 결과는 실제 효과보다 훨씬 상징성이 크다.

GLS 은행은 예금자나 대출자에게 돈에 대한 철저한 자기 책임성을 요구한다. 이 은행은 인터넷 홈페이지와 1년에 세 번 발행되는 사외보『GLS 슈피겔』을 통해 은행에 들고나는 자금을 1유로까지 시시콜콜하게 밝힌다. 예금자가 은행이 어디에 어떻게 돈을 활용하는지 알아야 한다는 것이다. 이런 자기 책임적 감시 의무가 대출자에게도 적용된 것이 균등안전기금이다. 신용보증기금이 보험처럼 작동한다면, 균등안정기금은 대출자 스스로 대출에 대한 무한 연대책임을 공유하는 방식이다. 여느 은행들에서 문제만 터지면 원인 중 하나로 지목되는 '도덕적 해이'는 GLS 은행의 고객에게는 걱정할 필요가 없는 일이다.

GLS 은행이 잘하는 영역인 소액 대출(Microloan)은 혁신의 아이디어와 열정이 있고 조직도 있지만 늘 돈이 부족한 사회적 기업가들에게 귀중한 돈줄이 되고 있다. GLS 은행은 좋은 사업을 구상하면서도 기존 은행의 높은 문턱을 넘지 못해 속을 태우는 사람에게 평균 6000유로씩을 무담

독일 GLS 은행

보로 대출한다. 2011년만 해도 4876건, 3200만 유로의 소액 대출 실적을 기록했다. 2010년 독일 연방정부는 독일 내 소액 대출 관할기관으로 GLS 은행을 선정했다. 독일 정부와 유럽 사회 기금에서 제공된 1억 유로의 관리 책임을 맡은 것이다. GLS 은행은 독일 전역의 46개 마이크로파이낸스(Microfinance)° 대행 기관을 통해 이 기금을 운용한다. GLS 은행의 2011년 총 신규 대출 9612건 가운데 4876건이 소액 대출이다. GLS 은행 보훔 본사의 홍보 담당자인 에바 슈니바이스(Eva Schneeweiss)에 따르면 GLS 은행 소액 대출의 60퍼센트가 사회적 기업의 창업 및 운영자금으로 나간다고 한다. 돈으로 돈을 벌려는 사람이 아니라 세상을 보다 사람 살 만한 곳으로 만들려는 이들에게 흘러들어 가게 하는 GLS 은행이 사회적 금융의 선도 은행으로 꼽히는 까닭이 여기에 있다.

돈은 사람을 위해 존재한다

'GLS Bank, das macht Sinn.' GLS 은행의 로고 글귀다. 옮겨 보면 '말이 되는 GLS 은행'이란 의미다. 여느 은행들은 말이 안 된다는 뜻이기도 하다. 뭐가 말이 되고, 뭐가 말이 안 된다는 걸까. 그걸 압축하는 게 '돈은 사람을 위해 있다'는 이 회사의 모토다. 요컨대 돈으로 사람을 휘두르는 기존 은행은 말이 안 된다는 것이다. '사람 나고 돈

° 빈곤 퇴치 및 금융 소외 계층의 창업 지원 등 자활을 지원하는 대안 금융.

났다'는 생각을 실천하는, 그래서 말이 통하는 은행인 GLS 은행의 돈에 대한 다른 생각이 구체화되기 시작한 것은 1950년대 후반으로 거슬러 올라간다. 1968년부터 GLS 은행에 관여한 롤프 켈러는 2011년에 펴낸 『사람을 위한 은행(Eine Bank für den Menschen)』에서 은행 비전문가들이 은행다운 은행을 만들어간 과정을 소개했다.

GLS 은행을 설립한 선구자 빌헬름 에른스트 바르코프 변호사의 이야기부터 살펴보자. 1948년 변호사 자격을 딴 바르코프는 보훔 시에 법률사무소를 차렸다. 1950년대 후반 그에게 예상치 못한 제안이 들어왔다. 인지학에 바탕을 둔 발도르프의 교육 기관 '루돌프 슈타이너 학교'가 보훔 시에 문을 열면서 그를 학교 이사로 초빙한 것이다. 바르코프는 당시만 해도 인지학과 발도르프 교육에 대해 아는 바가 전혀 없었지만 이사직을 수락했다. 그러자 당장 학교 시설 개선과 확장을 위해 돈이 필요했다. 은행은 돈도 못 버는 학교에 뭘 믿고 대출해 주겠냐며 퇴짜를 놨다. 바르코프는 안면이 있는 지점장을 찾았다. 100여 명의 학부모와 교사가 계좌를 코메르츠방크로 옮기도록 할 터이니 대출을 해 달라고 제안했다. 마침내 은행이 움직였고 학교는 신개축 공사 자금을 마련할 수 있었다. 대수로울 것 없는 이 일에서 바르코프는 물론 함께 했던 학부모와 교사 들은 힘을 얻었다. 사람은 보지 않고 통장의 잔고와 담보만 보는 은행에 실망했지만, 한편으로는 함께 힘을 합친다면 막힌 돈줄도 뚫을 수 있다는 경험을 공유한 것이다. 이러한 경험으로 '금융'에 눈을 떴다.

1961년 6월 보훔에 '자선 신탁 재단'(Gemeinnützige Treuhandstelle)이 설립됐다. GLS 은행의 모체가 만들어진 것이다. 자선 신탁 재단은 GLS 은행 설립 이후 'GLS 신탁'(Treuhand)으로 이름을 바꾸어, 영리 금융은 GLS 은행이 맡고 비영리 금융은 신탁이 주도하는 이원 체제로 재편된다. 이 신탁의 설립 기금은 주로 발도르프 학교와 인지학 관련 단체들에서 나왔지만, 이후 기업인들이 참여하면서 기금의 규모가 커졌다. 광산과 철강 회사를 소유한 알프레드 렉스로트(Alfred Rexroth)는 1964년 10만 마르크 기부를 시작으로 이 신탁에 모두 1억 5000만 마르크를 후원했다. 1970년 보훔의 3층짜리 시립 극장 건물이 매물로 나오자 이를 매입해 신탁에 기부한 이도 그였다.

신탁에 돈이 쌓이자 손을 내미는 경우도 늘었다. 은행의 문턱을 넘지 못하거나, 간신히 문턱을 넘더라도 은행이 요구하는 신용 기준을 맞추기 힘든 사람과 단체 들의 하소연이 신탁에 쏟아졌다. 바르코프를 비롯한 신탁 사람들은 다른 방법을 찾았다. 신탁의 기부 활동은 계속하되, 신용이 부족해 융자를 얻지 못하는 이들을 위해 신용보증을 해 주자는 거였다. 그래서 만든 것이 1967년 '비영리 신용보증협동조합'(Gemeinnutzige Kredit-Garantiegenossenschaft, GKG)이다. 은행서 퇴짜를 당한 학교나 유치원, 비영리 단체들이 십시일반으로 출자를 해 스스로 부족한 신용을 확보할 수 있는 협동조합을 만든 것이다. 이 신보조합으로 GLS 선구자들은 은행을 향해 한 걸음 더 다가갔다.

신보조합 설립 직후인 1968년 바르코프는 코메르츠방크와 협상에 나섰다. 그는 10년 전 학교 공사비 대출 때의 경험을 살려 이를 지속적으로 활용할 방안을 제시했다. 그 방안은 이러했다. 신보조합 조합원들이 은행 계좌를 코메르츠방크로 옮기면, 코메르츠방크는 수신이 늘면서 발생한 신용의 0.5퍼센트를 광고비로 계상해 신보조합에 넘긴다. 이때 코메르츠방크는 신보조합의 유가증권 거래시 수수료를 절반으로 할인해 주는 것이다. 시중은행인 코메르츠방크는 수신이 늘었고, 신보조합은 기금이 늘면서 보증 한도를 늘렸다. 서로에게 이득이 되는 방안이었다. 이로써 신탁과 신보조합은 돈이 필요한 사람과 사업에 돈이 흐르게 해 주는 중개자였다는 점에서 사실상 은행의 기능을 했다. 그러나 바르코프와 GLS 은행의 선구자들은 여전히 목이 말랐다. 예금을 받을 수 없었던 것이다. 은행으로 가야 할 필요가 더 절실해졌다. 수신과 여신이 가능해야 돈에 대한 다른 생각이 제대로 실현될 수 있다고 보았기 때문이다.

1968년은 격동의 해였다. 유럽 전역이 68혁명의 소용돌이에 휩싸였다. 보훔의 바르코프와 그의 친구들도 예외는 아니었다. 이들은 혁명의 대의에는 동의했지만, 피켓과 메가폰만으로는 불의한 세상을 바로잡지 못한다고 생각했다. 그 대신 돈을 통해 사람들의 삶이 구체적으로 개선될 수 있는 사회적 금융, 새로운 은행의 씨앗을 뿌리는 일에 매진했다. 은행을 통해 예금자와 대출자가 깨어 있는 시민으로 거듭날 수 있도록 만드는 일이 68혁명에 대한 자신들의 소명이라고 여겼다. 변화는 스스로 변하고 바꿔 나갈 때 가능하다는 믿음이었다. 68혁명 이후 보훔의 바르코프 변호사 사무실은 밤마다 열기를 더했다. 모임은 바쁜 일과를 마치고 난 뒤인 밤 10시 이후에나 열렸다. 밤을 새우기 일쑤였다. 돈의 힘을 제대로 쓰이게 하자는 쪽으로 방향이 정해졌다. 신탁과 신보조합을 운영한 경험을 바탕으로 은행을 세우기로 했다.

문제는 자신들이 추구하는 바와 현실의 은행 운영 환경을 어떻게 화해시킬 것인가였다. 신탁과 신보조합을 만들 때부터 바르코프 일행이 그린 그림은 비영리 은행이었다. 여기서 화해하기 힘든 갈등이 일고 논쟁이 길어졌다. 고객은 이기적 목적으로 은행을 찾고 은행은 예금자와 대출자의 이기적 동기를 중개해 이익을 추구하는 금융 질서에서 이기심을 배제하는 금융이 가능할 것인가, 그런 방식으로 은행의 지속 가능성을 보장할 수 있겠는가, 그럼에도 불구하고 은행으로 가야만 하는가라는 물음이 꼬리를 이었다. 결론은 앞날을 장담할 순 없지만 초심을 잃지 말고 하나하나 풀어 보자는 거였다. 돈이 없다면 꿈을 실현하기 힘든 현실이기에 돈을 이기적이지 않게 다룰 수 있는 방법도 있지 않겠냐는 생각 끝에 결국 '비영리형 영리 은행'으로 가닥이 잡혔다. 보통은행으로서 은행의 모든 서비스를 제공하되, 사람과 사회와 환경을 사업의 최우선 순위에 올려놓기로 했다. 말하자면 침팬지가 판치는 자본주의 금융의 한복판에 인간의 얼굴을 한 보노보의 둥지를 틀겠다는 거였다. GLS 은행의 선구자들은 이런 은행이야말로 '말이 된다'고 보았다.

은행 설립에 우호적인 환경도 마련됐다. 1972년 독일의 신용협동조합인 슐체 계열과 라이파이젠 계열이 하나로 합쳤다. 신용협동조합의 발상국이기도 한 독일에는 19세기 후반 프란츠 슐체 델리치(Franz Hermann Schulze-Delitzsch)가 주도한 도시형 신협 계열의 민중 은행과 라이파이젠(F.W.Raiffeisen)이 이끈 농촌형 신협 세열의 라이파이젠 은행으로 양분된 채 1만 2000여 개의 신협이 난립했다. 부실을 털어 내는 합리화 과정을 거쳐 신협이 2589개로 통폐합되면서 1억 3000만 명의 조합원을 아우르는 '민중·라이파이젠 은행', 즉 '독일연방 신용협동조합중앙회'

(Bundesverband der Deutschen Volksbanken und Raiffeisenbanken, BVR)가 출범한 것이다. BVR은 단위 신협에 융자와 특별 투자자금을 제공하거나 유동성을 보장해 주는 지역별 4개의 중앙은행을 두고, 예금보험공사처럼 신협 고객의 예금 보장 기능도 갖췄다. 협동조합은행의 신뢰도가 커진 것이다.

GLS 은행의 선구자들은 은행의 형태에 대해 협동조합과 주식회사를 저울질하기도 했다. 자본 조달과 의사 결정이 수월하다는 점에서 주식회사로 가자는 목소리도 없진 않았지만, 협동조합의 민주적 의사 결정 방식을 채택하는 것이 사람을 위한 은행, 특별한 보통은행, 비영리형 영리 은행에 더 부합한다고 확신했다.

사람과 환경, 사회를 위해 돈을 쓰는 은행

1974년 GLS 은행이 문을 열었지만 그때부터가 시작이었다. 당장 수신은 어떻게 하고, 여신은 또 어떤 식으로 할 것인지도 난감했다. 처음부터 백지에 새로운 그림을 그리는 식이었다. 당장 대출 재원이 문제였다. 예금 고객을 유치하는 것이 관건이었다. GLS 은행은 외부 자금을 끌어들여 투융자를 할 생각은 애초부터 없었다. 수신 금리와 대출 금리 차액을 따먹는 이자 장사를 하자고 어렵게 은행을 만든 게 아니었다. 그래선 예금자와 대출자 모두에게 돈에 대한 다른 생각을 갖게 해 줄 수 없다고 보았다. 직접 신용을 위해서는 더뎌도 천천히 갈 수

밖에 없었다. 믿는 구석은 있었다. 아쉬운 대로 조합원의 출자금으로 대출을 해 줄 수 있고, 구멍가게 수준이라 은행 운영비도 크지 않았다. 무배당 원칙에 따라 조합원 출자금에 대한 배당 부담도 없었다. 창업 초기 수신은 다른 은행에 더부살이를 했다. 쾰른의 '사회적 경제 은행'(Bank für Sozialwirtschaft)이 GLS 은행의 수신 업무를 대행해 줬다.

GLS 은행이 가장 하고 싶어 하는 것은 돈이 사람을 위해 제대로 돌게 하는 것만이 아니다. 은행이란 본디 여윳돈이 있는 사람과 돈이 필요한 사람을 중개하는 일이다. GLS 은행은 여기서 한 발 더 나아가려 한다. 궁극적으로 자금 중개를 통해 예금자와 대출자가 익명의 관계가 아닌 사람과 사람으로서 이어 주려는 것이다. GLS 은행이 일찍부터 예금자에게 맡긴 돈이 어디에 쓰였으면 좋겠는지를 묻고, 이자를 예금자의 자발적 선택에 따라 전부나 일부를 기부할 수 있는 예금 상품을 내놓은 것도 이런 철학에 바탕을 두고 있다. 은행의 문턱을 넘는 순간 실명은 의미가 없어지고 '예금자 1' '대출자 2' 따위로 익명화되는 여느 보통은행과 GLS 은행은 분명한 차별점이 있다. 이런 점에서 GLS 은행은 고객을 대단히 피곤하게 만드는 은행이다. 세상에 대해 무관심해지지 말고 늘 깨어 있는 시민이 되라고 고객들을 닦달한다. 이 욕심 많은 은행과 거래를 하려면 고객들은 부지런해야만 한다. GLS 은행은 해마다 고작 20만~30만 유로, 우리나라 돈으로 3억~4억 원의 순이익을 내는 것을 자랑스럽게 여기는 은행이다. 여느 시중은행이라면 경영자가 당장 옷을 벗어야 할 사태이겠지만, GLS 은행은 돈에 대해, 이익에 대해 다른 생각을 갖고 있다. 쥐꼬리만 한 순이익을, 사람과 환경과 사회를 위해 돈을 이롭게 쓰면서도 적자를 보지 않았다는 증거로서 제시할 뿐이다. GLS 은행은 이것이 '말이 되는 은행'이자 금융의 지속 가능성이라고 주장한다. GLS 은행은 다음과 같은 지속 가능성에 대한 선언적 규정을 통해 어떤 은행이 되고자 하는 것인지를 분명히 하고 있다.

"지속 가능성이란 사회적·생태적·경제적 기준이 분명한 우선순위로 조화롭게 결합하는 것이다. 이윤 극대화 목적을 사회적·생태적 기준으로 보완하는 것과 거리가 멀다. '사회적'이란 완전한 사람이 되게 하는 것으로, 개인의 물질적·정서적·정신적 필요의 충족을 경제활동의 중심 가치로 삼는 것이다. 경제활동은 사람을 위해 봉사할 때에만 의미를 지닌다. '생태적'이란 지구의 생명체를 위한 기초를 지키고 개선하는 과업이다. 이에 반하는 경제활동은 장기적으로 그 기반을 파괴할 뿐이다. '경제'는 사회적·생태적 목적을 가능한 효과적으로 이루기 위한 수단으로 간주된다. 그 자체가 목적일 수 없다. 이윤은 필요한 사업과 경제적 행위의 결과일 뿐이다."

(「2011년 GLS 연례보고서」 중에서)

틈새에서 주류로의 도약을 준비한다

금융 환경이 급변하면서 GLS 은행도 변화가 불가피해지고 있다. 2008년 금융 위기 이후 고객이 급증하고 있지만 반가운 일만은 아니다. 보노보 은행의 선도 은행으로서, GLS 은행도 바뀌는 흐

름에 능동적으로 대처해야만 하는 것이다.

2011년 GLS 조합원 총회에서 주목할 만한 변화가 결정됐다. 설립 후 37년간 유지해 온 조합원 출자금 무배당 원칙을 바꾸었다. 앞으로는 출자금에 대해 2~4퍼센트의 배당을 하기로 의결한 것이다. 비영리형 영리 은행에 공감해 출자금 배당을 받지 않아 온 조합원의 94퍼센트가 배당제 도입에 동의한 이유는, 강화되는 은행 건전성 기준에 맞추기 위해서는 조합원과 출자금을 늘려 자기자본비율을 높여야 하기 때문이다. 아울러 한 단계 도약을 위해 은행의 문호를 확대해야 한다는 공감대도 커졌다.

이 결정으로 'GLS 은행 재단'(GLS Bank Stiftung)이 신설됐다. 배당제 도입에는 찬성하지만, 무배당의 정신을 지키고 싶은 조합원들이 재단에 배당금을 기부할 수 있게 하자는 건의에 따른 것이다. 이에 따라 GLS 은행도 기존 틀에서 약간의 변화가 불가피해졌다. 배당 기부를 원하는 조합원은 은행 출자금을 재단으로 옮기게 된다. GLS 은행의 비영리 부문이 신탁과 재단으로 나뉘어, 신탁은 기존 비영리 기금의 운용을 맡고 신설 재단은 돈에 대한 다른 생각을 널리 알리는 데 치중하기로 했다. 재단의 운영을 신탁이 맡도록 함에 따라 GLS 은행의 지배 구조는 유지했다. 은행과 신탁에 각각 운영 위원회가 있고, 이를 감독 위원회가 총괄하는 구조다.

사람을 위한 은행, GLS 은행의 고민은 사람에 관한 것이다. 이제껏 GLS 은행은 직원들에게 각별했다. GLS 은행이 고유한 빛깔을 유지할 수 있었던 힘은 '특별한 보통은행'의 취지에 깊이 공감한 행원들에게서 나왔다. GLS 은행의 고용 철학은 단단했다. 2007년에는 독일 '최고의 일자리'상을 받았을 정도다. 행원들은 두 개의 노동자 결사에 가입할 수 있다. '소득

서클'은 임금 협상을 맡고, '신뢰 서클'은 신규 직원 채용과 전출, 해고 등 고용조건에 대한 협상을 맡는다. 두 결사의 대표가 최고 의사 결정 기구인 감독 위원회에 참가한다. 직원은 대부분 조합원이기도 하다. 임금 정책도 독특하다. 여느 은행과 달리 성과급을 인정하지 않는다. 이윤을 좇지 말자는 합의에서다. 대신 모든 상근직 행원은 동일한 기본급을 받는다. 2011년 기본급은 한 달 2197유로다. 1인당 연간 저축 수당 480유로로는 기본급으로 간주된다. 여기에 자녀 수당, 출장 수당, 직무 수당 등 각종 수당이 추가된다. 노사 협상으로 정해지는 임금은 시중은행에 견줘 많지도 적지도 않은 수준이라고 한다. 눈에 보이지 않는 혜택도 크다. GLS 은행의 모든 행원들에게는 유기농 먹거리로 만든 아침과 점심이 무상으로 제공된다. 무엇보다도 사람을 위한 은행의 일원이라는 자부심이 가장 큰 복지다.

지금까지는 원만하게 운영되어 왔지만 조합원도 늘고, 고객도 늘고, 행원도 늘면서 초심이 흐트러지지나 않을까 하는 걱정을 해야 할 시점이다. 은행의 덩치가 커지면서 2010년 301명에서 1년 새 100여 명이나 늘어난 신규 행원들을 어떻게 GLS 은행 사람으로 바꾸는가를 고민할 때인 것이다. 모든 조직이 그러하듯 GLS 은행도 성장통을 피할 수 없게 됐다.

GLS 은행이 내부 소통과 직원 교육에 각별한 힘을 쏟는 이유가 여기에 있다. 시간과 돈을 아끼지 않는다. 한 달에 한 번씩 직원 포럼을 연다. 2010년 GLS 은행은 301명에 대한 지속 가능한 투자와 전문 교육 등 직원 교육비로 41만 6000유로를 썼다. 1인당 1300유로꼴이다. 그해 이 은행의 순이익은 25만 유로였다. 단순 비교가 억지스럽기는 하지만 GLS 은행은 순이익의 1.7배를 직원 교육비로 썼다. 내부에서 소통하고 공감하지 못하면서 어떻게 낯모르는 예금자와 대출자의 가교가 될 수 있겠냐는 것이다.

조직과 사업 확대에 따른 성장통을 어떻게 극복하느냐가 GLS 은행의 과제로 남아 있다. GLS 은행은 미래를 낙관한다. 난관이 없었던 적이 없었지만 함께하면 넘지 못할 장애는 없다는 믿음이 있다. 돈에 대해 다른 생각을 가진 '보노보 은행'에 고객이 몰리는 것도 금융 위기로 인한 반짝 유행이 아니라고 본다. '돈 나고 사람 났다'는 세계관이 바뀌고 있다는 것이다. 토마스 요르베르크 GLS 은행장은 유기농 먹거리를 떠올려 보자고 말한다. 예전엔 유기농 먹거리는 말 그대로 틈새시장에 속했지만 어느덧 대세가 되지 않았냐고 말이다.

대항해시대의 금융 혁명,
21세기에 되살아나다

네덜란드 트리오도스 은행

곽제훈

네덜란드는 한반도 면적의 20퍼센트, 남한 면적의 절반도 되지 않는 작은 나라이다. 그러나 자본주의를 개척한 근대 금융의 선구자로서 세계 경제 사에서 매우 독특한 위치를 차지하고 있다.

17세기 초에는 동방 교역을 확대하기 위해 동인도회사로 명명한 세계 최초의 주식회사를 세웠고, 이어 세계 최초의 주식거래소인 암스테르담 주식거래소를 설립하였다. 그리고 정부 보증에 의한 은행화폐 발행과 외 국환거래 등을 가능하게 한 최초의 근대식 은행인 암스테르담 은행을 설 립하였으며, 이 은행을 통해 현대의 신용 대출 개념이 탄생하게 되었다. 이러한 상업 개혁을 통해 네덜란드는 자본유통의 효율을 극대화하고, 해 양 무역을 독점하여 대항해시대 영화의 정점을 누리게 된다.

물론 경제 발전이 네덜란드에 영광만을 준 것은 아니다. 상업과 금융의 발달은 세계 최초의 금융 버블인 1630년대 튤립 파동과 금융 공황의 불명예까지 네덜란드인에게 안겼다. 그럼에도 불구하고 네덜란드 금융 혁명의 결과물은 근대 금융 체계의 발전에 커다란 영향을 미쳐 현대 자본주의 경제를 구성하는 핵심적 기구가 되었다.

네덜란드인을 나타내는 특징 중 대표적인 것이 상인 정신에 기반을 둔 실용주의이다. 강대국들 사이에서 바다보다 낮은 땅을 국토로 개간하고, 자원 부족과 열악한 생존 기반을 극복하기 위해 택한 그들의 돌파구는 철저한 상업적 실리 추구였으며, 이의 일환으로 누구보다 적극적으로 동방 해상 항로를 개척하고 자금을 유통하기 위한 금융 개혁을 이루어 낼 수 있었던 것이다.

수백 년이 지난 지금, 흥미롭고 중요한 사실은 네덜란드의 금융 혁명이 현시대에서도 재현되고 있다는 것이다. 새로운 금융 혁명가들은 20세기 유럽에서 태동했고 21세기 초 세계 금융 위기 이후 주목을 받기 시작한 사회적 금융의 깃발을 들고 있다. 네덜란드에서 이를 실체화하기 위해 선두에 선 기관이 바로 트리오도스 은행(Triodos Bank)이다. 트리오도스 은행의 궤적은 사회적 금융의 바다를 헤쳐 온 항해일지처럼 보인다.

사람, 환경, 이윤을 추구하는 세 개의 길

트리오도스 은행은 1980년에 네덜란드에서

설립된 은행이다. 네덜란드 중부의 제이스트에 본부를 두고 있으며, 벨기에, 영국, 스페인, 독일 등지에 지점을 두고 있다. 1968년 지속 가능한 금융에 관심을 갖고 있던 경제학자, 교수, 경영컨설턴트, 은행원으로 구성된 네 사람의 연구 모임을 시작으로, 1971년 트리오도스 재단(Triodos Foundation)을 설립하여 사회 혁신 프로젝트에 투융자하는 사업을 수행했다. 12년의 숙성 과정을 거쳐 1980년 네덜란드 중앙은행의 인가를 받아 정식으로 은행의 문을 열었다.

'Triodos'는 '3'이라는 뜻의 'tri'와 '길'을 뜻하는 'hodos'가 합쳐진 그리스어로 '세 개의 길'이라는 의미다. 이 세 개의 길은 다름 아닌 사람, 환경, 이윤이라는 지속 가능 경영의 3대 축을 나타낸다. 사회를 위해, 환경을 위해 일을 하면서 동시에 사업의 지속성을 보장하는 재무적 수익을 추구한다는 의미이다. 이름이 강조하는 것처럼 트리오도스 은행은 사용된 자금이 사회에 긍정적인 변화를 창조하는 것에 중점을 둔다.

트리오도스 은행은 사명을 통해 세 개의 길이 어디로 통하는지를 드러낸다. 첫째, 삶의 질을 향상하고 인간 존엄성이 중심에 있는 사회 창조에 기여한다. 둘째, 개인·조직·기업이 보다 의식적으로 사람과 환경을 유익하게 하는 방법으로 돈을 사용하도록 하고, 지속 가능한 발전을 촉진한다. 셋째, 고객에게 지속 가능한 금융 상품과 수준 높은 서비스를 제공한다.

트리오도스 은행은 설립 당시의 초심을 잃지 않고 있다. 아무리 수익성이 좋은 사업이라도 사명에 위배되는 일은 하지 않는다. 특이한 점은 이러한 사명을 엄밀히 준수하기 위해 '트리오도스 은행 주식관리재단'(Stichting Administratiekantoor Aandelen Triodos Bank, SAAT)을 설립하고, 모든 주식을 재단에 위탁하여 주권을 보호할 수 있도록 했다는 것이다. 트리오도스 은행 주식관리재단은 누구도 10퍼센트 이상의 주식예탁증서를 보유할 수 없도록 하고, 주식예탁증서 보유자가 연차 총회를 통해 재단 이사회를 구성하려 할 때는 트리오도스 은행 준법 감독관이 승인한 권고안에 따라 선임하도록 하는 장치를 마련해 놓았다. 은행의 근본 설립 목적을 주주 자본주의로부터 보호하기 위한 조치인 것이다. 트리오도스 은행이 주식회사이면서도 주식시장에 상장하지 않은 것도 같은 이유에서다.

트리오도스 은행은 주류 금융기관들이 영리만을 추구하면서 사회와 공공의 이익에는 무관심한 현실에 반발하여 탄생했다. 설립자들은 잘못된 현실을 발견한 덕분에 적극적으로 사회의 이익을 추구하는 '다른 금융'에 관심을 갖게 되었다고 말한다. 이들은 기독교적 사상과 자연과학이 융합된 철학이자 정신적 문화 운동인 인지학(人智學)의 영향을 받았다. 실제로 트리오도스 은행 정관의 서문은 인지학과 기독교적 종교 재건 운동이 설립자들의 지식의 원천이라고 명시하고, 주식관리재단의 정관에서는 인지학을 '영감의 원천'으로 표현하고 있다. 이처럼 인지학에 근거를 둔 연역적 윤리 의식은 은행을 설립하고 사명을 정립하는 데에 큰 영향을 주었다.

트리오도스 은행은 2009년 6월 『파이낸셜타임스』와 IFC(International Finance Corporation)로부터 '세계에서 가장 지속 가능한 은행'으로 선정되었다. 2011년 말 기준, 자산은 약 43억 유로에 이른다. 유럽의 '보노보 은행' 가운데 가장 큰 은행일뿐더러, 협동조합이 아닌 일반 기업 형태의 사회적 금융기관 중에서도 세계 최대다. 그렇다면 트리오도스 은행은 어떻게 이러한 성과를 낼 수 있었을까? 어떻게 상업성이나 실용주의와는 거리가 멀어 보이는 사회적 사업을 수행하면서 동시에 재무적 수익을 창출하고 대표적인 사회적 금융으로 성장할 수 있었을까? 트리오도스 은행의 항해일지가 그 물음에 대한 답을 제시한다.

세상도 바꾸고 돈도 버는 은행

트리오도스 은행의 업무를 크게 구분하면 예금 상품 운용 및 사업 자금 대출, 자산 운용, 프라이빗 뱅킹(private banking)의 세 분야로 나뉜다.

사업 포트폴리오 중 가장 큰 부분을 차지하는 것이 각 지점에서 수행하는 예금 상품 운용 및 사업 자금 대출이다. 최근의 연차 보고서에 의하면 트리오도스 은행이 창출하는 재무 수익의 약 80퍼센트가 이 분야에서 나오고 있다. 눈여겨볼 대목은 트리오도스 은행이 융자 심의를 할 때 가장 중시하는 것이 사업을 통해 창출되는 사회적 부가가치라는 점이다. 사회에 얼마나 긍정적인 영향을 주는지를 평가하고, 이어서 재무적 수익성을 검토하여 사업이 이윤을 창출하여 지속될 수 있는지를 본다는 뜻이다. 이러한 절차는 은행의 사명을 지키기 위한 실무 원칙으로 자리 잡았다.

융자 대상 사업 중 절반 정도를 차지하는 것이 환경을 이롭게 하는 사업이다. 주로 신재생에너지, 에너지 절약 프로젝트, 유기농 사업 등에 자

년도	2002	2003	2004	2005	2006	2007	2008	2009	2010	2011
자산	829	962	1,026	1,222	1,544	1,885	2,363	2,986	3,495	4,291
관리 자산	1,282	1,526	1,818	2,302	2,821	3,314	3,741	4,861	5,617	6,786
순수익	2.6	3.0	3.6	5.3	6.1	9.0	10.1	9.6	11.5	17.3

▶ 트리오도스 은행의 자산과 관리 자산 추이   단위: 백만 유로 및 퍼센트

금을 지원한다. 전체 융자액의 약 30퍼센트 정도는 사회적 기업이나 공익적 비영리 단체에 할당한다. 트리오도스 은행은 특히 사회와 환경에 긍정적인 부가가치를 창출할 수 있다면 일반 영리 기업의 사업도 얼마든지 융자 심의를 한다. 이는 단체의 법적 형태가 아닌 사업의 내용 자체를 평가하고 지원함으로써 사회적 영향력을 극대화하기 위한 실용적 방안이라 할 수 있다. 이외에도 그들은 교육 사업이나 각종 문화단체, 예술 사업 등에도 융자를 하며, 지방정부에 대한 단기 융자 및 개인 대출도 일부 수행한다.

트리오도스 은행은 산하에 트리오도스자산운용(Triodos Investment Management)을 설립하여 유럽과 신흥 성장국에서 다양한 펀드를 관리한다. 자산 운용은 트리오도스 은행 재무 수익의 18퍼센트 정도를 차지하고 있으며, 저소득층을 위해 소액 금융 서비스를 제공하는 마이크로파이낸스 기관, 친환경·문화 사업, 그리고 사회적 책임을 수행하는 상장기업에도 투자하고 있다. 트리오도스 은행은 사회의 이익을 제고하고 잠재력이 있는 기업을 직접 발굴하여 투자 대상에 추가하는 방법과, 부적합한 기업을 투자 대상에서 제외하는 방법을 모두 활용한다. 그러나 궁극적으로는 사회와 환경에 긍정적인 영향력을 창조하고 확대하기 위해 투자 대상과

사업을 찾아내고, 가능한 금융적 방법을 최대한 활용하여 투자를 실천하는 임팩트 투자를 지향하고 있다.

트리오도스 은행의 프라이빗 뱅킹은 전체 수익에서 아주 작은 부분을 차지한다. 그들은 프라이빗 뱅킹을 통해 개인이나 단체를 대상으로 종합적인 자산 관리 서비스를 제공하지만, 자산 관리도 지속 가능한 금융의 원칙을 고수한다는 점이 특징이다. 원칙을 지키기 위해 고객의 포트폴리오에 사회에 유익한 상품을 편입하고, 위험한 수익은 추구하지도 고객에게 권장하지도 않는다. 프라이빗 뱅킹의 사업 규모는 작지만 트리오도스 은행의 자산 관리 원칙에 부응하는 고객이 증가하는 추세다. 2011년 한 해 동안 수익률이 50퍼센트 가까이 증가하는 등 프라이빗 뱅킹은 전망이 밝은 사업 분야다.

지난 10년간 트리오도스 은행의 성장세는 괄목상대하다. 세계 금융 위기가 한창이던 2009년도의 순수익이 2008년보다 조금 하락한 것을 제외하고는 자산, 관리 자산, 순수익 모두 전년도에 비해 성장하지 않은 해가 없었다. 사실 금융 위기 이후에 순수익이 불과 4.95퍼센트 하락에 그친 것만으로도 뛰어난 성과를 냈다고 할 수 있으며, 이때에도 자산과 관리 자산은 변함없이 증가했다. 마치 금융 위기는 다른 세계의 사건이라는 듯이 기관의 규모와 영향력이 지속적으로 성장한 것이다.

2011년 현재 트리오도스 은행이 관리하는 자산의 규모는 68억 유로(약 10조원)에 이른다. 1980년에 54만 유로(약 8억 원)의 자본금으로 설립된 네덜란드의 작은 은행이 상업은행과도 경쟁이 가능한 은행으로 성장하며 성공의 신화를 쓰고 있다.

트리오도스 은행의 오늘을 만든 것들

트리오도스 은행의 성공은 우연이 아니다. 세계 금융 위기를 볼 때 금융업의 거시적 성장에 기인한 것도 아니다. 성공의 비결은 명실상부 다른 금융을 추구한 점이다. 트리오도스 은행의 오늘을 설명하면서 빠뜨릴 수 없는 것이 내부적 요인이다. 어찌 보면 금융이라면 당연히 해야 할 본분을 제대로 움켜쥐고 철저하게 실행한 것이 성공 요인이라는 점은 아이러니하다. 트리오도스 은행이 성공한 내부적 요인으로 세 가지가 꼽힌다.

첫째, 철저한 실물 중심의 자산 운용 원칙이다. 트리오도스 은행은 사명의 이행을 경영의 중심에 놓고 실물 자산에 근거한, 사회의 편익을 증가시킬 수 있는 수요에만 자금을 지원한다. 2008년 전후의 세계 금융 위기는 파생 상품과 금융기관의 탐욕이 불러온 경제 위기라고 해도 과언이 아니다. 파생 상품은 실물 자산이 아니라 수식과 인위적 설정에 의해 창조된 가공의 자산으로서 단기적 수익성이 높은 반면, 손실 리스크가 크고 구조가 복잡한 일종의 투기성 자산이라 할 수 있다. 그러나 많은 상업 금융기관들이 이러한 위험성을 고려하지 않은 채 파생 상품의 높은 수익성에 미혹되어 거래에 뛰어들었다. 심지어 금융 전문가조차 이해하기 어려운 상품을 판매하면서 수수료를 챙기고 위험을 고객에게 떠넘겼다. 거대 상업 금융기관들은 수익과 규모는 크지만 자산에 내포된 위험도 크며, 금융 위기와 같은 충격에 취약할 수밖에 없다. 반면 실물과 사회적 영향에만 관심을 갖는 트리오도스 은행은 이윤은 크지 않지만 지속적이며, 관리하는 모든 자산이 큰 위험을 내포하지 않아 외부에서 오는 위기와 충격에도 강하다. 트리오도스 은행이 불가피하게 파생 상품을 취급하는 경우가 있는데, 오로지 기관이나 고객의 리스크를 회피하기 위한 목적으로만 취급한다. 예를 들면 해외에 투자를 한 뒤 환율 변동에 의한 잠재적 손실을 예방하기 위해 통화 선물을 매도하는 식이다. 트리오도스 은행은 복잡한 금융 기술의 발전이 반드시 사회적 발전과 동행하는 것이 아니며, 사명의 이행과 금융 기법의 올바른 활용만이 사회적 발전을 보장한다는 것을 알고 있는 것이다.

둘째, 경영의 투명성이다. 트리오도스 은행은 자금 운영의 투명성을 높이기 위해 투융자금의 상세한 사용처를 대중에게 공개한다. 기관의 보고서를 통해서도 이를 공개하지만, 홈페이지에는 이를 더욱 쉽게 확인할 수 있도록 만들어 놓았다. 홈페이지를 통해 분야별, 지역별로 자금이 어떻게 사용되는지와, 개별 사업에 대한 자세한 설명을 볼 수 있어 트리오도스의 예금자나 투자자는 자신의 돈이 제대로 쓰이고 있는지를 바로 확인할 수 있는 것이다. 이러한 투명성은 기관의 신뢰도를 높이게 되어 새로운 고객을 유치하는 데 긍정적인 영향을 주며, 기존 고객의 충성심도 강화시키는 효과가 있다. 게다가 대중에게 돈의 쓰임을 공개함으로써 경영진의 사명에 대한 자세나 사회적 의무감을 돌아볼 수 있게 하는 역할까지 한다. 공개의 원칙은 간단하고 쉽지만, 자금 유통이 비밀스럽게 이루어지고 부실마저 은폐되는 주류 상업금융에서는 흉내 내기 어려운 사업 원칙일 것이다.

셋째, 세 개의 길을 걷는 전문성이다. 아무리 좋은 사명과 경영 철학이 있다고 해도 기관을 운영하는 것은 사람이며, 직원의 전문성과 능력은 성과를 위해 절대로 간과할 수 없는 부분이다. 트리오도스 은행은 1990년까지만 해도 겨우 19명의 직원을 가진 작은 조직이었다. 그러다 인력의 전문성을 제고하는 일에 집중하면서 본격적인 성장의 순풍을 타게 되었다. 은행의 덩치를 키우기보다 은행과 함께할 사람부터 키운 것이다. 지속 가능성의 전제가 되는 공공성과 이윤의 동시 성취는 이상 없는 현실주의자나 현실성 없는 이상주의자 모두 실현하기가 어렵다. 달리 말해 능력만을 중시하여 직원의 성품과 마인드를 고려하지 않는 것이나, 심성과 의지만을 중시하여 직원의 능력과 지식 수준을 고려하지 않고 조직을 운영하는 것은 모두 바람직하지 않다는 것이다. 트리오도스 은행의 직원들은 은행의 설립 목적을 자신의 것으로 만드는 것은 물론 금융인으로서의 뛰어난 실무 능력을 갖추지 못하면 성장하기 어렵다는 것을 누구보다 잘 안다. 의욕만 앞세워 경험과 지식이 풍부한 인력을 키우지 못했다면 트리오도스 은행의 오늘은 없었을 것이다. 목적과 실천, 이상과 현실의 적절한 균형점이 어디인지를 트리오도스 은행은 보여 준다.

트리오도스 은행의 내부에 축적된 실력이 발휘될 수 있었던 데에는 외부 환경의 변화도 무시할 수 없다. 트리오도스 은행이 성공한 외부적 요인으로 인식, 환경, 정책의 변화 등을 꼽을 수 있다.

먼저 인식의 변화를 살펴보자. 상업금융의 탐욕과 배금주의가 만연하는 현실의 다른 한편에선 사회적 문제와 환경 등 지속 가능한 삶에 대한 관심도 확산되었다. '이중 운동'이랄 수도 있고 사회의 복원력이랄 수도 있는 흐름이 뚜렷해진 것이다. 이미 1992년 UN 지구정상회의는 지속 가능 개발을 주창했고, 2000년대 들어 지속 가능성에 대한 세계적인 논의가 급속하게 전개되었다. 이러한 인식의 변화를 통해 개인의 생활 방식과 소비, 경제관 등에도 지속 가능성의 개념이 스며들게 되었다. 독일의 한 금융 전문 컨설팅 업체는 사회적 은행을 이용하는 자국의 국민이 2020년까지 인구의 10퍼센트 이상으로 증가하고, 사회적 은행의 성장은 지속될 것이라고 보고했다. 이는 트리오도스 은행의 해외 지점 소재지 중 하나인 독일 시장을 대상으로 한 연구 결과이지만, 금융을 바라보는 지구촌의 인식이 바뀌고 있다는 방증이다. 지속 가능한 금융을 표방하는 트리오도스 은행과 '보노보 은행'에 이러한 시대정신의 변화는 사회적 금융의 항해를 앞으로 나아가게 밀어주는 순풍이 되었다. 트리오도스 은행이 지속 가능 금융의 대안을 제시했고, 세상은 그 대안에서 다른 금융의 희망을 발견하고, 그런 인식의 변화가 다시금 트리오도스 은행이 성장하는 밑거름이 되고 있는 것이다. 교육 및 생활수준의 향상과 정보통신 기술의 발달도 이러한 인식의 변화와 보노보 은행의 성장에 긍정적인 외부 요인으로 작용할 것으로 기대된다.

환경의 변화도 무시할 수 없다. 해외의 수많은 상업 금융기관들을 도산하게 만든 2008년의 세계 금융 위기는 오히려 트리오도스 은행을 포함한 사회적 금융의 성장에 기폭제가 되었다. 금융 위기를 통해 사람들은 그간 인지하지 못했던 상업 금융기관의 부정과 실물을 위한 자금 중개라는 금융의 본질을 망각한 머니게임, 소수 금융인의 천문학적인 연봉, 시스템에 내재된 정보의 비대칭 문제 등을 목도하면서 금융의 사회적 책임에 대해 생각하고 요구하게 되었다. 사회적 금융의 영역은 전체 금융시장 속에서 이질적으로 자리 잡은, 그러나 금융의 본질에 가까운 하나의 섹터이다. 세계 금융 위기 발생 후 의식 있는 고객들은 섹터의 이전을 실천하여 상업은행에서 사회적 은행으로 자산을 이동했고, 사회적 은행의 전반적인 성장에 기여했다. 실제로 2009년 트리오도스 은행의 고객 수는 전년 대비 27퍼센트 증가했고, 관리 자산은 약 30퍼센트 정도 늘었다. 또한 금융 위기 여파로 2009년도의 순수익 증가율이 잠시 주춤하기도 했으나, 이내 인력을 재정비하고 증가된 자산을 효율적으로 관리하여 2010년에는 20퍼센트, 2011년에는 50퍼센트의 순수익 증가율을 실현할 수 있게 되었다. 이러한 사회적 은행의 놀라운 성장은 고객뿐 아니라 학자들의 관심도 불러일으켜 이후 서구를 중심으로 사회적 금융, 지속 가능한 금융, 윤리적 금융 등의 다양한 이름으로 학문적 분석이 이루어졌다. 이런 변화도 금융 위기로 인한 결과다.

트리오도스 은행이 성장할 수 있었던 요인에 정책적 지원을 빠뜨릴 수 없다. 유럽의 보노보 은행들은 대체로 각 국가의 문화와 시민 의식의 성숙 정도에 따라 자생적으로 발아하고 성장한 측면이 있다. 하지만 이러한 문화적 토양만이 사회적 은행을 키운 양분이 된 것은 아니다. 상업적 기준으로 볼 때 규모 미달의 작은 기관이 정식 은행으로 활동할 수 있도록 인가를 내어 준 금융 당국자들의 지원도 있고, 세제 혜택과 같은 형태의 정책적 지원도 있었다. 네덜란드의 경우도 트리오도스 은행이 정식으로 설립 인가를 받고 활동하기까지 정책 지원이 발판이 되었음을 간과해서는 안 된다. 예를 들면, 네덜란드 정부는 1995년부터 녹색 투자 정책의 일환으로 신재생에너지의 투자 자본이득에 대해 세금을 감면했다. 세금 감면 덕에

10년 간 50억 유로(약 7조 2000억 원)에 이르는 대규모의 자금이 신재생에 너지 분야로 유입되는 효과를 발휘했다. 트리오도스 은행의 성장이 1990년대 이후 본격화되었고, 사업 포트폴리오에서 환경 부문이 가장 큰 부분을 차지함을 감안할 때 이러한 정부의 지원책이 트리오도스 은행의 성장에 도움을 주었음은 두말할 필요가 없다. 현명한 시민과 현명한 정부의 협치가 지속 가능한 금융의 밑거름이 된다.

사회적 금융의 신항로를 개척하다

트리오도스 은행은 그 이름이 의미하는 바와 같이 사람, 환경, 이윤이라는 지속 가능한 금융의 세 개의 길을 따랐고, 따르고 있다. 그리고 안정적이고 놀라운 성장을 통해 사회적 금융이 결코 이상주의나 무의미한 실험이 아님을 사람들에게 보여 주었다. 사회적 가치를 추구하면서도 이윤을 창출하고 역량을 축적할 수 있다는 사실을 증명했을 뿐만 아니라, 금융 위기를 이겨 내고 상업은행과 경쟁할 수 있을 만큼 성장하여 사회적 금융의 새로운 발전 가능성을 열었다. 트리오도스 은행의 성공은 주목을 받았고, 기존 금융인과 학자들을 자극했으며, 사람들을 사회적 금융의 영역으로 이끌었다. 사회적 은행들은 실현 가능한 더 큰 비전을 품게 되었으며, 트리오도스 은행은 과거에 없던 이 같은 성과들을 통해 금융의 신항로를 개척했다.

트리오도스 은행을 만들고 새로운 항로를 개척해 온 이들에게 사회적 가치는 먼 미래의 얘기가 아니다. 실리를 중시하는 네덜란드인이 트리오도스 호를 띄우고 누구보다 활발한 항해를 하고 있다는 것은 그간 영리주의가 지배하던 세계에서 사회적 가치에 대한 소외가 초래하는 문제를 실감하고 예견했기 때문이라 할 수 있다. 사회와 환경, 문화 등을 고려하여 경제생활을 영위하는 것이 더 이상 영리의 잣대로만 판단할 수 없는 당위성을 지니게 된 것이다.

과거 네덜란드는 일련의 금융 혁명을 통해 주식회사, 주식거래소, 은행과 같은 현대 경제의 핵심을 이루는 기관들을 구축했다. 그 과거로부터의 유산이 현시대의 주류로 발전해 있는 것이다. 지금 사회적 금융은 거대한 금융의 바다에서 몇 개의 항로에 불과하지만 그야말로 금융의 본질에 가까우며, 주류 금융이 가야할 길이라 할 수 있다. 미래의 사람들이 현재 사회적 은행의 기록들을 들추어 보며 금융의 재창조가 시도되던 혁명의 시기였다고 평가할 날이 올지도 모른다. 트리오도스 은행을 비롯한 보노보 은행의 개척자들을 통해 사회적 금융의 대항해시대가 시작되었다고 말이다.

이자 없이도
잘 돌아가는 은행

스웨덴 JAK 협동조합은행

박기범

우리는 금융과 이자를 당연한 관계로 여긴다. 은행에서 돈을 대출받으면 당연히 이자를 내야 하고, 마찬가지로 예금을 하거나 남에게 돈을 빌려 주면 응당 그래야 하는 것처럼 이자를 받는다. 그런데 그 당연함에 대해 '왜'라는 물음을 던지면 얘기는 달라진다.

'은행은 왜 가난한 사람에게 더 비싼 이자를 매기는 걸까. 가난해서 돈을 빌렸는데 왜 살림살이는 나아지지 않는 걸까. 은행이 예금에 이자를 붙이고, 대출금에 이자를 물리는 행동은 정당한가. 그렇다면 돈이란 무엇인가. 이자는 무엇이고, 금융은 또 무엇인가. 돈을 맡기고 빌릴 때마다 돈 위에 없는 돈은 과연 무엇이고, 왜 당연한 것이어야 하는가.'

물론 지구촌 인구의 4분의 1을 차지하는 무슬림은 이런 의문에 의아해

할 수 있다. 이자의 수취를 금지하는 이슬람 율법(샤리아) 덕분이다. 이슬람 율법에서는 화폐의 시간적 가치를 인정하지 않는다. 요즘 글로벌 금융 시장에서 관심의 초점이 되고 있는 '이슬람 금융'은 무이자를 전제로 한 금융이다. 하지만 이슬람의 무이자 금융은 기본적으로 이자를 인정하지 않는 종교적 행동 양식에 따라 종교적 전통과 현대 금융이 만나는 지점에서 생겨났다. 달리 말해 이슬람 금융은 이자가 왜 당연한 것인가에 대한 물음이 전제되지 않은 것이다.

그런데 '이슬람 금융'이란 말이 생기기도 전에, 이자를 당연한 전제로 삼아 금융 산업을 건설해 온 서유럽에서 '이자는 왜?'라는 물음을 던진 은행이 있다. 그리고 그 물음에 스스로 답을 찾아 행동에 나선 은행이 있다. 무이자 금융을 추구하는 스웨덴의 JAK 협동조합은행(JAK Medlemsbank, JAK)이 바로 그들이다. 그들에 의해 금융 역사상 매우 독특하고 대담한 실험이 시작되었다.

이자에 대한 다른 생각
- -

JAK는 1930년대 대공황 시기 덴마크에서 처음 시작되었다. 대공황으로 많은 사람들이 빚더미에 앉았나. 땅을 일구며 살아온 농민들도 자기 땅에서 쫓겨나야 했다. 물가가 치솟고 실업자가 거리를 메웠다. 이런 위기에서 빚더미에 앉은 사람들이 다른 생각을 하기 시작했다. 삶을 수렁으로 밀어 넣는 원인으로 빚 그 자체보다 빚에 더해지는 이자에 주목했다. 1931년 이자에 기반한 금융의 대안을 마련하기 위해 협동조합이 생겨났다. 협동조합의 이름은 고전학과 경제학의 세 가지 생산요소인 토지(Jord), 노동(Arbejde), 자본(Kapital)의 머리글자를 따서 JAK로 지었다. JAK는 금융에 대한 몇 가지 의미 있는 실험을 시도했다. 1931년에 시행한 첫 번째 실험은 쇠네르윌란 지역에서 발행한 무이자 대안 화폐였다. 금을 바탕으로 한 금본위제와 비슷하게 실물, 즉 농지를 기반으로 한 이 화폐는 불황으로 돈 가뭄을 겪고 있던 지역 주민들에게서 큰 호응을 얻었다. 하지만 덴마크 정부가 국가 통화 체계에 대한 위협으로 여겨 지역 통화를 금지했고, 쇠네르윌란의 첫 번째 무이자 지역 통화 실험은 2년 만에 막을 내렸다.

1934년에는 지역 통화를 한 단계 발전시킨 두 번째 실험을 시도했다. 화폐 없이 재화와 서비스를 거래하고 무이자로 결제할 수 있는 지역 통화 시스템을 개발한 것이다. 캐나다의 컴퓨터 프로그래머 마이클 린턴(Michael Linton)이 개발한 지역 통화 레츠(LETS)와 흡사했다. 이 실험도 1935년 금융 당국에 의해 또다시 금지되었다.

정부가 막으면 JAK는 새로운 실험으로 돌파구를 열었다. 1934년의 세 번째 실험은 가히 역사적이었다. 무이자 예금 및 대출 시스템이 최초로 시작된 것이다. 조합원의 출자와 예금으로 공동의 기금을 조성하고, 이를 무이자로 대출하는 새로운 금융이었다. 이 시스템 또한 사람들에게 인기를 끌었지만, 또다시 언론과 정부당국의 반대에 부딪혔다. 게다가 시스템 자체의 내부 결함이 드러나면서 결국 JAK는 1938년 파산하고 말았다.

그러나 협동조합은 파산했어도 JAK의 실험이 끝난 것은 아니었다. 드러난 결점을 보완하는 등 시스템을 정비한 JAK는 1944년 새로운 예금 및 대출 서비스를 시작했다. 새로운 금융 시스템은 조합원이 무이자로 예금하고, 저축액의 약 3배를 무이자로 대출받을 수 있는 구조였다. JAK는 이 금융 시스템의 안정성을 인정받은 결과 공식 은행 허가를 얻어 덴마크 내 20대 은행에 들 정도로 성장했다. 하지만 JAK의 네 번째 실험도 난관에 부딪혔다. 충분한 유동성, 즉 예금 잔고를 확보하는 것이 이 시스템의 관건이었다. 은행 예금이 꾸준하게 증가할 때는 문제가 없었지만, 대출 대비 예금 증가율이 둔화되자 예금 잔고가 대출 수요를 감당할 수 없게 되었다. 유동성 부족으로 비틀거리던 JAK는 결국 1973년에 비쿠벤 은행(Bikuben Bank)에 합병되고 만다. 이후 덴마크에서는 일부 지역을 중심으로 소규모의 JAK 조직이 현재까지 운영되고 있지만, 활동이 약화된 상태이다.

40여 년에 걸친 덴마크 JAK의 실험은 스웨덴으로 옮겨 이어졌다. 덴마크 JAK의 사상과 활동에 영감을 받은 스웨덴의 쉐브데 지역 활동가들은 1965년 비영리 단체를 만들었다. 덴마크에서와 마찬가지로 이들의 주된 목표는 조합원의 상호 부조와 협동을 통해 이자의 굴레를 부수고, 이자가 경제에 미치는 부정적 효과와 그에 대한 대안을 연구하고 공유하는 것이었다. 오늘날 스웨덴 JAK 협동조합은행은 이 정신에 뿌리를 두고 있다.

스웨덴 JAK가 금융 시스템을 가동한 것은 1970년의 일이다. 그해 한 독지가로부터 100만 크로나의 투자를 받게 되었고, JAK는 스웨덴에서 첫 번째 무이자 대출을 실행했다. 무이자 금융을 착실히 실험하던 스웨덴 JAK는 1980년대 후반 역설적인 상황에 봉착했다. 금리 인상과 경제 불황이 닥치면서 JAK의 조합원이 갑자기 크게 늘어난 것이다. 경제 위기 속에서 무이자 금융에 대한 관심이 높아진 것은 JAK에겐 기회이자 위기였다. 급증한 신규 조합원의 대부분이 JAK의 철학을 깊이 이해하고 공감해서라기보다 무이자 대출 이득의 잿밥을 노렸기 때문이다. 늘어난 조합원이 조합의 발목을 잡았다. 조합원으로서의 기본 의무와 활동은 뒷전이고 무이자 대출 요구만 커졌다. 조합원의 예금으로 조합원의 자금 수요를 충당하는 기본 전제가 무너진 것이다. 대출 수요가 급증하면서 불안정해지자 예금도 빠져나가는 악순환이 벌어졌다. 덴마크에서와 같은 유동성 위기에 빠졌다.

시련은 스웨덴 JAK를 단련시켰다. 무이자 금융을 향한 JAK의 이상주의는 실험과 시련을 통해 현실적이 됐다. '대안 금융'의 지향만으로 '금융의 대안'에 도달할 수 있는 건 아니다. 그들은 지속 가능한 금융을 위해 보다 안정적인 시스템을 갖출 필요를 절감했다. JAK는 제도권 금융 속으로 들어가기로 결정하고 구조 조정을 단행했다. JAK는 1997년 스웨덴에서 정식으로 은행업 허가를 받은 JAK 협동조합은행으로 거듭났다. 까다로운 금융 규제를 받게 되었지만 시중은행으로서 JAK의 신뢰도와 안정성은 커졌다.

이자의 자리에 사람을 놓다

이렇듯 JAK는 오랜 기간에 걸쳐 성공과 시행착오를 반복하며 무이자 금융을 시도해 왔다. 이들은 왜 무이자 금융의 실험

스웨덴 JAK 협동조합은행

을 계속해 온 걸까. 다섯 가지로 요약되는 JAK의 철학은 이러한 물음에 대한 답을 준다.

첫째, '이자는 돈 그 자체의 사용 대가로서 재화나 서비스가 제공되지 않았기 때문에 정당하지 못하며, 비윤리적이다.' JAK에게 있어 돈은 재화와 서비스를 교환하는 거래의 수단일 뿐이며 실체가 있는 그 무엇이 아니다. 따라서 노동자가 노동을 제공하거나 기업가가 위험을 무릅쓰고 재화 및 서비스를 생산한 대가로 돈을 받는 것은 정당하지만, 돈이 돈을 버는 이자는 정당하지 못하다는 것이다. 돈 그 자체의 사용 대가로 이자를 받는 것은 존재하지 않는 것을 파는 행위이기 때문이다.

둘째, '이자는 물가 상승, 실업과 환경 파괴를 야기한다.' 재화와 서비스를 생산하기 위해 자금을 차입하고 이자를 지불한 생산자를 생각해 보자. 생산자가 자신의 이윤을 희생하지 않으면서 지불한 이자를 보전받기 위해서는 생산물의 가격을 올리거나 다른 비용을 줄여야 한다. 이때 JAK는 생산자가 가격을 올린다면 물가가 상승하게 되고, 다른 비용을 줄인다면 고정비, 재료비 등에 비해 상대적으로 쉽게 절감할 수 있는 비용인 노동비를 줄이려는 유인이 생긴다고 본다. 이렇게 노동비를 줄이는 과정에서 비자발적 실업이 발생할 수 있다. 다시 말해 이자를 지불하지 않았다면, 소비자는 더 싼 가격에 재화와 서비스를 소비할 수 있었거나 사회 전체적으로 실업자 수가 줄어들 수 있었다는 것이다. 한편 만약 위의 생산자가 다른 비용을 줄이지 않고 생산량 및 판매량을 늘려서 전체 이윤을 보장하려 한다면, 추가 생산을 위해 원재료, 노동력 등의 자원을 더 소모해야 한다. 그만큼 환경에 부정적인 영향을 미치게 되고, 결국 사회 전체의 후생이 이자를 지불하기 전에 비해 감소한다는 것이다.

셋째, '장기적으로 보았을 때에 이자는 가난한 사람들에게서 부유한 사람들에게도 부를 이전시켜 소득 불평등을 심화시킨다.' JAK는 생산자가 빌려 쓴 자금에 대한 이자를 가격에 전가시킬 때, 결과적으로 최종 소비자인 대다수의 가난한 사람들이 그 이자를 부담하게 된다고 주장한다. 다수의 가난한 사람들에게서 징수된 돈이 소수의 부유한 사람들이 지불해야 할 비용에 충당되고, 그만큼 부가 이전된다고 보는 것이다. 또한 장기적으로 보았을 때에 대다수의 사람들은 이자로 얻는 금액보다 더 많은 금액을 이자로 지불하며, 매우 소수의 사람들만이 이자로 얻는 금액이 더 많다고 주장한다.

넷째, '이자는 장기적인 관점보다 단기적인 관점을 조장한다.' JAK는 투자자들이 시장 금리보다 더 높은 수익률을 얻기 위해 건물, 항만, 도로 등과 같은 단기 고수익 투자에 집중한다. 반면에 예상 수익률이 낮으면서 보다 장기적인 투자를 요하는 환경, 교육 등의 분야에는 소홀해진다고 주장한다. 투자 의사 결정의 기준이 시장 금리이기 때문이다. 이자가 한쪽엔 갈 곳을 잃은 뭉칫돈이 몰리게 하고, 다른 쪽엔 돈 가뭄을 겪게 만드는 꼴이다.

다섯째, '이자는 지속 가능한 경제를 불가능하게 한다.' JAK는 현대 금융 시스템에서 돈의 발행 과정에 주목한다. 현대 금융 시스템에서 은행은 신용창조 과정을 거쳐 돈을 '찍어 내고' 이자를 붙여서 돌려받는다. 그런데 애초에 은행은 이자에 해당하는 돈은 '찍어 내지' 않았다. 발행되지도 않았던 이자를 갚기 위해서는 어떻게 해야 할까. JAK는 이를 위해 사람들

스웨덴 JAK 협동조합은행

이 서로 피 터지게 경쟁하거나, 경제성장을 통해 경제 총량을 늘리거나, 직접 통화 공급을 통해 돈을 마련해야 한다고 주장한다. 극단적으로 사회는 무한 경제성장을 향해 달려가고 경제성장을 위해서는 추가 투자가 필요하며 투자는 다시 빚으로 조달되는 악순환이 발생한다는 것이다. 결국 이자는 기하급수적으로 증가하고 경제 역시 기하급수적으로 성장해야 하는데, 이런 성장은 불가능하다. 눈덩이처럼 불어난 이자를 감당할 수 없는 경제는 파산할 수밖에 없다. 따라서 이자에 기반한 경제체계는 지속 가능하지 못하다는 것이다.

무이자 대출이 가능한 이유

JAK의 무이자 대출은 무이자 예금에서 시작한다. JAK의 철학에 동의하는 사람들이 협동조합에 가입하고 이자를 받지 않는 조건으로 저축해서 공동 자금을 조성한 후 대출을 필요로 하는 사람들에게 역시 무이자로 대출을 해 주는 시스템이다. 조합원들의 예금이 대출의 재원이 되는 것이다.

JAK 무이자 대출의 작동 방식은 이렇다. 먼저 JAK 조합원으로 가입한 후 무이자 예금 계좌를 만든다. 조합원이 계좌에 돈을 입금하면 이자 대신 저축 포인트(saving point)를 얻게 된다. 적립된 저축 포인트는 향후 대출 금액을 결정하는 기준이 되며, 대출을 통해 소진된다. 예금액이 많을수록, 또 예치 기간이 길수록 저축 포인트는 더 많이 적립된다. 저축 포인트가 많을수록 대출 가능 금액이 커짐은 당연하다.

저축 포인트가 조합원의 대출과 예금 사이의 균형, 즉 유동성을 관리하는 JAK의 핵심적인 관리 장치다. 저축 포인트를 통해 JAK의 전체 대출과 전체 예금이 균형을 이루게 된다. 간단히 말해서 한 달간 1원을 예금하면 1 저축 포인트를 얻게 되며, 한 달간 1원을 대출받으면 1 저축 포인트를 소진하게 되는 원리다. 조합원이 희망 대출 금액을 적어서 대출을 신청하면, JAK 경영진은 은행의 가용 자금 한도(유동성), 담보 등 대출 상환 능력, 저축 포인트를 포함한 조합원의 저축 성과 등을 종합적으로 고려해서 최종 대출 금액을 결정하게 된다.

대출금 상환은 대출 기간 동안 매월 일정액을 분할 상환하는 방식으로 이루어진다. 물론 이자는 없고 원금만을 상환한다. 한편 대출금 상환과 함께 조합원은 추가로 예금을 해야 하는데 이를 사후 저축(after saving)이라 한다. 이는 유동성을 일정하게 유지하기 위해 대출로 소모된 저축 포인트를 다시 충전하는 과정이다. 이를 통해 소진된 저축 포인트를 다시 적립함과 동시에 다른 조합원에게 대출해 줄 자금을 추가로 확보할 수 있다. 매월 추가 저축을 해야 할 사후 저축 금액은 대출 실행 전 적립되어 있던 저축 포인트에 따라 결정된다. 대출 실행 전 적립되어 있던 저축 포인트가 많으면 사후 저축액은 적어지고, 저축 포인트가 적으면 사후 저축액은 많아지는 것이다. 사후 저축을 통해 추가로 적립된 저축 포인트가 대출로 소모된 포인트와 정확하게 일치될 때까지 예금의 인출은 제한된다.

결국 JAK에 예금한 조합원은 예금 이자 대신에 저축 포인트를 얻게 되며, 대출받을 때에는 대출 이자를 내는 대신 사후 저축을 통해 저축 포인트를 다시 쌓아야 한다. 조합원이 대출 약정에 따라 일정액을 꼬박꼬박 납부하게 되면 대출 상환 기간 종료 후 추가로 목돈(사후 저축)을 얻게 되는 것이다.

위와 같이 JAK는 대출 재원을 조합원들의 예금과 자기자본으로 전액 충당하기 때문에 외부로부터 자금을 끌어올 필요가 없다. 그리고 이것이 무이자 대출이 가능한 이유다. 대출을 원하는 누군가에게 조합원들이 예금을 빌려 준다. 그 누군가는 내가 될 수도 있다. 따라서 내가 지금 이자 없이 예금하면, 언젠가 나도 이자 없이 대출받을 수 있다. 그리고 더 많이 예금할수록 자본 조달 비용이 발생하는 외부 자금의 필요성이 적어지므로, 조합원끼리 더 안정적으로 무이자 대출을 받을 수 있다. 무이자 조건의 대출을 필요로 하는 조합원을 위해 모두가 무이자로 예금하는 호혜의 금융이다. 이것이 JAK 무이자 금융의 핵심이다. 이자를 받지 않고 예금함으로써 누군가가 이자 없이 돈을 빌리고 자신도 무이자 대출을 받게 된다. 내가 받고자 하는 만큼 남에게 먼저 주기, 이것이 무이자 금융을 위한 JAK의 실천 원칙이다.

무이자 금융에 대한 논란과 지원저축대출

조합원들의 예금은 대출의 재원으로만 쓰이도록 그 사용이 엄격하게 제한되어 있다. 그렇다면 이렇게 무이자 금융을 지속하기 위해 조합을 운영하는 비용은 어떻게 조달할까.

JAK는 대출 이자 대신에 연회비(annual membership fee), 대출 수수료(loan fee), 기타 이자 수익 등으로 은행을 운영한다. 이들은 운영 비용을 충당하기 위한 딱 그만큼의 수준으로만 유지된다. JAK의 존재 목적이 수익을 창출하는 데에 있지 않기 때문에, 조합을 유지할 수 있을 정도의 수익만을 얻고 혹시 초과 수익이 발생한다면 내부 유보이익으로 적립해 둔다.

매년 연회비로 조합원들에게 250크로나(약 37.7달러, 약 42,000원)를 부과한다. 조합비는 JAK의 운영과 활동을 위한 중요한 수입원으로 전체 운영 비용의 약 20퍼센트를 충당한다. 그리고 대출 실행 시 대출 수수료를 부과한다. 대출 수수료는 대출 금액과 대출 기간 등을 고려하여 결정되며 대출 상환 기간 동안 상환금과 함께 분할 납부된다. 현재 잔여 대출 금액의 약 3~4.5퍼센트이며, 이를 유효 이자율로 환산하면 대략 연 2.3~2.4퍼센트 수준이다. 이러한 대출 수수료로 전체 운영 비용의 약 70퍼센트를 충당한다. 또한 JAK는 재무 건전성을 유지하고 예상치 못한 유동성 위험을 대비하기 위해 전체 예금의 약 20퍼센트를 스웨덴 국채에 투자하고 있다. 이로부터 약간의 이자 수익이 발생하고 있으며, 이를 운영 비용에 충당하고 있다.

그런데 이 같은 대출 수수료에 대해 최근 그 계산 방식의 변경 과정을 보거나 일반 상업은행의 이자와 비교해 보면, 누구나 고개가 갸웃하게 된다. 무이자라면서 대출 수수료가 결국 이자가 아니냐는 의문이 들게 되는 것이다. 게다가 일반 시중은행의 대출 금리에 비하면 매우 낮은 수준이지만 해당 은행에 예금과 대출이 동시에 있는 경우를 가정해 보면, JAK의 대출 수수료는 대출 이자에서 예금 이자를 뺀 순이자(예대 마진)로 볼 수 있다. 유효 이자율로 환산한 대출 수수료율(약 2.4퍼센트)은 시장 예대 마진의 평균치에 비해 그리 낮은 수준이 아니다.

엄격한 의미에서 JAK의 금융 방식은 무이자 금융이라고 하기에는 무리가 있어 보인다. 회계적으로 수수료인가 이자인가의 구분보다는, 실제로 대출을 받는 사람의 입장에서 대출 원금 이외에 추가 비용이 지출되는가의 여부로 보았을 때에 JAK는 추가 비용을 부과하고 있기 때문이다. 이것은 개인과 개인이 직접 만나서 돈을 주고받는 것이 아니라, 조합을 통해 대출이 중개되기 때문에 나타나는 어쩔 수 없는 문제일 것이다. 중개 기관의 운영비 등 중개 비용을 누군가는 부담해야 하기 때문이다.

그러나 JAK의 무이자 금융은 이자로 환산된 혜택의 크기만으로는 측정할 수 없다. 조합원이면 누구나 자금에 접근할 수 있다. 시장 상황의 변동에 영향을 받지 않고 안정적인 자금 조달이 가능하고 시장의 고금리로 인한 굴레를 벗어나기가 더 쉽다. 무엇보다 조합원들은 돈을 통해 호혜와 연대를 키운다. 이자를 없앤 자리에 사람이 들어설 수 있게 한 것이 JAK의 무이자 금융 실험의 본질이다.

한편으로 JAK는 무이자 금융의 실험을 확대하는 새로운 대출 상품을 개발했다. 지역개발을 위한 특정 사업이나 소규모 커뮤니티 등에 대출해 주는 지원저축대출(Support Saving Loan)이 2001년부터 도입되었다. 기존의 무이자 대출이 개인 대출의 형태로서 주로 다른 은행의 대출을 대환하기 위한 목적이라면, 지원저축대출은 특정 사업이나 법인을 위한 대출이다. 조합원들은 자신의 예금을 이용해서 본인이 흥미를 느끼거나 가치 있다고 여기는 특정 사업에 대출해 줄 수 있다. 먼저 해당 사업을 위한 지원

계좌(Support account)가 개설되면, 지원자가 기존 계좌에 있는 자신의 예금을 지원계좌로 이체한다. 이렇게 지원계좌에 모인 돈이 사업에 필요한 규모가 되면 대출이 실행된다. 물론 무이자 대출이며, 지원자들의 예금을 이용하기 때문에 추가 저축을 할 필요는 없다. 대출이 상환되면 지원자들은 자신의 계좌로 예금을 돌려받을 수 있다.

지원계좌 역시 법으로 예금자 보호를 받을 수 있기 때문에, 지원자들은 직접 투자에 따른 위험부담 없이 해당 사업을 지원할 수 있다. 저축 포인트 자체를 기부할 수도 있으며, 지원자가 반드시 조합원일 필요도 없다. 따라서 언제든지 투자금(예금)을 회수할 수 있다. 다만 지원계좌 금액이 대출금보다 작아지면 지원자들이 잔액을 보충해야 한다. 최근 개인 소액 투자를 유치하는 금융 방식으로 주목받는 크라우드 펀딩(Crowd Funding)과 비슷하지만, 원금 보장이 가능하고 추가 수익은 없다는 점 등이 다르다.

지원저축대출은 자금 지원에 있어서 자선 기부와 일반 투자(수익률을 담보하는)의 중간 형태이다. 기부를 하기에는 부담스럽고, 금융 수익보다 지원하는 사업의 성공을 바라는 진정성 있는 투자자들에게 지원저축대출은 매력적인 투자 방법이 될 수 있다. 투자자는 투자위험을 줄일 수 있고, 해당 사업은 무이자 차입을 통해 재정 부담을 줄일 수 있기 때문이다. 재생에너지, 지역개발 등의 특수 목적 사업 투자에서 효과적인 금융 기법이 될 것으로 기대된다.

조합원의 높은 만족도가 이끈 JAK의 성장

　　JAK는 1997년 스웨덴에서 정식으로 은행업 허가를 취득한 뒤 꾸준히 성장하여 현재 JAK 협동조합은행의 자산 규모는 약 12억 크로나(약 1.9억 달러, 약 2120억 원)에 이른다. 일반 상업은행에 비하면 작은 규모이지만, 내실은 알차다.

　최근 5년 새 JAK의 조합원수는 연평균 2.5퍼센트씩 늘어났다. 같은 기간 동안 총자산과 총부채 역시 각각 연평균 5.6퍼센트, 6.4퍼센트의 증가율을 보이고 있다. 금융 위기 이후 JAK는 외려 더 탄탄해졌다. 2009년에는 전년 대비 10퍼센트 성장했다. 이는 금융자산의 가치가 하락하는 상황에서 상대적으로 안정적인 가치를 유지할 수 있는 JAK의 개인예금에 기존 조합원들의 자금이 몰렸고, 이에 따라 국채 등 관련 자산이 증가했기 때문이다. 최근 5년간 조합원들에 대한 개인 대출과 조합원들의 개인예금은 각각 연평균 3.4퍼센트, 6.4퍼센트씩 증가했다. 자산 구조 역시 조합원들에 대한 대출과 유동성 대비 국채 투자, 타은행 예금이 주를 이루고 있으며, 시장가치가 급격하게 변동하는 위험 자산은 보유하지 않는다.

　JAK의 최근 5개년 영업이익은 금융 위기로 인한 2008년과 2009년의 손실을 제외하고는 꾸준하게 증가하는 추세다. 비용은 주로 인건비(60퍼센트)이며, 이외에 자산 관리비 등 기타 비용이 발생한다. 총수익 대비 총비용 비율은 최근 5개년 간 평균 0.968로 수익과 비용이 거의 비슷하게 유지되고 있다. 이는 JAK가 조직 운영에 필요한 만큼의 수익만을 추구한다는 것을 의미한다.

JAK의 무이자 금융 성과는 신용손실율(credit loss ratio)에서도 나타나고 있다. 신용손실율이란 전체 대출 채권에서 채무불이행 등 신용 위험으로 인해 한 기간 동안 발생한 손실액의 비율로, 대출 채권의 건전성을 나타낸다. 최근 5년간 JAK의 평균적인 신용손실율은 약 0.1퍼센트로 일반 상업은행의 평균 신용손실율에 비해 매우 낮은 수치이다. 이는 일반적인 생각과는 다르게 무이자로 대출을 해 주어도 채권이 부실화되지 않음을 보여 주는 예이다. JAK는 담보, 대출자본적립금(loan equity deposit)*, 관련 예금 등 채권을 회수하기 위한 시스템 개선 노력을 기울이고 있다. 무이자 금융이 관련 자산의 부실화 위험 없이 건전하게 성장할 수 있도록 하는 JAK의 실험이 안정화의 궤도에 오르고 있음을 의미하기도 한다.

또한 JAK의 조합원 예금(부채)은 조합원 대출(자산)보다 항상 많게 유지되고 있다. 저축 포인트, 국채 투자 등을 통해 전체 유동성이 적정 수준에서 안전하게 관리되기 때문이다. 이 역시 JAK의 무이자 금융이 안정적임을 보여 주는 예이다. 이는 과거 유동성 관리에 실패한 경험으로부터 깨달음을 얻어 시스템을 업그레이드한 결과이다.

앞에서 말한 재무적 수치와 더불어 JAK가 이뤄 낸 중요한 성과는 조합원들의 만족도이다. JAK는 협동조합이며, 협동조합은 조직 자체의 수익보다는 조합원들의 이득을 위해 운영된다. 금융이건 생산·소비 등의 비금융 부문이건 돈을 벌기보다는 조합을 통해 조합원들이 얻게 되는 유형

• 스웨덴 은행법에 따라 조합원이 대출을 받을 때에는 신용을 담보하기 위해 대출 금액의 6퍼센트에 해당하는 금액을 납부하여 은행 자본금으로 적립하는데, 이를 대출자본적립금이라 한다. 이 금액은 대출금 최종 상환 이후 7~13개월 경과 후 되돌려 받을 수 있다.

무형의 혜택이 협동조합의 존재 이유이다. JAK에 관한 몇몇 연구에서는 JAK의 활동에 대한 조합원들의 높은 만족도를 보고하고 있다. 이는 많은 조합원들이 JAK를 알리기 위해 자발적으로 봉사활동을 하고 있다는 점에서도 드러난다. JAK의 종업원들을 포함한 운영진 역시 급여보다는 자신의 만족을 위해 JAK에서 일하고 있다고 한다.

실제로 JAK 조합원지원부서(Member Support department)의 팀장인 마리 스벤슨(Marie Svensson)에 의하면 조합원들의 높은 만족도와 그에 따른 헌신, 그리고 이들에 의한 JAK 활동의 확산이 무이자 금융을 성공적으로 이끈 요인이라고 한다.

JAK 조합원 중 약 700명의 자원봉사자들이 22개의 지역 커뮤니티를 조직해 운영하고 있다. 이들 지역 커뮤니티는 은행 업무보다는 스터디 모임, 세미나 등 JAK의 철학과 무이자 금융을 널리 알리기 위한 활동을 매우 활발하게 전개하고 있다. 많은 조합원들이 지역 커뮤니티에 참여하고 있으며, 이를 통해 신규 조합원이 가입하기도 한다. 이들이야말로 가장 강력한 JAK의 홍보 수단이 된다. 지역 커뮤니티를 지원하기 위해 JAK는 교육 프로그램을 운영하고 있다. 요컨대 JAK의 조합원은 단순한 금융 서비스 이용자가 아니라 'JAK 공동체'의 일원인 셈이다.

JAK의 무이자 금융이 넘어야 할 산

JAK의 무이자 금융 실험은 여전히 넘어야 할

산이 많다. 우선 현대 금융 현실에서 무이자 금융이 과연 적합한 대안인가에 대한 의문이 제기된다. 보다 넓은 지역에서 다양한 사람들의 요구를 충족해야 하는 현대의 금융기관들에게 이자는 필수 요소인 것처럼 여겨진다. 이자를 통해 두루 자금을 모아서 필요한 사람들에게 빌려 줄 수 있다는 입장에서 본다면, 무이자 금융은 자금 융통을 스스로 제한하는 것이다. 관계가 복잡하게 얽혀 있는 현대 금융의 현실에서 무이자 금융을 받아들이기는 무리일지도 모른다. 이 밖에도 높은 이자를 부과했을 때에 이자를 갚기 위해 필사적으로 노력하고, 그 과정에서 발생하는 행동의 변화와 도덕적 해이의 방지는 이자가 가지고 있는 순기능으로 거론되기도 한다.

JAK 방식의 무이자 금융이 가지고 있는 내재적 문제점도 있다. 앞에서 언급한 바와 같이 예대마진처럼 작용하는 대출 수수료에 관한 논란도 있고, 상환 능력을 제대로 고려하지 않고 설계된 사후 저축 납부는 저소득층에게 오히려 부담이 된다는 것도 문제다. 또 일반 상업은행에 비해 제한적인 금융 서비스 역시 한계로 지적된다.

그러나 JAK의 문제점과 넘어야 할 산을 누구보다 잘 알고 있는 것이 JAK이다. JAK는 모두가 아니라고 하고, 그건 현대 금융과 맞지 않는다고 하는 바로 그 지점에서 출발한 '다른 금융'이다. JAK는 무조건 '이자'를 거부하며 과거로 퇴행하는 것이 아니라, 현대 금융 질서의 한가운데서 이자 없는 금융의 길을 부단히 개척하고 있다.

논란에도 불구하고, 뜻을 함께하는 사람들이 모여서 협동조합을 만들고 그 혜택을 공유한다. 완전한 무이자 금융은 아니지만, 이자로 인한 폐해를 줄이려는 생각을 가지고 있다면 혹은 은행 문턱이 높아 접근조차 힘든 사람들에게는 하나의 현실적인 대안이 될 수 있다. 상환 능력을 고려하여 설계된 JAK 방식의 무이자 금융은 고금리의 이자를 갚느라 원금을 갚을 생각도 하지 못하는 사람들에게 대안을 제시해 준다. 분할 납부된 사후 저축액은 이자처럼 비용으로 사라지는 것이 아니라, 적립되어 나중에 예금으로 돌아온다. 이는 대출 상환과 자활의 강한 인센티브로 작용할 수 있다.

무이자 금융에 관한 JAK의 실험은 성공했는가. 어찌되었건 십 년 이상을 지속해 왔으니 성공이라 할 수 있는가. 아니면 이자처럼 작용하는 대출수수료 등 완전한 의미의 무이자 금융은 실패인가. 그 판단은 실제 사용자인 JAK 조합원들에게 맡겨야 할 듯하다. '무이자'라는 말이 주는 환상너머에 있는 실제 혜택과 한계가 무엇인지는 이를 묵묵하게 실험하며 오롯이 그 결과를 받아들여 온 그들이 느끼는 그 무엇에 있을 테니 말이다. JAK의 실험은 진행형이다.

사람과 환경을 모두 살리는 녹색 은행

미국 뉴 리소스 은행

최희화

"사업자 고객 지속 가능성 평가서는 귀사의 사업 관행과 우선순위를 알아보고 지속 가능성에 대해 향상의 여지를 확인할 수 있도록 도와드리기 위한 것입니다. 평가서는 다음과 같이 환경과 사회에 관련된 다섯 가지 문항으로 나누어져 있습니다.

1 전반적 지속 가능성

2 쓰레기 관리 및 환경오염 방지

3 에너지 및 수자원 보존

4 지역사회 참여

5 고용 관행

귀하의 답변을 바탕으로 종합 지속 가능성 점수가 측정됩니다. 점수는 귀사와 거래를 할 것인지 말 것인지를 결정하는 데 쓰려는 게 아닙니다. 저희 은행은 이 점수를 귀사의 지속 가능성 수준을 파악하고, 사업과 경영의 지속 가능성을 높일 수 있는 방법을 제시하기 위한 기초 자료로 삼고 있습니다. 저희 은행은 재정 분석과 더불어 지속 가능성 분석을 통해 귀사가 추구하는 가치와 목표에 도달할 수 있도록 최선의 지원을 하고자 합니다.

답변이 완료된 지속 가능성 평가서는 이메일 혹은 팩스를 통하여 귀하의 상담 매니저에게 전달해 주십시오. 평가서가 접수되면, 결과에 대한 설명과 함께 지속 가능성을 향상시키기 위해 어떤 가능한 방법을 실행할 수 있을지에 대한 상담을 진행합니다.”

거래를 트기 위해 은행 문을 열고 들어간 고객에게 행원이 위의 안내문과 함께 건강검진의 문진표처럼 질문이 빼곡한 시험지를 내미는 '이상한 은행'이 있다. 보통의 은행을 드나든 이라면 '거래 실적을 보고 대출해 줄 것인지 말 것인지 얼른 알려 주면 그만이지, 이게 뭔가' 싶은 느낌이 들 듯도 하다. 그러나 업무의 하나에서 열까지 지속 가능 금융을 생각하고, 고객이 문을 들어서는 순간부터 돈이 아니라 사람으로 이어진 '녹색 관계'를 맺고자 하는 은행이 실제로 있다. 인용한 안내문의 앞부분에는 '사업자 고객 지속 가능성 평가'라는 제목과 함께 이렇게 쓰여 있다.

“저희 은행은 보다 더 지속 가능한 세상을 선도하는 사람을 위한 은행입니다. 저희 은행은 기업가 정신으로 환경적, 사회적, 경제적 가치를 증진하기 위해 노력합니다. 저희는 예금과 대출, 은행 운영 등 저희가 하는 모든 일이 보다 지속 가능한 세상을 위해 바르게 기여할 수 있도록 하는 것을 소명으로 삼고 있습니다.

지속 가능성이란 우리 활동의 경제적·환경적·사회적 영향력을 관리하여 후손의 안녕을 향상시키는 것입니다. 금융 서비스의 제공에 그치지 않고 고객과 귀사가 지속 가능성을 위해 취할 수 있는 선택과 실천에 대해서도 이해의 폭을 넓혀 드릴 것을 약속합니다.”

이 이상한 은행의 간판은 '뉴 리소스 은행'(New Resource Bank, NRB)이다. 2006년 문을 연 이 은행은 예금과 대출은 물론 자산 컨설팅과 온라인 뱅킹 서비스도 하는 어엿한 금융 주식회사다. NRB는 은행업 정식 승인을 획득해 각종 금융 규제를 받고, 미 연방예금보호공사(FDIC)로부터 예금 보장도 받는다. 그러나 NRB는 자금 중개란 이름으로, 들어오는 돈 막지 않고 나가는 돈 묻지 않는 여느 은행과는 다르다. 지속 가능성의 화두를 단단히 움켜쥔 녹색 은행이다. 여신도 수신도 철저하게 녹색이기를 추구하는 미국 최초의 녹색 은행이 NRB다.

엔지니어 리우, 녹색 금융의 전사가 되다

2006년 NRB의 주식 공모 때 투자자의 반응은 뜨거웠다. 목표 금액을 60퍼센트 이상이나 초과했다. 3500만 달러 가운

데 1000만 달러는 투자가들에게 되돌려주는 일까지 벌어졌다. 네덜란드의 사회적 은행 '트리오도스 은행'과 미국의 사회적 금융 'RSF 사회 금융'(RSF Social Finance)을 포함한 240개의 개인 및 기관 투자자를 통해 2500만 달러를 확보했다. 2008년 2차 주식 공모에서는 앨 고어(Al Gore) 전 미국 부통령이 공동 설립한 친환경 투자 펀드 '제너레이션 인베스트먼트 매니지먼트'(Generation Investment Management LLP)를 비롯한 여러 투자자에게서 1400만 달러를 추가로 확보했다. 2010년에는 공개기업(public company)[•] 가운데 처음으로 B기업(B Corporation)^{••} 인증을 받았다. 2012년 1분기 예금 잔액은 2007년 말 대비 1.8배 늘어난 1억 1500만 달러를 기록했다. NRB라는 보노보 은행이 미국 서부에서 탄탄한 녹색 둥지를 틀었다는 의미다.

NRB는 밖을 향해서만 녹색 가치를 외치는 게 아니다. NRB에서 일하는 사람들은 짐 캐리(Jim Carrey)가 주연한 영화 〈마스크〉의 주인공처럼 따분한 은행원이 아니다. 마스크의 괴력을 빌려 초인을 꿈꾸지도 않는다. NRB의 사람들은 스스로 녹색 전사로 여긴다. 자신의 업무가 그저 그런 금융 서비스를 제공하는 것이 아니라 보다 나은 세상을 만드는 일이라고 믿고 있기 때문이다. 이러한 NRB라는 녹색 은행의 탄생에는 '금융의 사회적 기업가' 피터 리우(Peter Liu)의 공이 컸다.

대만에서 태어난 피터 리우는 열두 살 때 가족들과 함께 미국 로스앤젤

• 주주가 100명 이상인 주식회사.
•• 글로벌 사회적 기업 인증 기관인 B랩이 이윤(Profit)을 넘어 유익(Benefit)을 추구하는 사회적 기업에 인증해 주는 제도.

레스로 이민했다. 그는 학교를 마치면 아버지의 전자기기 판매점에서 일손을 거들어야 했다. 버클리대에서 화공학을 전공한 리우는 졸업 후 석유 회사 셰브론(Chevron)에 취직했다. 석유 회사의 엔지니어로 일하면서 리우는 환경에 관심을 갖게 되었다. 그는 석유 회사에서 일하고는 있지만 어떤 기술을 사용하는지, 얼마나 혁신을 위해 노력하는지에 따라 환경을 최대한 보호할 수 있다고 생각했다. 그러나 캘리포니아 주처럼 환경 규제가 강한 곳에서는 환경 친화적인 공정 기술을 적용하지만, 환경 규제가 허술한 주에서는 환경에 좋은 기술이 있어도 적용하지 않았다. 쉐브론이 환경 규제에 따라 정유 공정의 설계 기준과 방식을 달리 하는 것을 목격한 리우는 기업의 환경 혁신에는 녹색 가치를 소중히 여기는 내부 의식과 더불어 환경 규제의 역할이 크다는 사실을 체감했다.

환경 규제의 중요성에 눈 뜬 리우는 셰브론을 떠났다. 새로운 직장은 캘리포니아 주 대기자원 위원회(California's Air Resources Board)였다. 그의 판단은 옳았다. 1988년 9월 캘리포니아 주 대기정화법(Clean Air Act)이 통과되자, 애초 이 법안에 대해 규제 강화가 산업 경쟁력을 해친다고 불평하며 반대 로비를 하던 셰브론 등 석유 회사들은 언제 그랬냐는 듯이 태도를 바꾸었다. 저마다 녹색을 내세우고, 서로 기업 이미지를 환경 친화적으로 포장하고 홍보하는 데 열을 올렸다. 이 모습을 리우는 고스란히 지켜봤다.

공공 정책의 중요성을 확인한 리우는 프린스턴 대학에서 공공 정책 석사 과정을 밟았다. 거대 석유 회사 기술자로서의 실무 경험과 공공 정책 이론을 겸비한 리우는 또다시 금융가로 변신했다. 체이스맨해튼 은행(Chase Manhattan Bank)과 크레디스위스퍼스트보스턴(Credit Suisse First

Boston)에서 에너지산업 금융의 전문성을 쌓았다.

석유 산업에서 공공 정책으로, 다시 금융계에서 전문성을 익힌 리우는 2004년 인생의 전환점을 맞이했다. 당시 캘리포니아 주의 회계 담당관 필 앤젤리디스(Phil Angelides)는 미국에서 가장 규모가 큰 캘리포니아 연금기금 운용의 녹색 전략을 짜는 걸 도와달라고 리우에게 요청했다. 이 제안은 환경을 중심으로 기술-정책-금융의 실무를 섭렵한 리우에게 새로운 출발의 계기가 됐다.

리우는 '녹색 물결'(The Green Wave)이란 연기금 운용의 녹색 전략을 제시했다. 이는 캘리포니아 공공 퇴직연금(CalPERS)과 캘리포니아 교원 연금(CalSTRS)에 적용됐다. 두 연금 시스템은 환경 기준에 부합하는 기존 사업체들을 선별하여 10억 달러를 투자하기로 하고, 별도의 5억 달러로는 환경 기술 벤처를 위한 벤처 투자와 사모 펀드를 조성하기로 했다.

연기금 운용 전략을 짜는 과정에서 리우는 또 다른 현장의 소리를 접한다. 캘리포니아의 다양한 환경 분야 벤처 기업가들은 사모 펀드도 좋지만, 현실적으로 절실한 것은 신용을 중개하는 은행이라고 입을 모았다. 벤처 기업이, 그것도 환경 분야 벤처 기업이 기존 은행의 문턱을 넘기란 하늘의 별 따기나 다름없는 게 금융 현실이다. 환경을 고민하고 방황해 온 리우에게 비로소 터널의 끝이 보였다. 환경을 덜 해치는, 지속 가능한 개발을 가능케 하는 혁신적 아이디어로 무장한 환경 사회적 기업가들에게 금융 서비스를 제공하는 특별한 사회적 은행, 녹색 은행을 만드는 것이 자신의 소임임을 깨달았다. 물론 녹색 금융의 수요는 커질 수밖에 없다는 확신이 뒷받침됐다.

수련기를 통과한 리우는 사회적 기업가 정신을 발현하는 실행기로 진입했다. 2005년 리우는 가치와 믿음을 공유한 실리콘밸리의 기업가와 실력 있는 은행가 들을 불러 모았다. '지역에 의한 지역민을 위한' 은행 만들기에 팔을 걷어붙였다. 리우와 친구들은 지속 가능성을 중심에 둔 가치 지향의 금융 서비스를 통해 은행권의 긍정적 변화를 유도하고, 나아가 더 나은 공동체를 만들기로 뜻을 모았다. 1년여의 준비를 거쳐 2006년 9월, 이들의 다른 금융 지향은 미국의 첫 녹색 은행 NRB의 탄생으로 결실을 맺었다.

지속 가능성 있는 환경 산업에 우선 대출

NRB는 지속 가능성을 "우리 활동의 경제적·환경적·사회적 영향력을 관리하여 후손의 안녕(well-being)을 향상시키는 것"으로 정의한다. 기존 은행이 고객의 돈을 잘 관리하여 고객들의 자산을 키우는 것에 집중한다면, NRB는 돈을 통해 고객이 세상을 더 살기 좋게 변화시키는 활동을 할 수 있도록 하는 금융 서비스를 중시한다. 하지만 NRB를 만들고 꾸려 나가는 사람들이 고객의 자산을 키우는 것보다 살기 좋은 세상 만들기에 조금 더 관심이 많다고 해서 이들이 기존 은행가나 투자자에 비해 돈을 잘 모른다고 생각하면 오산이다. NRB 창업자 피터 리우가 필자와의 인터뷰에서 여러 차례 강조한 대목도 이것이었다. 녹색 은행은 돈의 중요성을 너무나 잘 알기에 돈이 사람과 환경을 위해 제대로 돌

미국 뉴 리소스 은행

수 있는 길을 고민하는 은행이라는 것이다.

NRB 이사진의 금융계 경력을 모두 합하면 200년이 넘는다. 이는 금융에서 잔뼈가 굵은 전문가들이 신생 녹색 은행의 의사 결정에 참여하고 있다는 뜻이다. 이들은 금융 전문성의 토대 위에 환경과 기술, 정책, 지역 발전에 대한 열정까지 갖추고 있다. NRB의 모든 직원 역시 마찬가지이다. NRB가 돈보다 돈을 다루는 사람을 더 중시하는 은행이라는 방증이다. 리우는 "한국에서 녹색 은행을 준비한다면 가장 중요한 것은 무엇인가?"라는 질문에도 "사람"이라고 잘라 말했다. 은행 업무에 정통한 사람들이 사회적 금융의 초석을 놓는 일에서부터 참여할 것, 여느 은행보다 더 질 좋은 서비스를 제공할 수 있도록 은행원 스스로 끊임없이 노력하는 것이야말로 녹색 은행이 녹색다울 수 있는 요건이라는 것이다.

리우는 녹색 은행이란 지속 가능성을 추구하는 은행이지 녹색의 비영리 기관은 아니라고 강조했다. 녹색 은행에는 녹색을 넘어 '사회적인 것', 즉 사회의 전체적인 지속 가능성을 바라보는 넓은 시각이 필요하다는 당부도 잊지 않았다. 리우는 녹색 은행, 사회적 금융을 이렇게 요약한다.

"그저 돈에서 돈으로 흐르던 에너지를 돈을 통해서 환경과 사람으로 흘러 더 큰 에너지가 되게 하고, 이것이 다시 돈으로 모여 우리가 사는 곳을 더 지속 가능하고 살기 좋게 하는 활동으로 순환하도록 하는 게 녹색 은행의 궁극적 목적이다."

NRB는 생산자 금융 고객에게 "더 지속 가능한 세상을 선도하는 사람들을 위한 바로 그 은행(The Bank)"이라고 소개한다. 신재생에너지, 에너지 효율 제고 기술, 유기농 먹거리, 환경 제품, 에너지 절약 건축 등 환경 산업의 기업과 프로젝트가 NRB 생산자 금융의 주요 목표 고객이다. 설립 초기 NRB의 생산자 금융 대출은 환경보다 지역을 우선했다. 환경 산업이 아니어도 캘리포니아 지역 사업자인 경우 생산자 대출을 승인했던 것이다. 하지만 금융 위기를 계기로 2009년부터 환경기준을 강화하고 환경 금융에 집중했다. 환경 분야와 지속 가능성에 바탕을 둔 비즈니스에만 대출을 하기로 한 것이다. NRB는 앞으로 모든 대출을 지속 가능성 비즈니스에 집중할 방침이다.

　NRB에서 사업자 대출을 받는 과정은 기존 은행의 대출 심사 과정과 비슷하다. 어떤 대출을 필요로 하는지, 상환 능력은 어떠한지를 따진다. 하지만 NRB만의 과정을 거쳐야 한다. 앞에서 언급했던 '고객 지속 가능성 평가서'이다. 모두 42개 문항으로 이뤄진 이 평가서는 물론 필수적인 것으로 강제되는 건 아니다. 리우의 설명에 따르면 NRB 사업자 대출의 신규 고객과 재신청 고객의 거의 대부분이 이 평가서를 작성한다. 녹색을 넘어 넓은 사회를 보는 금융을 지향하는 리우의 철학은 경제적·사회적·환경적 측면을 두루 다루는 고객 평가서에서 다시금 확인된다.

　객관식 질문들에 대한 답을 분석해 NRB는 고객의 지속 가능성에 대한 인식과 실천 정도에 따라 4개 등급으로 분류한다. 하지만 낮은 등급을 받았다고 바로 대출 심사에서 실격 처리되지는 않는다. 대신 이 점수는 이 은행과 거래를 하면서 어떻게 변화, 발전하는지를 가늠하는 비교 기준이 된다. 아울러 NRB는 평가서의 자료를 바탕으로 잠재 고객의 지속 가능성을 향상시키기 위한 맞춤형 컨설팅도 제공한다. 평가서와 분석 자료 활용에서 드러나듯이 NRB는 '오늘 누가 녹색인가 아닌가'의 색깔보다 녹색의 내일을 위해 은행과 고객이 어떻게, 얼마나 노력할 것인지를 중시한다. 어느 기업이라도 의지가 있고, 전문적인 조언을 받고, 필요한 자금을 지원받는다면 점점 더 녹색이 될 수 있고, 동시에 경제적인 녹색 경쟁력도 갖출 수 있다고 NRB는 본다. 돈을 빌려 주고 이자만 챙기는 것이 아니라 환경 기술, 경영 컨설팅, 전문적 금융 지식을 총동원해 고객의 기업가 정신이 환경적·사회적·경제적으로 발현될 수 있도록 돕는 금융을 향해 NRB는 새 길을 내고 있다.

NRB는 고객 지속 가능성 평가서의 질문을 내부에도 그대로 적용한다. 이는 사회적 은행이란 안과 밖이, 말과 행동이, 구호와 실천이 제각각일 수 없다는 생각에서다. NRB의 모토는 '재고, 재건, 재생'이다. 안주하지 말고 늘 최선을 다해 지속 가능한 방안을 탐색하고, 추구하고, 실천하자는 것이다. 직원들은 자발적으로 녹색팀(The Green Team)을 조직해 NRB의 내부 환경 지침을 만들고 지속 가능성 향상을 위한 도전 과제도 제시한다. NRB가 배출하는 총 쓰레기 중 매립지로 가게 될 양을 5퍼센트 미만으로 줄이기로 한다거나, 전기 사용과 교통수단을 이용한 출장 중에 배출되는 탄소량을 상쇄하기 위해 테라패스(TerraPass)라는 신재생에너지 공인 증서를 구입한다거나 하는 것이 그 예이다.

NRB는 예금 이자를 많이 주고 대출 이자를 적게 받는 식으로 고객을 유치하지 않는다. 이자만 보면 굳이 NRB를 찾을 이유는 없다. 그런데도 고객은 이 은행을 찾는다. NRB를 처음 방문한 많은 고객들은 우선 NRB가 입주해 있는 빌딩에 매료된다고 한다. 이 건물은 미국 친환경 건축물 인증협회(USGBC)가 주관하는 친환경 건축물 인증시스템(LEED)의 골드 인증을 받았다. 사무실 문을 열면 은행원의 친절에 또 한 번 감동받는다. NRB 인터넷 홈페이지에 고객이 올린 후기들을 보면, 처음 방문했을 때 물이나 음료를 권하는 행원들이 인상 깊었다는 내용이 많다. 이는 미국 은행들의 창구 대면 서비스 문화가 얼마나 데면데면하고 딱딱한지를 보여 주는 동시에 NRB 행원들이 고객을 단지 '돈 주머니'로만 보지 않는다는 단적인 예라 할 수 있다. NRB 행원들은 지역 봉사 활동에도 적극적이고, NRB 임원의 경우 환경 정책 논의 과정에도 깊이 관여하기도 한다.

윤리적 투자를 약속하는 '착한 은행'

NRB는 여느 은행과 마찬가지로 거의 모든 예금 서비스를 제공한다. 물론 이자가 있다. 하지만 NRB에 예금 계좌를 연다고 다른 상업은행보다 더 높은 이자가 붙는 건 아니다. 그런데도 찾는 건 자기가 맡긴 돈이 사회와 환경을 이롭게 하는 데 쓰일 것이란 믿음 때문이다. 환경 가치를 중시하면서도 상대적으로 조금 더 높은 이자 수익을 기대하는 고객을 위해 NRB는 일정 기간 동안 자금의 운용을 맡기는 '임팩트 양도성예금증서'(Impact CD) 서비스를 제공한다. 환경 가치를 얹은 CD인 셈이다. 이 CD 약정을 할 때 고객은 지속 가능한 발전을 위한 태양광·신재생에너지, 유기농 제품, 비영리 기관의 세 분야 중 하나를 선택할 수 있다. 고객이 맡긴 돈은 반드시 선택한 분야에 대출된다. 이 CD 계약을 위한 최소 금액은 2500달러로, 전액 연방예금보호공사(FDIC)에 의해 보장

▸ **예금 상품 이자율 비교** (예치금 10만 달러 미만)   단위: 퍼센트

예금 상품	미국 평균 FDIC, 2012년 7월기준	NRB	업계 최고 www.bankrate.com, 2012년 7월 기준
보통 저축 예금	0.09	0.05	
당좌 예금	0.06	0.04	
시장 금리부자유입출입식예금	0.12	0.12	
1개월 양도성 예금 증서	0.08	0.05	0.25 (최소 예치금 10,000달러)
3개월 양도성 예금 증서	0.11	0.10	0.44 (최소 예치금 −)
6개월 양도성 예금 증서	0.18	0.10	0.80 (최소 예치금 1,000달러)
1년 양도성 예금 증서	0.28	0.25	1.10 (최소 예치금 1,000달러)
2년 양도성 예금 증서	0.45	0.45	1.25 (최소 예치금 25,000달러)
3년 양도성 예금 증서	0.62	0.70	1.45 (최소 예치금 1,000달러)
4년 양도성 예금 증서	0.79	0.85	−
5년 양도성 예금 증서	1.03	1.00	1.91 (최소 예치금 1,000달러)

된다.

물론 임팩트 CD의 이자율도 업계 기준으로 보면 매우 낮다. 하지만 NRB에 예치된 금액은 2007년 말 6200만 달러에서 2012년 1분기 말 현재 1억 1500만 달러로 늘었다. 5년 만에 두 배 가까이 증가한 것이다. 더구나 NRB가 이메일을 통해 가장 많이 받은 질문은 통장 개설 문의도, 이자율이 어느 정도인지도, 비밀번호 오류 관련도 아니다. 놀랍게도 "우리 동네에는 NRB 지점이 언제 개설 되나요?"라는 질문이라고 한다. 이는 금리가 금융 거래의 기준이라는 '상식'을 뒤집는다. 적어도 NRB를 찾는 고객들은 다른 기준으로 금융을 생각하고 있다는 뜻이다.

같은 값이면 다홍치마라고, 어차피 맡길 돈에 이자 많이 붙는 게 좋다

며 이자율에 따라 이런 은행, 저런 계좌를 찾기 십상이다. 보통은행의 광고가 이자율을 내세우는 것도 그래서이다. 그런데 고객이 맡긴 돈이 어디에 어떻게 돌고 있는지를 금리가 말해 주는가. 높은 이자율만 보고 은행에 맡긴 100만 원이 불량 식품 회사에 대출된다면, 그래서 나와 가족이 불량 음식을 먹게 된다고 생각하면 금리만 보고 금융거래를 할 수 있을까. 그래서 NRB의 광고는 "오늘 밤 당신의 돈은 어디에 투자될까요?"라고 묻는다. "업계 최고 이자율을 드립니다!"라는 여느 은행 광고와 대조적이다. 고객이 NRB에 맡긴 돈은 사람과 공동체와 환경을 이롭게 하는 데에만 쓰인다는 것을 강조하는 문구다. 빈센트 시칠리아노(Vincent Siciliano) NRB 회장은 "보다 나은 세상 만들기를 돕는 일이 NRB가 대출을 결정하는 핵심 기준"이라고 말한다.

NRB는 은행을 선택하는 행위를 통해서 이자율이 조금 낮더라도 자신의 돈이 더 나은 사회적·환경적 가치를 위해 활용되기를 원하는 윤리적 금융 고객이 늘어날 것이라고 예상한다. 높은 이자율을 약속했던 은행들이 부도를 내며 피해를 주는 사례가 적지 않다. 미 금융 당국도 금리 규제를 한다. 하지만 금리 규제가 예치금의 착한 대출까지 보장하는 것은 아니다. 금융 이용자들도 금융 위기 이후 이를 점점 더 분명하게 인식하기 시작했다. NRB는 윤리적 금융 고객의 기대에 부응하고 있다.

NRB는 사회적·환경적 소명을 추구하는 비영리 단체를 지원하는 일도 중요한 임무로 여긴다. NRB는 비영리 단체에 녹색 대출 서비스를 제공한다. 에너지 기술, 정부의 환경 규제와 장려 정책, 은행의 대출 약정 등은 비전문가에겐 하나같이 복잡하다는 공통점이 있다. 인권 분야 비영리 단체가 자신들이 환경에 끼치는 영향력과 장기적인 에너지 비용을 동시에 줄이고자 한다면 일단 무엇을 어디서부터 시작해야 할까? 이러한 비영리 단체를 위해 NRB는 녹색 (재)건축 융자와 신재생에너지 설치 프로젝트 융자 등과 같이 특화된 대출 서비스를 제공한다.

NRB는 비영리 단체의 재무적 지속 가능성도 지원한다. 원거리 지불 결제(Remote Deposit Capture, RDC)와 같은 프리미엄 서비스의 수수료를 비영리 단체에게 할인해 준다. NRB의 모든 직원이 참여하여 매년 3개의 우수 비영리 단체를 선정해 기부금을 전달하는 '플래닛-스마트 혜택' 프로그램도 있다. NRB의 플래닛-스마트 직불 카드 고객이 카드로 결제할 때마다 3~5센트의 기부금이 쌓이는데, 이를 직원들이 선정한 우수 비영리 단체에 주는 것이다. NRB의 직원들은 비영리 단체에 대해서도 사업 내용을 꿰뚫고 있다는 뜻이다. 비영리 단체 고객의 직원이나 지인이 NRB에 당좌 계좌를 개설하고 6개월 동안 지속할 경우, NRB는 해당 비영리 단체에 계좌당 25달러를 기부하는 지원 프로그램도 운영한다.

안주하지 않는 사람들의 녹색 미래

리우에게 NRB의 미래상을 물었다. 미국에 녹색 은행의 새 길을 연 NRB의 설립자로서 하고 싶은 말이 많을 법도 할 터인데, 그의 대답은 의외로 간단했다. "더 혁신적으로 운영하고 더 혁신적인 서비스를 제공하여 고객들이 세상을 변화시킬 수 있도록 지속적으로

돕는 것"이라고 했다. 그렇게 영향력 있는 활동을 하며 고객들과 함께 은행도 커 나가기를 원한다는 말을 덧붙였다.

리우는 멘토인 피터 블룸(Peter Bloom) 트리오도스 은행장이 NRB를 세우려 동분서주하는 자신에게 했던 말을 잊지 않고 있다. "사람들이 '이 정도면 충분히 녹색이야'라고 말할 때 한 걸음 더 나아가는 미친 사람이 되어야 하네."라고 했던 조언을 말이다. 리우와 NRB는 오늘의 녹색에 안주하지 않는 미친 사람들의 녹색 미래를 향하고 있다.

NPO에 의한,
NPO의 은행

이탈리아 방카에티카

안미보

시민단체도 은행을 드나든다. 금융 서비스를 이용해야 하기 때문이다. 회비를 모금할 때도, 걷은 회비를 예치할 때도, 필요한 경비를 현금으로 찾을 때도, 수익 사업의 자금 거래를 할 때도 금융기관의 문턱을 넘지 않을 수 없다. 약정된 기부금이 제때 들어오지 않아 단기간 현금 흐름이 꼬여 영리 기업들이 이용하는 단기 차입금인 브리지론(bridge loan)이라도 받으려 할 때면, 수익 사업을 하고 싶지만 종잣돈이 궁할 때면 은행 문을 두드릴 수밖에 없다.

　하지만 둘의 관계는 반쪽이고 일방적이다. 비영리 단체(NPO)*가 자금이 필요해 대출을 신청하면, 여수신 은행업 서비스를 제공하는 금융기관은 십중팔구 고개를 가로젓는다. 시민단체의 예금은 받으면서도 비영리라는 이유로 대출의 문턱은 턱없이 높이기 일쑤다. 은행이 보기에 비영리 시민단체는 '이상을 좇는 신용불량자'이다. 그래서 비영리 시민단체들은 이런 생각을 한다. 우리를 위한 금융은 어디에도 없을까?

'경제적 합리성' '사회적 책임성' 두 마리 토끼 잡기

이탈리아의 비영리 시민단체들은 다른 생각을 했다. 비영리 섹터를 위한 금융을 시민사회의 힘으로 만들 수는 없을까? 사회적·문화적·생태적 가치를 만들어 내는 비영리 섹터에 신용을 중개하고 이를 통해 시민사회의 역량을 키우는 금융, 그런 다른 금융으로 새로운 시민사회를 만들어 낼 수 있지 않겠느냐는 도발적인 물음이었다. 이윤 추구가 유일의 푯대가 되어 버린 세상에서 경제적 효율성에 짓눌린 사회적 책임이란 가치를 복원하기 위해 분투하는 비영리 섹터가 '금융이란 무엇인가'라는 근본적인 의문을 제기한 것이다.

1990년대 중반, 이탈리아의 시민사회는 비영리 섹터와 은행의 짝짓기

• NPO(Non Profit Organization)는 영리를 추구하는 일반 기업과 달리 영리를 추구하지 않는 법인이나 단체를 통칭하는 용어다. 이는 조직의 목적이 돈벌이에 있는지 아닌지에 초점을 맞춘 미국 국세청의 구분에 따른 것으로, 돈벌이와 무관한 동호인 단체에서 돈을 버는 협동조합과 병원에 이르기까지 다양한 법인과 단체가 포함된다. 이 때문에 NPO란 용어가 부적절하다는 비판은 일찍부터 있었다. 최근에는 '제3섹터 단체'나 '사회적 경제 조직', '시민사회 단체'(civil society organization, CSO), '시민섹터 조직'(citizen Sector organization, CSO) 등으로 지칭하기도 한다. 이 글에선 통상의 NPO란 용어를 기본으로, 비영리 시민단체와 비영리 섹터 등을 섞어 표기한다.

에 팔을 걷어붙였다. 비영리 섹터의 지향과 순수성도 지키고 기존 금융 질서 속에서 은행의 수익성도 확보하는, 말 그대로 '두 마리 토끼몰이'에 나섰다. 방향은 섰지만 논의 과정은 결코 순탄치 않았다. 5년여의 숙의 끝에 나름대로 경제적 합리성과 사회적 책임성의 균형점을 찾아내 세 가지 원칙에 합의했다. 두 가지는 현실을 직시하고 인정하는 것이고, 한 가지는 그럼에도 불구하고 다른 생각을 어떻게 실현할지에 대한 것이다.

첫째, 사회 발전과 복지를 위해 화폐경제를 포기할 수 없다는 점을 인정한다. 이는 비영리 섹터와 금융의 짝짓기에 나선 이들이 자본주의 자체를 부정하는 것이 아니라 현재의 부정적인 자본주의 질서에 비판적인 입장이라는 것을 의미한다.

둘째, 기존 금융기관에 금융을 일임하는 것은 인류의 삶을 위태롭게 만드는 잘못된 '경제 발전'의 패러다임을 용인하는 꼴이라고 판단한다. 달리 말하자면, 시스템 자체가 잘못됐는데도 금융권 바깥에서 대안을 찾는 것은 '인간적인 경제 발전'의 가능성을 부정하는 태도라고 본다. 잘못된 금융 질서와 담을 쌓고 고개를 돌려 버리는 고립주의도, 어쩔 수 없다며 손을 놓아 버리는 순응주의도 아닌 제3의 길을 찾기로 한 것이다.

셋째, 부의 창출과 분배의 과정에서 사회적 연대의 가치를 추구함으로써 이윤 극대화를 추구하는 주류와 구분한다. 이는 제도권 속으로 들어가, 기존 금융이 마땅히 가야 함에도 불구하고 가지 않는 길을 복원하고 넓히겠다는 뜻이다. 바로 이런 차이를 만들겠다는 각오가 비영리 섹터의 새로운 금융시장 만들기 실험으로 이어졌다.

이 세 가지 원칙을 주춧돌 삼아 1999년 이탈리아에서 문을 연 보노보 은행이 '방카 포폴라레 에티카'(Banca Popolare Etica, 방카에티카)이다. 방카에티카는 말 그대로 하자면 '윤리은행'이지만 엄밀하게 보자면 '윤리 마을금고'다. 이탈리아의 제도권 은행업은 은행(Banca), 신협(Credito Cooperativo), 저축은행(Cassa di Risparmio), 마을금고(Banca Popolare)로 나뉜다. 방카에티카는 우리의 새마을금고와 유사하다. 여수신이 가능한 '지역 신용협동조합'(Community Credit Cooperative), 즉 마을금고이다. 그러나 방카에티카가 사회적 금융의 알록달록한 실험 가운데에서도 단연 돋보이는 건 단순히 마을금고라서가 아니다. 'NPO의, NPO에 의한, NPO를 위한' 최초의 제도권 금융기관이라는 점 때문이다.

비영리 섹터와 은행의 결합

비영리 섹터의 약속에서 태동한 방카에티카는 태생적으로 잡종이다. 돈에 대해 다른 생각을 하는 깨어 있는 고객과 사회적·문화적·생태적 공공선을 추구하는 비영리 섹터 사이에 새로운 관계를 창출하는 것을 사명으로 삼는다. 방카에티카는 비영리 섹터와 사회적 경제의 주체에게 배타적으로 신용을 제공한다.[•] 비영리 섹터가 사회적 책

• 방카에티카는 애초 수신은 개방하되 대출은 비영리 섹터에 국한했다. 제한된 자원을 금융 사각지대에 있는 비영리 섹터에 집중하겠다는 뜻에서였다. 하지만 이 원칙은 일부 수정되어, 지금은 영리 섹터라도 신재생에너지 부문처럼 생태적 지속 가능성을 추구하는 업체에는 제한적으로 대출을 해 준다.

임을 수행하기 위해 요구되는 경쟁력과 숙련도, 자율성을 제고할 수 있도록 돕겠다는 취지는 훌륭하다. 문제는 과연 영리를 좇지 않는 비영리 섹터에 돈을 빌려 주고도 돈을 벌 수 있느냐는 것이다.

마치 '네모난 동그라미'같이 형용모순으로 들리는 이 질문에 대한 방카에티카의 답은 '그렇다'이다. 비영리 섹터와 은행의 결합은 잘못된 만남이 아니라 제도권 금융 안에 새로운 시장을 만드는 일이라는 것이다. 은행이 예금을 넣고 뺄 때만 찾는 곳이 아니라, 투명성과 연대와 민주적 참여의 가치를 바탕으로 지역의 비영리 섹터가 모여드는 사회적 관계의 사랑방이어야 하고, 또 얼마든지 그럴 수 있다고 웅변한다. 이는 방카에티카가 '금융의 사회적 기업'으로 불리는 이유이기도 하다.

방카에티카의 모태 'MAG'
- -

방카에티카가 탄생하기까지는 20년의 세월이 걸렸다. 상호저축 자치협동조합인 '막'(Società Mutua per l'Autogestione, MAG)이 방카에티카의 모태다. 1978년 베로나의 1호를 시작으로 80년대 각지에서 지역 '막'이 생겨났다. 이탈리아에 사회적 금융의 씨앗을 뿌린 막은 1960~1970년대 이탈리아 노동계와 농업 부문에서 활발하게 진행된 자치 운동과 흐름을 같이한다. 비영리 섹터의 금융을 위한 비영리 섹터의 자치 운동이 막인 셈이다.

애초에 막은 제한된 금융 업무를 자율적으로 수행하는 지역 협동조합이었다. 특정 지역 비영리 섹터가 돈을 맡기면 막은 그 예치금을 지역 신협이나 마을금고에 예금했다. 저축 조합이었던 셈이다. 대출도 일부 했지만 본격적으로 신용을 제공하는 금융기관은 아니었다. 그러나 비영리 섹터의 역량을 키워 주는 금융이라는 큰 틀에서 지역마다 다양한 변주와 실험이 진행되면서 대안 금융으로서 막의 존재감은 커졌다. 자율적으로 운영되는 지역 막의 조정 기관으로 '막 중앙회'(INTERMAG)도 생겼다. 막중앙회는 이후 여러 지역의 막과 시민단체가 방카에티카 설립에 힘을 합치는 데에 일조했다.

막은 신용 시스템을 완비하지는 못했지만, 다양한 실험을 통해 비영리 섹터를 위한 사회적 금융의 가능성을 열었다. 막은 고객이 맡긴 예금을 비영리 섹터에 대출해 줬는데, 대출받는 대상이 개인이든 조직이든 프로젝트든, 예금자 모두가 그 정보를 속속들이 꿰고 있어야 한다는 것이 대전제였다. 이런 투명성과 정보 공유로 대출 보증을 대신했다. 요컨대 조합원과 예금 고객들이 대출 심사에 직접 참여함으로써 사회적 가치를 추구하는 비영리 섹터에 무담보 신용 대출을 하는 그들 나름의 새로운 신용 시스템을 실험한 것이다.

비영리 섹터를 위한 최초의 제도권 사회적 금융

그러나 막은 구멍가게 수준이었으며 운용 자금을 확충하는 데에서 한계를 드러냈다. 돌파구가 필요했다. 금융 환경도 불리해졌다. 1991년과 1993년 두 차례 이탈리아 금융 관련법이 바뀌면서 막은 급격히 쇠퇴했다. 1991년 돈 세탁을 막기 위해 금융 규제가 강화되면서 사회적 자본에 대한 출자금 하한이 정해졌고, 1993년에는 금융업 인가를 받지 않은 협동조합의 개인 수신 업무가 중지되었다. 막의 손발이 묶인 것이다. 어떤 막은 문을 닫고, 어떤 막은 자력갱생의 길을 찾았다. 당시 사회적 기업에 대한 논의가 활발해지면서 사회적 협동조합이 생겨나고 사회적 경제의 금융 수요는 커졌지만, 비영리 섹터의 대안 금융인 막은 존립의 기로에 서야 했다.

막을 통해 가능성을 타진한 비영리 섹터는 다른 금융을 위해 한 걸음 더 내딛었다. 그 첫발이 1995년 12월 '윤리은행 설립준비조합'(L'Associazione verso la Banca Etica)의 결성이다. 제도권에 사회적 금융의 터를 잡기로 한 것이다. 여기에는 비영리 섹터의 21개 조직이 발기인으로 참가했다. 발기인 명단에는 지역의 막과 가톨릭 유관 단체, 공정무역·유기농업·생활체육 단체를 비롯해, 우리로 치면 금융노련에 해당하는 상급 노동조합의 지부 등 노동자 조직이 3곳이나 올라 있는 점이 눈에 띈다. 준비조합은 이듬해 윤리은행의 법적 지위를 마을금고로 하기로 결정하고, 금고 설립을 위한 최소 자본금 650만 유로의 모금에 착수했다. 앞서 언급한 세 가지 원칙도 확정했다. 1998년 11월 이탈리아 중앙은행의 허가를 얻고 12월에는 법원의 인가를 받았다. 마침내 1999년 3월, 방카에티카는 파도바에서 비영리 섹터를 위한 세계 최초의 제도권 사회적 금융으로 문을 열었다.

방카에티카는 돈과 금융과 기업의 사회적 역할에 대한 비영리 기관의 성찰에서 비롯됐다. 경제적 활동이 사회에 미치는 결과와 사회적 연대를 금융 본연의 역할로 내면화하려는, 비영리 섹터의 '금융에 대한 다른 생각'이 방카에티카가 싹을 틔울 수 있게 한 배양토였다.

방카에티카는 2000년 윤리적 투자를 활성화하기 위한 자산 운용 전문 기관인 '에티카SGR'을 설립해 사회적 투자 기금을 조성하고, 2003년엔 윤리 경영과 기업의 사회적 책임(CSR) 관련 연구를 전담하는 '윤리적 책임을 위한 문화 재단'(Fondazione Culturale Responsibilità Etica)을 세우며 방카에티카 그룹이 되었다. 2012년 말 현재 방카에티카의 자본은 설립 당시의 약 6배로 늘었고, 이탈리아 전역에 16개의 지점을 갖고 있다. 전체 조합원 3만 7000명 가운데 법인이 5500여 개에 달한다. 시민 섹터가 대거 조합원으로 참여하고 있는 것이다.

윤리적 금융의 원칙을 지킨다

방카에티카는 정관 5조에 윤리적 금융의 다섯 가지 원칙을 명시하고 있다. 이 원칙은 방카에티카가 기존 은행들과 어디가 어떻게 다른지를 잘 보여 준다.

1. 윤리적인 금융은 경제적 행동의 비경제적 효과를 고려한다.

방카에티카는 비경제적 결과까지 책임지는 것을 첫 번째 원칙으로 내세운다. 사회적 임팩트를 중시한다는 의미다. 환경 파괴 등 외부에 부정적

▸ 방카에티카의 부가가치 배분

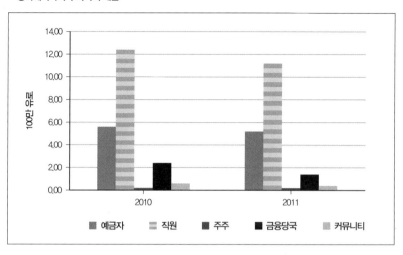

인 영향을 미치는 활동인지는 물론 시민의 건강에는 어떤 영향을 미치는
지, 평화를 저해하는 생산 활동(원전, 무기, 유전자 변형 등)인지까지도 고려
하여 금융 서비스를 설계한다.

2. 어떤 형태로든 금융에 대한 접근성은 인간의 기본권이다. 효율성만이 아니라 사
회에 대한 깨어 있음(sobriety)도 윤리적 책임의 한 축이다.

요컨대 금융 접근성은 인권이라는 철학이다. 금융기관이 대출을 제공
할 때는 채무자의 변제 능력을 파악하기 위해 샅샅이 평가를 한다. 이 과
정에서 현금 창출 능력이 떨어지는 비영리 섹터나 채무 상환 능력이 떨어
지는 저소득층은 낮은 등급을 받을 수밖에 없다. 제도권 금융에 접근하기
가 어려울수록 적극적인 사업 확장은 힘들어지고 비영리 섹터는 위축되

는 결과를 낳는다. 이러한 악순환의 대전제에는 금융은 채무자의 변제 능력에 따라 분배되어야 하는 희소한 자원이라는 기존 금융계의 생각이 깔려 있다.

반면 방카에티카는 신용의 배분을 인권의 측면에서 본다. 신용의 소외는 곧 인권 침해라는 생각으로 기존 금융의 사각지대인 비영리 섹터에 신용을 집중하는 것이다. 이 원칙이야말로 방카에티카 윤리의 핵심이자 기존 금융기관과 가장 다른 차이점이다.

3. 소유와 거래에서 발생하는 이익은 공공의 이익에 부합하는 행동으로부터 창출되어야 하며, 이익 발생에 기여한 모든 대상에게 공평하게 배분한다.

주주의 이익 극대화가 아니라 지역과 전체 사회까지 아우르는 이해 당사자에게 고루 수익이 돌아가야 한다는 원칙으로, 이는 주주 자본주의와의 결별 선언이다. 방카에티카는 2011년 창출된 부가가치의 1퍼센트만 조합원에게 출자금 배당을 하고, 24퍼센트는 예금자에게, 53퍼센트는 직원들에게, 12퍼센트는 지역사회에 각각 배분했다. 나머지 9퍼센트는 내부 유보를 했다. 또 최고 경영자와 직원의 연봉 차이를 6배 이내로 제한한다. 침팬지 은행 경영진의 천문학적 연봉과 성과급으로 인한 도덕적 해이를 원천봉쇄하는 것이다.

4. 투명한 운영이 윤리적 금융의 핵심 전제다.

방카에티카는 모든 정보를 공개한다. 대출은 웹사이트를 통해 모두 조회할 수 있다. 여신 및 수신 조건(금리, 기간, 수수료 등)과 투자·대출 시 주의 사항도 명시한다. 이런 내용은 거래할 때 영업점에서 다시금 상세하게 소개하도록 업무 지침으로 규정되어 있다.

또 재무적 재무상태표와 더불어 '사회적 재무상태표'도 내놓는다. 설립 취지부터 환경적·사회적 영향을 포함한 경영 성과, 이해 관계자, 네트워크 등 방대한 정보를 해마다 공개한다.

5. 조합원과 예금자가 의사 결정 과정에 적극 참여하도록 독려한다.

방카에티카의 윤리적 금융 원칙과 철학은 지배구조에도 그대로 구현된다. 조합원 총회를 필두로 이사회와 신디케이트가 뼈대를 이루며, 직접 참여 원칙에 따라 전국 4개 권역 69개의 지부에서 지역 총회를 열어 대의원을 선출한다. 중앙 집권이 아닌 지역 분권을 추구하는 것이다. 각 지점은 조합원이 직접 참여하는 민주주의의 사랑방이 된다.

이사회는 신규 조합원에 대한 심사를 맡는데, 방카에티카의 윤리적 원칙과 충돌할 경우 조합원으로 받아들이지 않을 권한을 지닌다. 비영리 단체라도 운영 방식과 활동 영역이 방카에티카의 윤리 기준에 맞지 않으면 돈 보따리를 들고 와도 출자할 수 없다.

이런 원칙을 제대로 지키고 있는지를 감독하는 역할은 윤리 위원회가 맡고 있다. 윤리 위원회의 위원들은 사회적으로 검증된 저명인사들로 구성되어 방카에티카의 제반 활동에 관해 자문한다. 윤리 원칙 실행 여부를 감독하는 윤리적 보증인이자 사외 이사인 셈이다. 이외에 조합원과의 분쟁을 조정하는 중재 위원회도 있다.

대출 심사에서도 인간적 신뢰 중시

방카에티카는 여느 은행과 마찬가지로 금융 당국의 감독 아래 예금 등의 수신 서비스를 제공한다. 개인이든 법인이든 자유롭게 예금 계좌를 개설할 수 있고, 만약의 경우에는 예금도 보호받는다. 굳이 차이를 꼽는다면, 방카에티카의 예금자들은 다른 금융기관 이용자와 달리 자신의 예치금이 어떻게 쓰인다는 것을 분명히 알고 있다는 점 정도이다.

방카에티카의 차별성은 여신에 있다. 비경제적 영역, 사회적 임팩트를 중시하여 대출을 비영리 섹터에 집중하는 것이다. 사회적 협동조합과 각종 국제 협력 비정부기구, 문화·사회·교육 부문 비영리 단체 등이 바로 그 대상이다. 대출을 해 줄 때는 예금 고객 가운데 운영 효율성과 윤리적 임팩트를 따져 신용을 제공한다. 지역에 탄탄하게 기반을 두고, 지역사회에 문화적으로나 환경적으로 기여가 큰 기관이나 개인에게 대출을 해 준다.

특히 '사람'을 중시하는데, 방카에티카는 대출자와 은행의 인간적 신뢰가 대출 심사에서 큰 비중을 차지한다는 점을 공개적으로 밝힌다. 신용을 제공할 때는 채무자의 경제적 상환 능력뿐 아니라 두 단계의 추가 평가 과정을 거쳐 대상을 선정한다. 첫 단계로 대출 희망자의 사업 영역이 대출 금지 규정에 포함되는지를 살핀다. 무기 생산, 동물 실험, 원자력발전 관련, 동물 가죽 생산, 보호 지역에서의 자연 훼손, 도박, 살충제 생산 등 비윤리적 사업을 이 과정에서 걸러 낸다. 이어 50가지 측면 접근법에 따라 환경, 사회, 정부에 대한 영향을 종합적으로 평가한다.

방카에티카는 예·적금, 채권, 신용카드, 양도성예금증서(CD), 연금 기금 등의 일반적인 수신 서비스도 제공하는데, 다른 금융기관과 약간의 차이가 있다. 예·적금과 신용카드가 투자 목적별로 세분화되어 있어 예금자가 추구하는 사회적 가치에 맞춰 고를 수 있다는 것이다. 이를테면 후원하고 싶은 비영리 기관을 골라 신용카드를 개설하면 개설 수수료 중 일정 비율이 그 기관 앞으로 적립되고, 신용카드 사용액에 따라 추가로 기관을 후원할 수 있다. 신용카드 발급을 통해 앰네스티, 마니 테세(MANI TESE) 등의 국제 비정부기구처럼 공유 경제 정신에 바탕을 둔 기관을 후원하고 있다.

여신과 수신을 사후 관리할 때에는 사회적 영향을 수시로 확인한다. 2009년 이탈리아에서는 구제금융을 받은 국제 투기 자본의 투자를 재허용하는 법안이 통과되었다. 그러나 방카에티카 이사회는 이것이 비윤리적이라고 판단해 구제금융을 받은 기관과는 거래하지 않기로 내부 방침을 세웠다.

한편 방카에티카는 자회사들을 통해 은행 업무 외의 윤리적 금융 관련 사업도 전개하고 있다. 자산 운용 자회사인 에티카SGR은 윤리적 사회 투자 기금을 통한 투자 사업, 다른 자산 운용 기관들의 윤리적 기준을 높이기 위한 자문, 그리고 윤리적 투자에 관심이 많은 여타 금융기관에 컨설팅 서비스 등을 제공하고 있다. 연구 전담 기관인 '윤리적 책임을 위한 문화 재단'(FCRE)은 윤리적 금융과 관련된 연구뿐만 아니라, 각종 캠페인과 학술 세미나 등의 활동도 주관한다. 또 마이크로파이낸스 기관인 에티모스(Etimos)는 유럽에서 기금을 모아 전 세계 31개 개도국에서 마이크로파이낸스 기관과 생산자 협동조합을 지원하고 있다.

방카에티카는 '찾아가는 은행' 서비스도 시작했다. 고객이 금융기관을 방문해야만 하는 기존의 금융 관행을 파괴하고 고객을 찾아 거리로 나선 것이다. 바쁜 비영리 섹터의 번거로움도 덜어 주고 행원들이 현장을 직접 볼 수 있는 기회도 제공하며, 즉석에서 소액 대출도 해 주는데, 이렇게 하는 것이 금융의 윤리적 책임이라고 보기 때문이다.

위기에 강한 협동조합은행

그렇다면 윤리적 금융을 추구하는 방카에티카의 운영 실적은 과연 어떠할까?

유럽의 재정 위기에도 불구하고 방카에티카의 성장세는 이어지고 있다. 우고 비지에리(Ugo Biggieri) 방카에티카 회장에 따르면, 방카에티카의 투자 규모는 2011년의 경우 전년보다 24퍼센트 급증했고, 2012년에도 10퍼센트나 늘었다.

금융 위기가 전 세계를 강타한 2008~2009년에도 순이익을 냈으며 자산 성장세도 건전하다. 2009년 금융 위기로 당기순이익이 급격히 감소했지만 많은 은행이 휘청거리고 구제금융을 받은 것에 견준다면, 돈벌이가 안 된다며 기존 은행들이 시장으로 치지도 않은 비영리 섹터에 대출을 해 주면서도 흑자를 내며 위기를 견딘 것은 주목할 만하다. 특히 이 기간에 당좌예금이 지속적으로 증가하면서 전체 예금의 성장세를 이끌어 위기에

▸ 방카에티카 예금 성장 추이

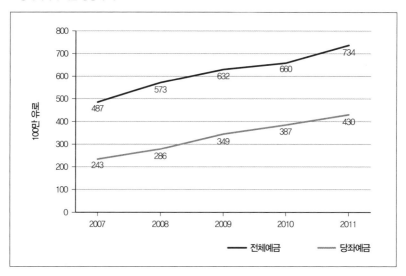

▸ 방카에티카 주요 지표   단위: 1000유로

	2007년	2008년	2009년	2010년	2011년
자산	525,693	611,995	673,983	747,011	855,376
부채	500,406	585,791	641,485	711,292	817,073
자본	25,287	26,204	32,498	35,719	38,303
당기순이익	3,353	1,270	30	917	1,490

내성을 키우는 데 기여했다.

금융 위기를 통해 자본가 소유의 은행보다 협동조합은행이 위기에 견디는 힘이 강하다는 점이 확인됐다. 조합원들은 주식의 거래 차익을 노리지 않기에 경기와 상관없이 지속적으로 조합에 투자한다. 경영진은 조합원과 지역의 이익을 먼저 고려하기에 단기에 떼돈을 벌어 보겠다며 위

	방카에티카 2011년 말	이탈리아 은행 2011년 6월		우리나라 은행 평균 2011년 말
		인테사	우니크레딧	
부실채권비율	3.22	7.93	9.81	1.36
ROE	4.03	6.50	−18.56	8.40
BIS 비율	11.11	14.70	12.80	13.96

험한 투자에 뛰어들지 않는다. 이러한 속성은 금융 협동조합의 지속 가능성과 안정성을 높여 다시 장기 투자자를 끌어들이게 되는 선순환으로 이어진다. 프랑스의 크레디아그리콜(Crédit Agricole), 네덜란드의 라보뱅크(Rabobank), 독일의 DG방크그룹(Deutsche Genossenschafts Bank Group) 같은 대형 금융기관도 출발은 협동조합이었다. 이들 은행은 미국 투자은행 리먼브러더스 파산 사태 이후에도 안정성과 건전한 지배구조 덕분에 특별한 자기자본 변동 없이 성장세를 시현했다. 방카에티카의 꾸준한 성장도 협동조합에 기반을 두고 있다는 것과 무관하지 않다.

방카에티카는 성장세뿐 아니라 안정성과 수익성 등 일반적인 금융기관 평가 지표에서도 나쁘지 않은 실적을 나타내고 있다. 자산의 건전성을 보여 주는 부실채권비율, 수익성을 나타내는 자기자본 이익률(ROE), 자기자본비율의 적정성을 판단하는 BIS 비율 모두 양호한 수준으로 평가된다. 특히 이탈리아의 대형 은행인 인테사(Banca Intesa)나 우니크레딧(UniCredit)의 수익성이 우리나라 은행 평균에 견주어도 차이가 크지 않다는 점은 눈여겨 볼 가치가 있다. 이는 비영리 섹터를 위한 금융의 시장성을 보여 준다. 기존 금융계가 돈과 금융에 대해 달리 생각할 수 있다면 비영리 섹터를 신용의 사각지대에 방치할 이유는 없다는 뜻이기도 하다.

이웃 스페인에 윤리은행 설립 지원

방카에티카의 성과는 이웃 스페인에도 복제되고 있다. 방카에티카는 스페인 빌바오의 '책임 있는 저축·투자 재단'(FIARE)과 손잡고 윤리은행 설립을 지원하고 있다. 2002년 바스크 지역의 62개 비영리 단체가 공동으로 설립한 FIARE는 바스크 지역의 사회적 금융을 위한 대안 은행을 준비 중이다. 더불어 프랑스 신용협동조합 라 네프(La Nef)와도 협력함으로써 유럽 남부에서 이탈리아-프랑스-스페인의 윤리은행 동맹도 구축했다.

현재 진행 중인 유럽의 경제 위기는 방카에티카를 다시 한 번 시험대에 올려 놓을 것이다. 이탈리아 은행들의 신용 등급은 2011년 10월부터 급격한 하락세로 2012년 7월 말 현재, BBB 수준이다. 이는 우리나라(A)보다 낮은 수준으로, 그리스와 스페인의 구제금융 여파가 이탈리아까지 번질 것이라는 시장의 전망이 작용한 까닭이다. 경제 위기로 인한 불확실성 때문에 방카에티카 같은 마을금고들의 신용도도 함께 떨어지고 있기에 이들의 앞날을 속단하기 어려운 현실이다. 그러나 비영리 섹터를 위한 사회적 금융의 개척자에 대한 기대감마저 움츠러드는 것은 아니다.

비영리 섹터 금융을 특화한 방카에티카는 이탈리아만이 아니라 유럽에서도 독특한 사회적 금융 사례로 꼽힌다. 경제적 합리성과 사회적 책임성의 균형을 추구하는 방카에티카 방식은 자본주의 경제 시스템의 진화와 관련하여 특별한 문제와 전망을 제공한다. 비영리 섹터 내지 사회적 경제가 화폐경제나 금융 자본주의 안에서 어찌 될 것인가에 대한 화두를 던지고 있는 것이다.

방카에티카는 시민사회의 사회적 성찰이 숙성된 결과물이다. 설립자들은 오랜 논의 과정을 거쳐 비영리 섹터의 정체성을 유지시키면서도 침팬지 은행이 지배하는 금융 질서에서 살아남을 수 있는 새로운 제도권 금융기관을 추구했다. 시민사회도 신용의 혜택을 받을 수 있어야 한다는 이야기에 대해 비영리 섹터의 부채 경영을 부추기는 것이 아니냐고 의심한다면, 이는 비영리 섹터에 신용이 막혀 있는 현실을 모르고 하는 말이다. 방카에티카는 이처럼 잘못된 금융 판에 시민사회의 역량을 키워 주는 금융의 새 길을 열고, 이를 통해 시민사회도 살고 금융도 사는 선순환을 모색한다. 금융에 대한 다른 생각으로 사회적 임팩트를 증폭시키려는 것이다.

방카에티카는 그 임팩트를 촉발하는 힘을 시민사회의 주체성 강화에서 찾는다. 보다 나은 세상을 만들고자 하는 비영리 섹터의 단체나 활동가, 사업에 사회적 금융의 돈줄을 흘려 사회적 혁신을 장려한다. 다시 사회적 혁신은 시민단체의 힘을 키우고 비영리 시민사회를 위한 금융시장을 넓힌다. 이를 위해 은행은 지역의 이해 당사자 등이 연대를 강화하는 사랑방이 된다. 사회적 금융을 통해 비정부 섹터가 정부와 시장에 대한 의존도를 줄이는 것, 정량적 평가와 단기적 성과 극대화의 논리에 휘둘리지

않게 되는 것, 이것이 방카에티카가 지향하는 시민사회의 주체성 강화이
자, 금융의 '시민사회화'(civilize)이다. 비영리 시민사회가 정체성을 잃지
않으면서도 돈 걱정에서 해방되도록 만들고자 하는 것이다. 요컨대 돈과
이윤을 앞세우는 화폐경제를 시민적인 세상으로 혁신하려는 것이 곧 시
민사회화이다.

예금과 사회 혁신을 중개한다

방카에티카는 돈과 신용만을 중개하는 것이
아니라, 예금과 사회 혁신을 중개한다. 예금자는 돈으로 측량되지는 않지
만 지역사회의 구석구석을 밝혀 줄 비영리 시민단체의 활동에 귀하게 쓰
일 것임을 알고 돈을 예치한다. 비지에리 방카에티카 회장도 금융의 잘못
된 판을 바꾸는 근본적인 힘은 시민과 시민사회가 변화를 위해 적극적으
로 행동하는 데서 나올 수밖에 없다고 말한다. 미국 영화배우 폴 뉴먼(Paul
Newman)이 사회적 기업 '뉴먼스 오운'(Newman's Own)을 통해 기부와 소
비를 중개했다면, 방카에티카는 예금과 혁신을 중개하는 금융의 사회적
기업이다.

무엇보다 기존 금융 질서의 밖에서 다른 샛길을 내려는 게 아니라, 신
용에서 소외된 비영리 섹터를 위해 제도권 내에서 금융시장을 창출하려
고 한다. 기존 금융을 배제하고 전복하려 하지 않는 이유는 분명하다. 당
장의 변통을 위해, 금융의 사회적 책임 추구라는 거대한 잠재력을 포기해

선 안 된다고 생각하기 때문이다. 그래서 방카에티카는 여느 사회적 은행과 마찬가지로 기존의 금융 질서 속에서 새로운 길을 내고 그 길이 금융의 새로운 표준이 될 수 있게 하는, 금융의 보노보 혁명을 좇는 보노보 은행인 것이다.

비영리 섹터 대출로도 수익을 낼 수 있음을 입증한 방카에티카는 많은 것을 시사한다. 우리의 노동조합과 시민단체, 협동조합과 사회적 기업 등 비영리 섹터와 사회적 경제 주체들은 사회적 금융을 남의 일로만 여기고 있는 것은 아닌지 스스로 돌아보게 한다. 아울러 우리 사회의 대안 금융기관이 언제까지 제도권 밖에 머물러 있어야 하는지에 대해서도 물음을 던진다. 수신을 할 수가 없다 보니 외부 후원과 기부에 의존할 수밖에 없는 현실을 그대로 둔 채 사회적 금융의 임팩트를 기대하는 것은 공염불에 지나지 않는다. 탄탄한 수신 기반이야말로 사회적 금융의 지속 가능성을 담보하는 가장 중요한 전제 조건이다. 이것이 한국형 방카에티카의 출현이 절실한 이유다.

신용협동조합, 보노보 은행으로 변신하다

캐나다 밴시티

신민철

캐나다 서부 밴쿠버 시 데이비 스트리트에 '돈에어 두드'(Donair Dude)라는 음식점이 2010년 문을 열었다. 돈에어 전문점인데 개업 2년 만에 하루 1000여 명의 손님이 드나드는 소문난 맛집으로 자리 잡았다.

돈에어는 우리에겐 낯설지만 캐나다에선 햄버거처럼 익숙한 음식이다. 주머니처럼 생긴 얇은 피타 빵 안에 각종 구운 고기와 야채, 소스를 넣어 먹는 것으로, 케밥과 비슷하다고 보면 이해가 빠르다. 중동계 이민자들이 늘어나면서 밴쿠버에서 돈에어 파는 곳을 찾기란 그리 어렵지 않다. 그중에서도 돈에어 두드는 2년 만에 직원 22명으로 한 해 100만 달러의 매출을 올리는 성공 신화를 썼다. 그곳에는 각별한 맛이 있다. 돈에어 두드는 사람과 금융이 만나 빚어낸 '성공의 풍미'를 선사한다.

돈에어 두드의 창업자 샘(Sam)과 티베트(Tibet)는 터키 출신의 유학생이다. 공학 박사 과정을 밟던 샘과 공학 석사를 마친 티베트는 2006년 밴쿠버 시내를 걷다 인생의 행로를 바꿨다. 샘이 느닷없이 돈에어 식당을 열어야겠다고 말을 꺼냈고, 티베트는 곧바로 맞장구를 쳤다. 두 이민자 공학도는 이때부터 학업을 접고 제대로 된 돈에어로 북미를 석권해 보겠다는 맹랑한 꿈을 키우기 시작했다. 고향 터키에서 먹던 돈에어의 맛과 10여 년 타향살이로 익힌 캐나다의 취향을 잘 버무릴 자신도 있었다. 꿈도 자신감도 있고 또 젊었다. 필요한 건 창업 자금, 돈이었다.

샘과 티베트는 은행 문을 두드렸다. 그러나 식당을 열겠다는 터키 유학생을 맞아 주는 은행은 없었다. 은행의 문턱을 넘지 못해 허탕만 치던 두 청년은 문득 '밴시티'(Vancity) 간판이 운명처럼 눈에 들어왔다고 회고한다. 티베트는 어깨가 처진 샘에게 들어가자고 권했다. 신협은 은행과 다르지 않겠느냐, 저기에는 우리를 믿어 줄 누군가가 있지 않겠느냐고 달래며 밴시티의 문을 밀고 들어갔다. 과연 그곳은 달랐다. 두 터키 청년은 대출 상담 창구에서 자신들의 이야기를 귀담아 들어주는 에디 수하르디를 만났다. 티베트의 말처럼 그것은 운명이었다. 수하르디는 그들에게 창업자 소액 대출을 신청하라고 알려 주고 대출과 창업에 필요한 일들을 도왔다.

티베트는 "밴시티는 사람에게 투자했고, 그것이 우리를 성공으로 이끌었다"고 말했다. 이에 수하르디는 "그들은 응원이 필요했고 밴시티는 그들을 응원할 수 있었다. 누군가가 자신의 사업 구상을 믿어 준다는 것만큼 강력한 응원은 없다"며 답했다. 금융 서비스를 받은 이는 감동하고, 금융 서비스를 제공한 이는 마땅히 해야 할 일을 했을 뿐이라며 담담해하는 관계, 이것이 돈에어 두드의 초석이 됐고 두 청년의 삶을 바꿨다. 돈에어 두드의 성공은 터키 출신 두 청년에겐 특별한 것이지만, 캐나다 서부 영어 사용 지역 최대의 신용협동조합인 밴시티에겐 일상이다. 밴시티는 응원이 필요한 사람과 조직에게 신용으로 응원을 할 줄 아는 금융기관인 까닭이다.

원칙에 충실한 금융, 신협 그 이상을 추구하다

밴시티는 1946년에 설립된 캐나다 최대의 신용협동조합이다. 온전한 이름은 밴쿠버 저축신용조합(Vancouver City Savings Credit Union)이다. 그러나 밴시티는 여느 신협과 같으면서도 다르고, 여느 보노보 은행과 다르면서도 같다. 평범해서 비범한 금융기관이다. 밴시티가 사회적 금융으로 꼽히는 이유는 '평범의 비범'에 있다.

신용조합은 주주 자본주의와 이윤 극대화를 신줏단지 모시듯 하는 침팬지 은행과는 기본적으로 다르다. 협동조합의 민주주의 운영 원칙에 바탕을 두고, 지역 밀착형 실물경제에 금융 서비스를 집중하는 일반적 특성에서 그러하다. 하지만 돈과 신용이 사람을 위해 봉사하는 것이 아니라 사회를 압도하는 금융 자본주의의 틀 속에서 신협이 엉거주춤해진 것도 숨길 수 없는 현실이다. 다른 금융으로서 출발은 달랐지만 신협이 상업은행과 다를 게 뭐가 있냐는 탄식마저 나온다. 물론 상업은행을 중심으로 금융 질서와 규제의 틀이 짜이면서 불가피한 측면도 없진 않다. 그러나 신협이 침팬지 은행을 욕하면서 침팬지 은행을 닮아 갔다는 점은 부인하기 어렵다. 100년이 넘는 신협의 역사는 금융의 보노보 혁명을 추구했던 신협 선구자들이 쌓아 다진 토대를 자의 반 타의 반으로 허물어 간 과정이라고 해도 지나친 말은 아닐 듯싶다. 밴시티는 이런 신협의 흐름을 거스르고 있다. 밴시티가 신협과 같으면서도 다른 이유다.

밴시티는 1970년대 이후 다른 금융에 대한 뚜렷한 자각과 분명한 지향에서 생겨난 사회적 금융과는 다르다. 밴시티의 탄생 설화는 여느 보노보 은행처럼 극적이지 않다. 보통의 신협들이 그러하듯, 1946년 밴쿠버 시민 14명이 5달러(이하 캐나다 달러)씩 출자해 기계 부품 상점 자리에서 신협의 문을 열었다. 개점 보름만인 그해 10월 11일 조합원의 주택 구입 자금 100달러를 대출하며 수신도 하고 여신도 하는 본격 금융업을 시작했다. 여느 신협처럼 다른 금융의 필요성을 절감했지만 밴시티가 세상을 바꾸는 금융으로 출발한 것은 아니었다.

하지만 밴시티는 조합원에 좋으면 신협에도 좋다는 간힌 생각의 틀을 스스로 부수었다. 천천히 쉼 없이 바꾸어 나갔다. 침팬지 은행의 고속도로로 향하지 않았고, 신협들의 엉거주춤한 우회로도 가지 않았다. 밴시티는 '금융다움'을 좇았다. 협동조합의 원칙을 단단히 움켜쥐고 말랑말랑한 발상으로 금융에서 사회적 기업가 정신을 발휘했다. 밴시티는 세상을 바꾸겠다고 출발한 것은 아니지만, 원칙에 충실한 금융, 신협다움을 추구하다 보니 자연스럽게 세상을 바꾸는 사회적 금융의 길로 향하게 됐다고 말한다. 밴시티는 안주하지 않는 금융이다. 나쁘지 않으면 좋다는 안일한 이분법은 밴시티의 유전자엔 없다. 밴시티가 보노보 은행과 다르지만 같은 까닭이 여기에 있다.

밴시티는 캐나다의 세계적인 금융 협동조합 데자르뎅(Desjardins)과 종종 비교된다. 데자르뎅은 캐나다 동부 퀘벡 주 사회적 경제의 중심 금융 기관이다. 1900억 달러에 달하는 자산 규모는 밴시티의 10배가 훌쩍 넘는다. 운영 기간도 데자르뎅이 2배 가까이 길다. 둘은 협동조합에 뿌리를 두고 사회적 금융의 길을 걷고 있지만 다소 차이가 있다. 굳이 금융법상의 지위를 따지자면 데자르뎅은 지역기반 서민 신용협동조합으로서의 마을금고이고, 밴시티는 신협이다. 데자르뎅보다 덩치가 훨씬 작지만 밴시티를 캐나다 최대 신협이라고 하는 건 그래서이다. 지역도 다르다. 밴시티와 데자르뎅은 캐나다의 동서를 양분한다. 이들이 기반한 유대(bond)도 차이가 있다. 데자르뎅이 캐나다의 마이너리티인 프랑스어권을 대표한다면 밴시티는 영어권의 신협이다.

물론 이런 차이는 이들이 추구하는 사회적 경제를 위한 금융이란 큰 틀에서 보면 사소한 것일 수 있다. 하지만 이 작은 차이는 밴시티의 '평범의 비범'을 돋보이게 하는 요인이 된다. 스페인의 몬드라곤과 더불어 현대 협동조합 운동의 성지로 꼽히는 캐나다 퀘벡 주도 각각 사회적으로나 경제적으로나 문화적으로 스페인과 캐나다의 비주류 지역이라는 공통점을 지닌다. 데자르뎅은 영어권의 주류 사회에 대한 프랑스어권의 강력한 비주류의 연대감을 토대로 한다. 밴시티는 영어권 주류 사회에서도 괜찮은 주류의 신협이란 현실에 안주하지 않고 사회적 경제를 확장하는 사회적 금융의 길을 내고 있다는 점에서 주목할 가치가 있다.

열린 유대가 이끈 놀라운 혁신

밴시티가 '신협, 그 이상'을 추구하는 데는 작은 태생의 비밀이 있다. 데자르뎅이 설립되던 1900년대 초 캐나다 전역에서 신협 운동이 활발했다. 자본주의가 확장되면서 커지는 금융 수요를 상업은행은 담아내지 못했던 탓이다. 곳곳에서 소규모 금융 협동조합들이 생겨났다. 이들의 공통점은 특정한 '공동의 유대'(Common Bond)를 바탕으로 한다는 점이었다. 한솥밥을 먹는 공장의 노동자이거나 같은 직장이거나, 같은 신을 믿는다거나 같은 언어를 쓴다거나 같은 인종이라거나 하는 유대의 고리로 이어져 있었다. 이런 끈끈한 유대를 바탕으로 재산이 많고 적음을 떠나 서로 믿고 돈을 맡기고 빌리는 신협이 작동했다.

하지만 이는 조합원 간의 신뢰와 협력을 이끌어 내는 구심력이었지만, 한편으론 조합원이 아닌 이웃을 밀어내는 요인이 됐다. 부자를 위한 부자의 금융기관인 주류 상업은행의 금융 사각을 없애고자 신협을 만들었지만, 신협과 신협 사이에도 금융의 빈틈이 생겨난 것이다. 후발 신협인 밴시티는 이러한 신협의 빈틈을 메꾸는 신협으로 출발했다. 밴시티는 기존 신협들이 기대고 있던 배타적인 공동의 유대를 개방했다. 밴쿠버의 시민이라면 인종, 언어, 직업을 불문하고 신협의 문호를 열기로 한 것이다. 말하자면 '닫힌 유대'에서 '열린 유대'로 전환하는 실험이었다. 신협 전통에서 본다면 밴시티의 열린 유대는 작지만 신선한 혁신이었다. 이 혁신의 유전자야말로 평범한 신협을 특별한 보노보 은행으로 성장하게 한 원동력이었다.

밴시티는 열린 유대를 바탕으로 탄탄하면서도 빠르게 성장했다. 14명의 발기인이 5달러씩 출자한 자본금 70달러로 1946년 9월 28일 문을 연 이래 석 달 만에 자산이 2966달러로 늘었고, 작은 직장 신협 한 곳도 인수했다. 설립 첫해 0.83달러의 수익도 올렸다. 조합원은 설립 5년 만인 1952년에 2000명을 넘어섰고, 그로부터 10년 뒤인 1962년에 5배인 1만 명으로 늘었다. 설립 16년 만인 1962년 자산이 500만 달러에 이르면서 브리티시컬럼비아 주 최대의 신협으로 성장했다. 이후 자산 규모는 1965년 1000만 달러로 3년 만에 배증한 이래 뜀박질을 했다. 1973년 1억 달러, 1980년 10억 달러로 7년마다 10배씩 자산을 늘렸고, 설립 60주년인 2006년에 100억 달러를 돌파했다.

이런 성장을 뒷받침한 것은 부단한 혁신이다. 밴시티 성장사를 둘러보면 유독 '최초'가 많다. 밴시티의 첫 주택 담보대출인 100달러는 당시 밴쿠버 시의 낙후 지역 조합원에게 제공됐다. 캐나다에서 낙후 지역 노동자에게 주택 담보대출을 시행한 것은 밴시티가 처음이다. 여성의 지위가 지금과는 천양지차였던 1961년 밴시티는 남자의 연대보증이 없이도 여성에게 대출을 해 줬다. 열린 유대의 원칙에 따라 신용의 성 차별을 없앤 것이다. 1986년 '윤리성장 펀드'로 캐나다에 사회책임펀드의 물꼬를 텄다. 1990년엔 비자 신용카드 수익의 5퍼센트를 출연해 환경 기금(EnviroFund)을 만들었다. 저탄소 차량 구입을 위한 대출 때 우대 금리를 처음 적용한 것도 밴시티다. 2008년엔 캐나타와 미국의 금융기관을 통틀어 처음으로 온실가스 감축 목표를 달성했다. 온라인 뱅킹(1977), 현금자동인출기 환전 서비스(1983), 홈뱅킹(1995)을 도입할 때도 밴시티는 캐나다의 여느 은행들보다 앞섰다. 2004년에는 캐나다 은행업 최초로 텔레뱅킹 수수료를 없애기도 했다.

2012년 말 현재 밴시티는 59개의 지점과 총 자산 규모 160억 달러, 조합원 48만 명을 아우르는 거대 신협이다. 신용카드 업무를 담당하는 시티즌 은행(Citizens Bank of Canada)과 보험 업무를 맡는 밴시티 생명(Vancity Life Insurance Services Ltd) 등 5개의 자회사를 두고 있다. 창립 6년 만에 첫 유급 직원을 고용했던 밴시티는 이제 2500여 명의 일자리를 제공한다. 그뿐만 아니라 캐나다의 좋은 일자리 기업을 선정할 때 단골로 뽑힐 정도로 모범적인 고용 환경을 자랑한다. 흥미로운 대목은 밴시티가 이러한 성장에 깜짝 놀랄 만한 비결을 갖고 있지 않다는 점이다. 다만 기꺼이 위험을 감수하며 금융의 빈틈을 파고들었고, 어쩔 수 없다며 포기하지 않았을 뿐이다. 금융답지 못하다 싶으면 신협의 상식과 관행도 과감하게 깼다. 우직하게 금융다움을 실천하면서 조합원과 고객, 지역사회를 감동시켰다.

밥 먹으면 배부르다는 말처럼 상투적인 평범이 밴시티의 성공 비결이라는 건 여간한 역설이 아니다. 오늘날의 금융이 길을 잃었다는 것 말고는 밴시티의 비범을 설명하기 힘들다. 밴시티는 비범한 평범을 어쩌다 하는 이벤트가 아니라 금융기관으로서의 존재 이유로 삼는다. 금융 안에서 얼마든지 금융다움을 복원하고 구현할 수 있고, 그렇게 하는 것이야말로 사회적 금융의 길이라는 게 밴시티의 믿음이다. 기존 금융기관도 돈과 금융에 대한 생각을 바꾼다면 얼마든지 사회적 금융으로 거듭날 수 있음을 밴시티는 보여 준다.

지역사회의 번영을 돕기 위해 존재

밴시티는 금융기관이다. 당연히 이윤을 낸다. 밴시티의 주요 수익 창출원은 여수신을 통한 은행업이다. 소비자 금융과 주택 담보대출, 지역 상공인 대출은 물론 환전, 보험, 신용카드, 부동산 개발, 투자자문 서비스도 한다. 하지만 이윤만 좇진 않는다. 신용협동조합으로서 마땅한 일이지만, 묻지도 따지지도 않고 돈의 불나방처럼 굴지 않는다. 다른 신협들이 조합원의 이익 안으로 웅크린다면 밴시티는 지역사회로 한 발 더 나아간다. 사회적으로 바람직한 일이고 환경에도 좋은 일은 누가 시켜서가 아니라 스스로 찾아서 한다. 이런 다짐을 윤리 정책(ethical policy)으로 명시한다. 밴시티의 윤리 원칙이 남다른 대목은 선언이 아니라 실천한다는 점이다.

밴시티 윤리 정책의 첫머리에는 '사람들과 지역사회의 번창과 번영을 돕기 위해 일한다'라는 내용이 있다. 돈보다 사람을 중시한다는 뜻이다. 아울러 윤리 정책을 충족하는 경우에만 거래를 한다고 밝혔다. 아무리 높은 수익성이 보장된다고 하더라도 온실 가스를 배출을 줄이기 위해 노력하지 않는 기관들과는 거래를 하지 않으며, 경영의 투명성이 입증되어 있지 않은 기관들 역시 거래 대상에서 제외한다. 이러한 걸러 내기 기준(negative screening) 말고도 적극적으로 관여하기 기준(positive screening)도 가동한다. 이를 위해 밴시티는 사회적 기업과 협동조합, 저소득층 주택 지원, 인디언 원주민 지역사회, 에너지 및 환경, 유기농 식품, 주거 취약 계층을 위한 사회적 주택 사업 등에 대한 신용을 확대하고 있다. 밴시티는 이런 선언이 얼마나 잘 지켜지는지를 확인하고 입증하기 위해 해마다 제3의 기관이 작성한 회계 보고서를 공시한다.

수익 배분에서도 밴시티는 사회적 금융다움을 실천한다. 수익의 대부분을 조합원에게 두둑한 출자 배당금으로 준다. 밴시티의 총 분배금은 지난 6년간 평균으로 영업이익의 85퍼센트에 달한다. 이익공유제(Shared Success)를 통해 순이익의 약 25퍼센트를 지역사회 기부, 조합원 배당, 고액 리베이트*로 되돌린다. 밴시티는 지역사회 기부에도 큰손이다. 캐나다 철학 센터(Canadian Centre for Philosophy)는 캐나다 기업에게 회계연도 이전 3년간 평균 영업이익의 1퍼센트를 지역사회에 기부할 것을 권장하고 있다. 이 기준으로 본다면 밴시티는 여느 기업에 비해 훨씬 많은 기부를 하는 셈이다.

밴시티는 사회적 금융으로서의 혁신도 가속하고 있다. 우선 사회적 혁신을 추구하는 사회적 기업이나 소셜 벤처에게 중요한 자금원이 되고 있다. 금융을 통한 사회적 임팩트를 강화하고 있는 것이다. 예컨대 밴쿠버에서 새로운 도시형 운송 사업을 펼치는 협동조합 쉬프트(Shift)는 밴시티의 지원이 없었으면 사업 아이디어를 현실화하기 힘들었을지 모른다. 쉬프트는 소형 화물을 굳이 트럭으로 운반할 필요가 있을까라는 의문에서 출발했다. 전동 보조 장치를 단 자전거와 리어카를 결합한 수동 운송장치를 쓰면 온실가스 배출을 줄일 수 있다는 사업 아이디어를 냈다. 문제는 그게 돈벌이가 되겠냐며 돈줄이 움직이지 않는 거였다. 앞에서 본 돈에어 두드

---

* 대출 이자를 감해 주고, 예금 이자를 얹어주는 방식.

가 금융기관이나 투자자의 문턱을 넘지 못한 것과 마찬가지였다. 이때 밴 시티가 손을 내밀었다. 환경에도 이롭고 새로운 도시형 일자리도 만들 수 있다는 판단에서였다. 설혹 대출이 부실해지더라도 그런 소셜 벤처를 위 해서는 금융기관이 마땅히 리스크를 감수할 수도 있어야 한다고 본 것이 다. 2011년 밴시티는 쉬프트에 소액 창업 대출을 해 줬다. 쉬프트는 아이 디어를 사업화했고, 사회적 투자와 지원이 뒤따를 수 있는 계기가 됐다.

시정부와의 협력으로 혁신 가속화

밴쿠버 시의 자동차 함께 타기 확산에도 밴시 티는 일찍부터 관여했다. 빅토리아 카셰어 협동조합(Victoria Carshare Co-Operative)은 1996년 설립됐다. 온실가스 배출도 줄이고 차량 운영 비용도 줄이자는 취지였다. 공유 경제(share economy)의 대표격인 카셰어링 사업 에 밴시티는 장기 저리 대출로 돈줄의 물꼬를 터줬다.

또 사회적 금융으로서 눈여겨볼 만한 대목은 브리티시컬럼비아 주정 부 및 밴쿠버 시정부와의 협력이다. 밴쿠버 시는 2020년까지 온실가스를 1990년 기준 5퍼센트 감축 목표를 설정하고 '녹색 도시' 정책을 펴고 있 다. 녹색 도시 건설에서 시가 역점을 두는 분야의 하나가 도시 온실가스 배출의 절반 가까이를 차지하는 건물의 에너지 효율을 높이는 일이다. 이 를 위해 시는 '주택 에너지 효율 제고 대출 프로그램'(Home Energy Loan Program, HELP)을 가동했다. 이 프로그램의 민간 협력 금융기관으로 밴시티가 참여하고 있다.

이 프로그램의 가동 경로는 이렇다. 정부는 집주인이 희망하면 주택의 단열 상태를 비롯해 에너지 효율을 무료로 점검하고, 손볼 부분을 알려 준다. 고치고 말고는 집주인이 결정할 사안이다. 하지만 고치지 않을 이유가 별로 없다. 우선 주택 개량에 드는 비용의 상당액을 정부가 인센티브 형식으로 보전해 준다. 집을 수리하면 에너지 효율이 높아져 온실가스를 줄이면서도 냉난방 등 평균 20퍼센트의 에너지 비용이 절감된다. 아울러 집의 재산 가치도 높아진다. 하면 좋은 줄은 아는데 목돈이 든다는 게 부담이다. 정부의 지원금은 집수리가 완료되고, 검사기관이 어디를 어떻게 수리했는지를 감정한 뒤에야 나온다. 지원금을 받으려면 빨라야 1년 반 이상 걸린다. 여기에 밴시티가 신용의 다리를 놓아 준다.

주택 개보수를 희망하는 집주인이 정부의 감정서에 따른 비용만큼을 신청하면 HELP가 대출해 준다. 주택당 4000달러~1만 6000달러를 최장 10년 장기저리의 고정금리로 대출받을 수 있다. 중도에 갚아도 상환수수료도 없다. 대출 형식은 집주인이 시정부에게서 빌린 것이지만, 내용상 재원은 HELP가 밴시티에서 빌린 것이다. 대출자는 개보수로 줄어든 에너지 비용을 모았다가 분기마다 HELP에 이자를 갚으면, HELP는 다시 밴시티에 갚는다. 이건 서류상의 일이고 고객은 밴시티를 통해 거래를 하면 그만이다. 일정 기간이 지나 정부의 지원금이 나오면 일시에 갚을 수 있다. 그간 에너지 효율 제고를 위한 주택 개보수의 인센티브로 브리티시컬럼비아 주정부는 2008~2012년 10만여 명에게 7750만 달러를 지원했다. 주택당 평균 7000달러 이상 인센티브가 제공된 셈이다.

HELP가 밴시티를 협력 파트너로 선정한 데는 그만한 이유가 있었기 때문이다. 밴시티는 이미 2008년부터 브리티시컬럼비아 주정부가 시행한 주택 에너지 효율 제고 지원 사업(LiveSmart BC Efficiency Incentive Program)에 맞춤형 금융을 운영해 왔다. 3500달러~2만 달러를 기준 금리에 1퍼센트포인트만 얹은 낮은 금리로 최장 10년간 빌릴 수 있도록 주택 개보수 희망자들에게 대출 서비스를 제공했다. 정부 사업에 기대 돈을 벌어 보겠다는 심사가 아니라 환경 정책의 실효성을 높이는 데 금융이 기여하겠다고 밴시티가 나선 것이다. HELP가 밴시티를 협력 기관으로 선정한 건 시정부의 팔이 안으로 굽어서가 아니었다. 입찰에 뛰어들어 주판알부터 튕기는 여느 금융기관들은 밴시티의 사회적 금융에 경쟁 상대가 되지 못했던 것이다.

이런 혁신을 지속하는 밴시티의 저력은 어디서 나오는 것일까. 이 질문의 힌트는 이미 앞에서 제시했다. 돈에어 두드의 손을 아무렇지도 않게 잡아준 에디 수하르디가 밴시티에선 특별한 행원이 아니라는 점이다. 밴시티는 사람을 존중하는 일터로 유명하다. 노동자들은 존중 받고, 그 존중을 고객과 금융 혁신으로 사회에 되돌리는 선순환 구조다. 2011년 밴시티 65주년은 각별했다. 밴시티는 임금의 하한을 생활임금(Living Wage)으로 한다고 선언했다. 생활임금이란 주 40시간의 노동만으로 양질의 주거와 음식, 교통, 건강보험, 통신, 여가 비용을 지불할 수 있는 수준의 임금을 말한다. 2011년 기준으로 밴쿠버 시의 최저임금이 시간당 8.75달러인 반면에 생활임금은 시간당 18.81달러였다. 물론 생활임금 도입 기관에 사인하지 않더라도 밴시티 직원의 대부분은 생활임금 이상의 연봉을 받는다. 하지만 밴시티는 이를 통해 네 명 중 한 명 꼴로 생활임금에 못 미치는 밴쿠버 시의 저임금 현실에 대해 '이건 지속 가능한 사회가 아니다'라고 발언한 셈이다. 보노보 은행은 밖으로 돈을 잘 돌리는 것으로 끝나는 게 아니라는 것이다.

사회적 금융을 향한 끝없는 혁신의 여정

　　　　　　밴시티는 금융 위기를 전후해 사회적 금융의 본색을 표출하기 시작했다. 밴쿠버의 숨은 신협 강자에서 글로벌 금융의 사회적 금융 전도사로 존재감을 키우고 있는 것이다. 그 변화는 2007년 타마라 브루먼(Tamara Vrooman)이 밴시티의 새 조타수가 되면서 뚜렷해졌다. 2004~2007년 브리티시컬럼비아 주정부의 재무부 부장관을 역임한 40대의 여성을 60년 전통 신협의 최고 경영자로 삼은 것 자체가 밴시티의 또 다른 혁신을 상징한다. 브루먼은 2008년 금융 위기를 돌파하며 밴시티의 사회적 책임을 한층 공격적으로 강조하고 있다. 2011년 보노보 은행의 국제 네트워크인 '가치 지향 은행 글로벌연맹'(GABV)에 전통 신협으로서는 처음으로 가입한 것도 이와 무관치 않다. 사회와 환경에 이롭다면 금융이 할 수 있는 영역을 움츠리지 않고 더 확장하겠다는 의지인 셈이다.

　브루먼은 밴시티의 성공 원인으로 사회적 금융이 침팬지 은행들의 주장처럼 위험하지 않다는 것을 일찍이 깨달은 점을 꼽는다. 지역사회가 지속 가능하고 경제적으로 건강해지도록 자원을 집중하면 할수록, 밴시티는 보다 더 폭넓게 생각하게 되고, 더 나은 금융으로 나아가게 된다고 그는 말한다. 브루먼은 "금융기관은 경제의 일부이고, 경제는 환경의 일부"라고 강조한다.

2011년부터 시작된 '좋은 하인 만들기'(Make Good Money) 캠페인도 변화한 밴시티의 면모를 드러낸다. 돈이 주인이 아니라 자신을 위해 봉사하게 하자는 취지를 담고 있다. 새로운 선언이라기보다 밴시티가 그동안 걸어온 사회적 금융의 길을 이 모토는 압축적으로 보여 준다. 밴시티의 가치 지향을 밖으로 더 또렷하게 부각하는 한편, 안주하지 않고 사회적 금융의 혁신을 지속하겠다는 내부의 다짐을 재확인하고 있다.

그렇다면 밴시티는 왜 좋은 신협에 만족하지 않는 것일까. 사회적 금융으로서의 정체성을 강화하려는 의도는 무엇일까. 이 물음에 대한 답은 밴시티 언론 홍보 담당자인 로리앤 윌슨(Lorianne Wilson)과의 이메일 인터뷰로 대신한다. 윌슨은 밴시티가 사회적 책임을 다할 수 있었던 것은 깨어 있는 조합원들 덕이라고 말한다. 조합원들이 금융의 사회적 책임에 깊은 관심을 갖고 있기에 밴시티는 그런 조합원의 뜻에 맞게 사회적 금융의 혁신을 지속할 수 있었다는 얘기다.

밴시티는 GABV에 가입하고, 대외적으로 사회적 금융으로서의 가치 지향을 분명히 하고 있다. 무엇이 밴시티를 그리 하도록 하는가?

"사회적 책임을 다하는 금융기관 운영은 목적지가 정해진 여정이 아니다. 항상 변화하고 나날이 늘어가는 사회적 금융기관의 존재감을 더 널리 알리려 부단히 노력할 뿐이다. 지금까지 밴시티는 이윤과 환경과 사회의 세 가지 가치를 동시에 추구하는 금융기관이라고 믿어 왔다. 하지만 여기서 머물지 않고 우리의 가치와 실천을 사회적으로도 확산시키는 역할도 마땅히 해야 할 필요가 있다는 생각에 이르렀다. GABV의 가입 금융기관들은 은행업 자체를 목적으로 삼지 않는다는 공통점을 지닌다. 본디 은행이란 신용 중개를 통해 경제성장과 가치창출, 그리고 보다 나은 세상을 만드는 사회의 도구에 지나지 않는다. 그런데 언제부턴가 이러한 생각은 사라지고 은행은 주식 투자자의 투자처가 되어 버렸고, 금융기관은 실물경제와 고객의 니즈에서 멀어졌다. GABV의 금융기관들은 은행이 사람과 실물경제를 위한 일꾼으로 제 역할을 한다면 지역사회와 세계가 보다 나아질 수 있게 하는 데 기여할 수 있다고 믿는다. 밴시티는 가치를 공유하는 금융기관들과 협력함으로써 금융을 통한 변혁의 임팩트를 더 키울 수 있을 것으로 기대한다."

사회적 금융과 일반 상업 금융을 비교할 때 대출로 인한 신용 위험도는 어느 쪽이 더 큰가?

"밴시티의 사회적 프로젝트 금융(Social Project Financing)이 좋은 성과를 낸 경우가 많다. 밴시티가 지금까지 비영리 단체와 금융 거래를 하면서 깨달은 사실은 사회와 환경의 유익을 추구하는 사업들이 그렇지 않은 것에 비해 신용 위험도가 더 낮다는 점이다. 사회적 프로젝트는 사회의 다양한 이해 관계자들이 관여하는 까닭에 사회적 자본이 영리형 사업보다 클 수 밖에 없다. 이것이 신용 위험도를 떨어뜨린다. 단지 사회적 자본은 이윤만 추구하는 잣대로는 측정되지 않을 뿐이다."

밴시티 사회적 금융의 대출금은 제대로 상환되고 있는가?

"사회적 임팩트를 고려하지 않고 수익성만 따져 보아도 사회적 프로젝트가 영리 목적의 사업보다 평균적으로 더 나을 뿐 아니라, 채무 불이행의 비율도 훨씬 적다. 물론 처음 시도되는 프로젝트나 새로운 분야를 개척하기 위해 투자되는 대출금은 리스크가 큰 만큼 상환되지 못하는 경우도 종종 있다. 하지만 밴시티는 이러한 리스크도 충분히 감안해 대출한다. 각도를 달리해 밴시티의 사회적 금융 대출금이 100퍼센트 상환된다고 생각해 보라. 이는 밴시티가 사회적 투자에 대해 대단히 보수적이라는 뜻이 된다. 모든 금융기관의 신용 제공이 그러하듯, 사회적 금융의 대출에도 위험 부담이 없을 수 없다. 상환율 100퍼센트란 사회적 금융기관이 마땅히 끌어안아야 할 리스크를 회피한다는 뜻이기도 하다. 사회적 금융이 발전하기 위해서는 사업의 성격과 아이디어가 신용을 제공할 가치가 있다고 판단된다면 금융기관이 일정한 범위 내에 리스크를 감수하는 노력이 필요하다. 밴시티는 금전적 수익만으로는 보이지 않는 사회적 임팩트를 고려해 사회적 금융 서비스를 확장하고 있다."

밴시티는 많은 물음을 던져 준다. 밴시티는 밴쿠버를 대표하는 탄탄한 중견 지역금융기관이다. 금융의 주류인 것이다. 그런데 그런 주류가 왜 다른 금융을 추구하는 사회적 금융과 편을 먹으려는 것일까? 밴시디는 부단히 금융의 혁신을 실험했다. 그 혁신이 사회적 금융의 길로 자연스럽게 이어진 것으로 볼 수도 있다. 그렇다면 다른 신협과 기존의 상업은행들은 밴시티와 같은 혁신을 못하는 것일까, 안 하는 것일까? 사회적 책임과 경제적 효율을 두 기둥으로 삼는 '신협, 그 이상의 신협' 밴시티는 그것이야말로 신협다움, 금융다움이라고 말한다. 이 말은 사회적 금융이란 침팬지 은행의 금고에 갇혀 있는 보노보를 이끌어 내는 것이란 의미일까? 밴시티는 사회적 가치를 추구할 수 있게 하는 원동력은 그렇게 하기를 열망하는 조합원과 고객에 있다고 말한다. 방식이 복원이든 혁신이든 혁명이든, 사회적 금융이란 결국 금융 서비스 이용자가 깨어 있는 금융 시민으로 거듭날 때 가능해진다는 뜻일까?

미완의
'신용 민주화' 혁명
미국 쇼어 은행

유병선

보기

① Too Big To Fail.　　② Too Small To Save.　　③ Too Green To Fail.

④ Too Good To Fall.　　⑤ Small Enough To Fail.

간단한 문제를 풀어 보자.

문제 1　보기 중 의미가 다른 것을 하나 고르시오.　　　　　　(　　　)

이번엔 난이도가 살짝 더 높은 문제다.

문제 2　각각의 의미 차이를 간단히 쓰시오.

마지막 문제는 논술형이다.

문제 3　위의 보기 5개는 미국 월스트리트 금융붕괴와 관련해 2008년부터 2011년 사이에 영어권 주요 신문과 경제 전문지의 기사에 자주 등장한 표제어이다. 각기 어떤 상황을 드러내는 것이며 그 속에 담긴 함의는 무엇인지를 구체적으로 밝히고, 의견을 서술하시오.

———————————————————————

———————————————————————

———————————————————————

　문제 1에서 ①이라고 가볍게 정답을 찍고, **문제 2**도 우리말로 옮기는 데 약간 번거롭더라도 **문제 3**은 그리 호락호락하지 않을 것이다. 하지만 지레 좌절할 필요는 없다. 적어도 이 논술 문제를 술술 풀 사람은 그리 많지 않을 것 같기 때문이다.

　보기 ①은 경제계에서 '큰 돌은 결코 죽지 않는다'는 의미의 바둑 용어 '대마불사'(大馬不死)로 자주 비유된다. 여기서 대마는 위기에 처한 거대 기업이다. 물론 대기업을 죽이는 건 쉽게 결정할 일은 아니다. 하지만 대기업이 나를 죽이면 같이 죽는다며 뻔뻔스럽게 대마불사를 외치면 얘기는 달라진다. '돈 좀 벌어 국민경제에 이바지하려다 사정이 어려워졌다. 어쩔 거냐? 날 죽게 만든다고? 나라가 망한다. 그러니 날 살려라.' 이때의 대마불사는 적반하장의 다른 표현이 된다. 바둑에서 대마가 죽으면 돌을 거두고 새로 시작해야 한다. 그건 바둑판에서의 일이다. 현실은 게임처럼 깔끔하지 않다. 금융이 붕괴될 때의 미국이 그러했다. 시장이 다 알아서 할 터이니 간섭 마라며, 첨단 금융 공학 운운하며 거품을 키워 화를 자초한 대형 은행들이 '배 째라'는 식으로 세금으로 위기에서 구해 달라고 목소리를 높였다. 안 그러면 글로벌 금융 시스템이 붕괴된다고 겁박했다. 그러면서도 대형 은행의 최고 경영자들은 천문학적인 성과급과 퇴직금을 챙겼고, 금고가 바닥났다며 울상을 지으면서도 정치권에 거액의 로비 자금을 뿌렸다. 미 재무부가 은행 부실자산구제프로그램(TRAP)으로 7000억 달러, 연방준비제도이사회(FRB)가 주택 담보대출(모기지) 시장 구제책으로 8000억 달러를 풀었다. 『뉴욕타임스』가 밝힌 미 정부의 2008년 구제금융 추산 총액은 7조 8000억 달러에 달한다. 99퍼센트가 1퍼센트를 향해 일제히 삿대질을 한 월가점령운동의 참가자들의 입장에서 보면 대마불사는 분노를 불러일으키는 말이다. 이익은 제 주머니에 넣고, 손실은 사회에 떠넘기는 월가 '침팬지 은행'들의 비열한 생존법을 가리키는 말이기도 하다.

①이 정부의 구제금융에 기댄 대형 은행들을 가리킨다면, ②~⑤가 지칭하는 대상은 특정 은행이다. 다섯 가지 예문 모두 세상 돌아가는 꼴에 대한 원망을 지니고 있지만 결은 다르다. 대마불사가 죽여야 하는데 죽이지 못한 것이라면, 뒤의 네 예시는 살려야 마땅한 것을 죽이는 데에 대한 원망이 담겨 있다. 살려야 하는데 죽인 은행의 이름은 '쇼어 은행'(Shore Bank)이다. 시카고에서 1973년 설립된 미국 최초의 지역개발은행이다. 이 은행이 2007년 말부터 서브프라임 모기지 사태가 불거지면서 금융 위기의 쓰나미에 휩싸였다. 2008년 적자로 돌아섰고, 부실 규모는 눈덩이처럼 커졌다. 여느 은행처럼 서브프라임 모기지로 폐돈을 벌다가 당한 게 아니

라, 빈곤층이 밀집된 도심의 낙후 지역에서 금융의 힘으로 지역을 살려 보려고 안간힘을 쏟다 덤터기를 쓴 것이다. 1퍼센트를 위해 돈 놓고 돈 먹기 식 도박판을 벌여 온 월가의 대마들 앞에서 99퍼센트를 위한 '신용 민주화'를 외친 게 쇼어 은행의 죄라면 죄였다. 재무부도 쇼어 은행과 같은 처지의 지역개발금융기관(CDFIs)을 위해 TRAP 이외의 구제금융을 마련했다. 쇼어 은행에 7200만 달러 구제금융을 할 것인지를 놓고 2010년 5월부터 세 차례 심사가 열렸다. 이때 공화당 의원들과 폭스뉴스, 월스트리트 저널이 잇달아 오바마 정권의 쇼어 은행 특혜설을 제기하며 딴죽을 걸었다. 월가의 대마들에게 7000억 달러의 구제금융은 당장 집행하라고 목에 핏대를 세우면서도 시카고 빈민가의 작은 지역은행을 살리기 위한 7200만 달러의 구제금융에 대해선 혈세 타령을 해 댔다. 대마불사에 들인 돈의 0.01퍼센트를 문제 삼은 것이다. 결국 구제금융이 불발됐고 2010년 8월 20일 쇼어 은행은 문을 닫았다.

실망스런 워싱턴 정가와 정책결정을 비난하는 한편 쇼어 은행의 빛나는 성취와 유산을 기억하려는 이들이 대마불사에 빗대 만든 말들이 보기 ②~⑤다. ②는 '살리기에는 너무 작아' 죽였냐고 묻고 있고, '죽이기에는 아까운 녹색' 은행이라며 쇼어 은행의 친환경 금융을 기리는 글의 표제어가 ③이다. '실패라고 하기에는 너무 착한' 은행이라며 쇼어 은행의 실패와 유산을 성찰하자는 제안이 ④라면, 마지막 보기 ⑤는 '너무 작기에 죽였다'며 미완으로 끝난 쇼어 은행의 과감한 은행 혁신에 안타까움을 드러낸다.

쇼어 은행은 돈과 금융과 마을에 대해 다른 생각을 갖고 기존 은행과 다른 길을 걸었다. 그것은 곧 금융 혁신이었고, 금융의 사회적 기업이었다. 피부색이 다르다는 이유로, 가난하다는 이유로, 달동네에 산다는 이유로 금융에서 소외되고 은행에서 문전박대를 받는 일은 없어야 한다는 명료한 지향을 '세상을 바꾸자'(Let's Change the World)라는 당돌한 모토로 내세웠던 은행이다. 강한 자가 살아남는 게 아니라 살아남는 자가 강하다는 업계의 경구에 따른다면 쇼어 은행의 실험은 실패했다. 하지만 미국은 물론 세계경제가 휘청대는 와중에 이 작은 은행의 운명을 두고 정치·경제·사회적으로 야단법석이 벌어진 까닭은 어디에 있는 것일까. 이는 실패를 논하기 앞서 침팬지가 지배하는 은행 판에 보노보의 둥지를 튼 쇼어 은행의 37년 유산을 기억하고 반추할 필요가 있다는 뜻일 터이다.

레드라이닝, 금융이 만든 거대한 빈곤의 덫

18세기 프랑스 법률가 브리야 사바랭(Brillat-Savarin)은 『미식예찬』에서 "무엇을 먹는지 말해 보라, 당신이 누구인지 말해 주겠다"라고 했다. 이를 요즘 은행가의 말로 바꾸면 '어디에 사는지 말해 보라. 당신의 신용을 알려 주겠다'가 된다. 동서고금을 막론하고 어디에 사는지가 삶에 중요하지 않았던 적이 없지만, 돈이 돈을 버는 금융 자본주의에서 주소는 신분과 다름없다. 인종차별의 뿌리가 깊은 미국에서 어디에 사는지는 개인의 삶에 결정적 요소로 작용한다. 주거지가 어디냐에 따라 은행은 사람을 달리 대한다. 1960년대 도시 공동화가 진행되면서 도시는 지역별로 부자 동네와 가난뱅이 동네로 구획되었다. 은행은 지도를 펴놓고 빈곤층 동네 둘레에 빨간 선을 그었다. 실업률과 주민 평균 소득 등을 고려한 것이라고 했지만, 빨간 선이 그려진 곳의 주민 대부분은 흑인이었다. 빨간 선 안의 거주민은 은행 구경을 하기도 힘들었지만, 은행 문턱을 넘어도 돈 떼일 위험이 크다는 이유로 대출이 거부되기 일쑤였다. 설령 거래를 트더라도 빨간 선 밖의 주민들보다 훨씬 많은 수수료와 높은 이자를 물어야 했다. 피부색으로 차별하듯 금융 서비스에 지역을 차별한 것이다. 이런 현상을 가리켜 1960년대 말 미국의 사회학자 존 맥나이트 (John McKnight)는 '레드라이닝'(Redlining)이라고 했다. 금융 차별이자, 금융 소외로 인한 빈곤의 악순환, 금융 사각지대의 가난의 대물림을 의미한다. 은행은 저소득층 거주지를 돈벌이가 안 되는 지역이라며 빨간 선을 그었고, 그 선은 돈이 흐르지 못하게 하는 장벽이 됐다. 돈이 돌지 않게 되면서 빈곤층 동네는 점점 생기를 잃고 주민들은 더 가난해져 갔다.

레드라이닝은 금융이 만든 거대한 빈곤의 덫이었다. 리처드 타웁 (Richard Taub) 시카고대 교수에 따르면 시카고의 사우스 사이드 지역은 1960년대 10년 사이에 100퍼센트가 백인이던 중산층 동네에서 흑인이 70퍼센트를 차지하는 빈곤층 지역으로 변했다. 백인들이 떠나면서 은행들도 덩달아 보따리를 쌌다. 사우스 사이드에서 영업을 해 온 '사우스 쇼어 은행'(South Shore Bank)은 더 이상 못 버티겠으니 다른 지역으로 옮기겠다며 1972년 연방준비제도이사회(FRB)에 이전 사유를 이렇게 댔다.

최근 몇 년 새 이 지역의 주거 지구와 상업 지구의 사정이 나빠지고 있다. (…) 고객들은 떠나고 소득수준이 대단히 열악한 사람들이 이주해 오고 있다.

요컨대 레드라이닝 지역에서 발을 빼겠다는 것이다. 이렇게 기존 은행들이 떠나고 빨간 선이 둘러친 이 지역은 약탈적 대부업체들의 먹이가 됐다. 1990년대 말 현재 제도권 금융과 사설 대부업체의 수가 시카고 시 전체로는 1 대 1의 비율이었지만, 사우스 사이드의 경우 1 대 12로 벌어졌다. 사설 대부업체는 고리대를 뜯는다. 2주 기간으로 50달러를 빌리면 선이자 10퍼센트를 떼고 45달러를 준다. 2주 이자 10퍼센트는 연 금리로 1092퍼센트에 해당한다. 기한을 넘기면 배보다 배꼽이 커지는 건 시간문제다. 시쳇말로 '쩐의 전쟁'을 레드라이닝이 부추긴 것이다.

레드라이닝의 차별은 은행의 강퍅함 때문만은 아니다. 미국의 주택금융정책이 맞물린 구조적인 문제다. 민간 금융기관의 주택 담보대출을 보증하는 정부기관인 연방주택국(FHA)은 1934년 설립 이래 지역 차별을 인정했다. '불안정한 지역'(unstable Neighborhoods)의 모기지는 보증을 거부한 것이다. FHA 지침에 따르면 '안정된 지역'이란 '부동산이 사회적·인종적 동일 계급(계층)의 소유인 지역'을 의미했다. 이에 따라 '주민의 인종적·사회적 다양성이 확대되거나 주민의 인종 구성에 변화가 있는 지역'은 불안정한 지역으로 분류됐다. 은행들은 FHA의 모기지 보증 가이드라인에 따라 주택대출을 해도 정부 보증이 가능한 지역과 그렇지 못한 지역을 구분할 수밖에 없었다. 인종차별 시절에 만들어진 낡은 주택정책이 은행의 레드라이닝을 악습을 부추긴 꼴이다.

이러한 차별의 심각성이 한 사회학자가 '레드라이닝'이라 명명했대서 느닷없이 생겨난 것도 아니고, 세상이 모르고 있었던 것도 아니다. 주지하듯이 1960년대 후반은 지구적 격변기였다. 전후 부흥기의 고도성장으로 부가 늘었지만, 양극화의 골도 깊어졌다. 인종차별 철폐를 주장하는 흑인 민권운동이 정점으로 치달았고, 미국의 신좌파(New Left) 운동도 확산됐다. 1964년 재선에 성공한 린던 존슨(Lyndon Johnson) 대통령은 '위대한 사회'를 슬로건으로 내걸고 '빈곤과의 전쟁'에 재정을 쏟아부었다. 인종차별은 물론 도시 공동화에 대한 대책으로 '도시주택부'도 신설했다. 도심 빈민가와 낙후 지역의 경제적 기회를 균등하게 보장한다는 취지에서 연방정부와 주정부의 재원으로 지역 소상공인과 주택자금을 지원하는 지역개발회사(Community Development Corporations, CDCs)도 만들었다. 레드라이닝의 없애기 위한 제도적 보완도 이뤄졌다. 1968년 '공정주택법'과 '공정대부법'이 제정됐다. 공정주택법은 연방주택국이 '불안정한 지역'의 모기지 보증을 거부하지 못하도록 했고, 공정대부법은 은행이 빈곤지역에 빨간 선을 긋고 금융 서비스를 차별하는 것을 금지했다. 1970년에는 모든 은행 지주회사에 대한 감독권을 연방준비제도이사회에 두도록 하는 은행 지주회사법도 개정됐다. 이 법은 저소득층 주민을 위한 것이라면 은행 지주회사가 지역개발 목적의 회사를 자회사로 둘 수 있도록 허용했다. 시중은행이 빈곤지역에 대한 사회적 책임을 유도한 것이다.

도심의 빈곤화와 금융 소외 문제는 심각했고, 정부와 정치권도 그 심각성을 알고 있었다. 하지만 금융 따로 정책 따로였다. 살림이 펴지 않는 빈곤층은 정부의 무능함과 은행의 야박함에 침을 뱉는 것으로 자위해야 했다. 결정적인 것이 빠졌다. 시장이나 정부나 새로운 문제에 낡은 해법만 들이댔다. 재정을 투입하지만 낙후된 지역은 밑 빠진 독의 물 붓기나 다름없었다. 자본의 선순환 고리가 끊어진 탓이다. 돈을 넣어도 돈이 돌지 못했다. 돈을 돌게 할 금융이 없었던 것이다. 기존 금융권은 돈이 돌지 않는 낙후된 지역의 빈사의 시장만 탓했고, 정부는 돈을 줘도 돌리지 못하는 민간과 금융과 시장을 원망했다. 뭔가 돌파구가 필요했다. 쇠락한 도심지역에 제대로 돈이 돌게 하는 '사회적 기업가 정신'이 절실했던 것이다. 이러한 격변기의 미국에서 사회적 요구에 가장 먼저 돈에 대한 다른 생각으로 돌파구를 연 은행이 바로 쇼어 은행이었다.

신용 민주화의 첫 발을 내딛다

"우리는 가진 것이 없는 사람들 틈에서 개발을 이루기 위해 민간 부문의 자원을 활용하는 선진 기업을 만들고자 했다. 애초부터 우리는 자력으로 살아남을 수 있어야 한다고 생각했고, 그러기 위해 이윤을 추구하는 조직을 만들어야 했다. 그리고 처음 시도하는 것이지만 잘만 짠다면 영리를 추구하면서도 사회적 목적을 추구하는 사회적 기업이 얼마든지 가능하다고 믿었다."

쇼어 은행의 창립을 주도한 로널드 그르지윈스키(Ronald Grzywinsky)는 처음부터 세상을 바꾸는 '변화의 주역'(agent of change)으로서의 은행에 대한 그림을 그렸다고 말한다. 그르지윈스키와 더불어 1973년 쇼어 은행을 세운 밀턴 데이비스, 짐 플레처, 메리 휴턴은 시카고의 하이드파크 은행(Hyde Park Bank)에서 격동의 1960년대를 함께 보냈다. 그르지윈스키는 은행장이고 셋은 빈곤층 맞춤형 금융상품 개발팀원이었다. 이들은 낮엔

동료로 밤엔 지역 시민단체 동지로 '이중생활'을 했다.

이들 4인조는 은행들이 돈벌이가 안 된다며 떠나 버린 시카고 남부의 금융 사각지대에서 돈이 제대로 돌게 하는 변화의 주역으로서의 새로운 은행을 구상했다. 문제는 보다 나은 세상에 대한 열정과 은행가로서의 전문성을 여하히 결합할 것인가였다. 은행 간판을 걸고 주류 금융권과 섞이면서도 은행들이 포기한 지역개발의 사회적 소명을 수행하는 이중임무를 정교하게 짜는 방법을 고민했다. 실마리는 1970년 은행 지주회사법 개정이었다. 1972년 FRB는 이 법의 시행 가이드라인으로 은행 지주회사가 도심 낙후 지역에 한해 개발 사업을 전담하는 자회사를 둘 수 있다고 했다. 이들 4인조는 무릎을 쳤다. 은행 지주회사로 조직을 짜면 은행은 금융 혁신을 맡고, 자회사는 지역개발을 전담하는 '두 마리 토끼 잡기'의 역할분담이 가능하다는 결론이었다. 이제 '이중생활'을 접어야 할 때가 왔다고 직감했다.

마침 좋은 매물이 나왔다. 1970년부터 이전을 모색하던 사우스 사이드의 '사우스 쇼어 내셔널 은행'이 여의치 않자 매각에 나섰다. 4인조는 인수 협상을 벌였다. 지역의 뜻 맞는 투자자에게서 80만 달러를 모았다. 225만 달러는 은행에서 빌려 305만 달러에 사우스 쇼어 은행을 사들였다. 당시 이 은행의 자산 가치는 4000만 달러였다. 1973년 8월 인수 협상을 매듭짓고 그해 12월 '쇼어 은행'(Shore Bank Corp.) 은행 지주회사 인가를 받았다. 4인조로서는 헐값에 사들인 것이었지만 시장은 비웃었다. 70년대 초 미국이 돌아가던 상황을 고려한다면 마치 브레이크도 없이 내리막길로 자진해서 돌진한 꼴이었다. 이미 빨간 줄이 쳐진 동네에서 거저 줘도

안 가질 은행을 사들인 건 미친 짓이란 게 당시 주류 은행들의 상식이었다. 실패할 게 뻔히 보이는데도 고생을 사서 한다고 다들 혀를 찼다. 하지만 이들 4인조는 혀를 차던 이들이 눈을 씻게 만든다. '그게 돼?'라고 하던 이들은 '그게 되네!'로 말을 바꿔야 했다.

쇼어 은행이 먼저 한 일은 지역 주민과 말을 섞는 것이었다. 은행 인가가 떨어지자마자 겨울 내내 이들은 주민 가정집의 거실이나 교회를 빌려 80여 차례의 주민 모임을 열었다. 동네 사정은 어떤지, 은행은 무슨 일을 해 주길 바라는지에 대한 주민의 육성을 듣는 일이었다. 어떤 모임은 주민이 이들 4인조보다 더 적을 때도 있었다. 하지만 이런 발품이 사람을 움직였다. 못 믿을 은행이 아니라 괜찮은 은행이란 생각이 자리 잡았고 서로 신용이 쌓였다. 2년 만에 은행의 영리 영업이 복원됐다. 이것이 쇼어 은행 괴짜들의 방식이다. 금융이 붕괴된 지역을 금융으로 되살리겠다는 이들은 금융의 신용에 앞서 사람과 사람, 은행과 주민의 신용부터 복원했다. 발품은 시쳇말로 '삽질'이었지만, 지역사회에서 쇼어 은행은 사람들의 마음을 얻었고, 이를 금융 신용으로 확장해 나갔다. 이들의 비결이라면 '열 번 찍어 안 넘어가는 나무 없다'는 거였다. 리처드 타웁은 쇼어 은행을 분석한 책 『공동체 자본주의』에서 쇼어 은행의 성공 비결로 부단한 시행착오를 꼽았다.

낙후된 지역의 경제에 숨을 불어넣다

은행의 본령은 여윳돈을 예금으로 받아 돈이 필요한 곳에 대출하는 자금 중개에 있다. 문제는 워낙 낙후된 지역인 터라 수신이 여신 수요를 따라잡기 힘들다는 데 있었다. 쇼어 은행은 지역 고객들에게 금융 교육 차원에서 수수료도 낮추고 최저 잔고도 낮춰 주며 통장 개설을 독려했다. 물론 저소득층의 푼돈 예금으로 대출 재원을 마련하긴 힘들었다. 은행은 부자 동네의 여윳돈을 끌어들이기 위한 수신 전략을 세웠다. 고객의 예금이 가난한 이웃 동네의 개발에 융자된다는 것을 분명히 했다. 시중금리보다 못한 이자였지만, 자신의 예금이 사회적으로 가치 있는 일에 쓰인다는 심리적 보상을 제시했다. 당시로서는 혁신적 수신 전략이었다. 이렇게 마련된 수신 재원의 여신 방식도 남달랐다. 발품으로 쌓은 인간적 신용 덕에 은행은 지역 주민의 사정을 속속들이 알고 있었고, 주민은 은행에 맘 편하게 생각을 털어놓을 수 있게 된 관계가 주효했다.

은행은 초기에 다수 주민인 흑인에게 사업자금 융자를 집중했다. 지역 사정에 정통한 주민이 틈새시장의 사업 구상을 제시하면 은행이 귀 담아 듣고는 돈을 빌려 주고 사업 컨설팅도 해 준다. 예컨대 우리 동네에 핫도그 가게가 없으니 내가 해 보겠다고 나서면 창업 자금을 대주는 것이다. 이게 먹혔다. 빈둥거릴 수밖에 없던 동네 청년이 핫도그 가게 사장님이 되자 동네 이웃들이 달라졌다. 은행 덕에 사장님이 된 그 가게에서 이웃들은 핫도그 하나라도 더 샀다. 그 청년은 동네의 경사였고, 가난한 흑인들에게 우리도 할 수 있다는 강력한 동기부여가 됐다. 그 핫도그 가게는 돈과 금융의 피해자들이 돈과 금융의 착한 힘을 발견하는 학습장이기도 했다. 이러한 경험은 낙후된 지역의 발전에 도움이 되는 금융도 있다는 공감대를 낳았고, 은행의 지역 기반은 더 단단해졌다. 악순환의 고리가 끊기면서 선순환이 시작된 것이다. 쇼어 은행 혁신의 핵심은 돈이 돌지 않는 지역에 돈이 돌게 한 것이다. 쇼어 은행은 못사는 사람들의 동네에도 시장이 있고, 작동하지 않는 시장을 제대로 돌게 할 방법이 얼마든지 있다는 것을 보여 줬다.

물론 낙후 지역에서 은행을 한다는 게 쉽지 않았다. 손익분기점을 넘어서는 데 10년이 걸렸다. 지역 상가를 살리기 위한 사업자금 융자도 생각처럼 잘 되지는 않았다. 자고 나면 생겨나는 교외의 대형 할인점들을 동네 구멍가게가 감당하기 힘들었던 탓이다. 쇼어 은행이 시행착오 끝에 확보한 돈 되는 사업은 주택금융이다. 소득이 적은 지역 주민들이 적은 돈으로 쾌적한 생활을 할 수 있는 주택 매입자금과 임대자금 융자를 시작했다. 핵심은 다가구주택 임대 프로그램이었다. 은행은 건설 사업을 전담하는 자회사 '쇼어 은행 개발회사'(SDC)를 설립했다. 쇼어 은행이 지역개발 회사인 SDC에 다가구주택의 신축 및 재건축 자금을 빌려 주어 가난한 주민들이 이용할 수 있는 수준으로 임대하게 한 뒤, 임대료를 은행이 대출해 주는 사업 방식이다. 낡고 쇠락하던 동네에 신축과 집수리 공사가 진행되면서 건설 경기가 살아나고, 번듯해진 거리는 한결 살 만한 마을로 바뀌었다. 주민들의 주거 환경과 경제 사정이 개선되는 한편, 은행의 수익도 늘었다. 누이 좋고 매부 좋은 일이 벌어진 것이다. 1979년에서 2003년까지 SDC가 저소득층이 이용할 수 있도록 개발한 주택이 3000여 채에 달한다.

이후 은행은 자회사가 직접 주택 개발을 하는 방식을 바꿔 지역 내 주택 개발 업체와 파트너십을 구축하는 쪽으로 선회한다.

쇼어 은행의 두 마리 토끼 잡기는 수익만 많이 내면 그만인 기존 금융계와 달라야 했다. 고비용이 불가피했다. 따라서 은행 효율(수익)은 낮추고 대신 사회적 파급 효과를 극대화하는 쪽으로 방향을 잡았다. 말하자면 '중수익 고 혁신' 전략이다. 실제로 1998~2008년의 10년간 쇼어 은행의 자기자본 이익률(ROE)은 8퍼센트로 중 수익을 추구했다. 융자의 제1원칙은 그 돈이 지역개발에 도움이 되는가에 뒀다. 은행의 돈벌이가 되는가는 그 다음 고려 사항이었다. 물론 떼일 줄 알면서도 함부로 돈을 돌렸다는 의미가 아니다. 사회적 목적을 우선한 원칙을 지키기 위해 쇼어 은행은 무수한 시행착오를 거듭해야 했고, 그것이 이 은행을 지역금융과 금융 혁신의 최일선으로 밀어냈다는 것을 뜻한다. 4인조의 일원인 메리 휴턴은 해야 할 대출, 하면 좋은 투자는 답이 나올 때까지 궁리하고 실험했다며, 그렇게 하는 것이 은행다운 것이기 때문이라고 말한다.

10여 년 사우스 사이드에서 지역 장사에 집중해 온 쇼어 은행이 시카고의 다른 낙후 지역에 지점을 연 것은 1986년의 일이다. 성장기에 접어든 것이다. 1987년 윈스럽 록펠러 재단(Winthrop Rockefeller Foundation)이 쇼어 은행에 도움을 청했다. 미국에서 가장 낙후된 주의 하나인 아칸소 주에 쇼어 은행 같은 지역은행을 만들어 달라는 주문이었다. 당시 젊고 야심찬 빌 클린턴(Bill Clinton) 아칸소 주지사의 바람이기도 했다. 1988년 아칸소에 쇼어 은행을 복제한 '남부개발은행 지주회사'(Southern Development Bancorporation)가 문을 열었다. 쇼어 은행 창업자들은 바빠졌다. 아칸소에 은행을 열자 곳곳에서 주문이 들어왔다. 시카고와 비슷한 처지인 클리브랜드와 디트로이트에서도 손을 내밀었다. 1997년에는 오리건 주 포틀랜드에 미국 최초로 환경문제에 집중하는 은행 지주회사 '쇼어 은행 퍼시픽'이 설립됐다. 이렇게 쇼어 은행은 시카고를 비롯해 클리블랜드, 디트로이트, 포틀랜드 등 4개 지역의 은행 지주회사와 6개의 비영리 자회사를 거느리는 전국구로 성장했다. 지역의 지주회사는 독립채산제였고, 각각의 자회사 역시 지주회사의 지원 없이 운영되는 방식을 취했다. 지역금융과 마이크로파이낸싱에 대한 관심이 커지면서 쇼어 은행의 영역은 지구촌으로 넓혀졌다. 이미 1984년부터 모하마드 유누스의 그라민 은행 실험에 관여했던 쇼어 은행은 지구촌을 상대로 컨설팅 서비스를 제공했다. 60개국 4000여 명의 은행가가 쇼어 은행의 컨설팅을 받았다. 이들이 전 세계에서 운영하는 자금이 연간 10억 달러에 달한다.

레드라이닝에서 그린라이닝으로

쇼어 은행은 1990년대 후반 이후 경제와 금융 시장 환경에 따라 주력 사업을 변경했다. 주택 건설과 임대 사업 위주에서 주거 환경 개선 사업 융자로 방향을 틀었다. 자고 나면 집값이 오르면서 주택 경기가 과열됐고, 시중은행과 대부업체들이 서브프라임 모기지 사업에 뛰어들어 약탈적 금융의 출혈경쟁이 벌어졌다. 쇼어 은행은 경쟁 상대가 되지 못했다. 기껏해야 주택 구입 계약금이나 대출받고도 모자란 주택 대금의 후순위 모기지나 팔아야 하는 신세였다. 그래서 새롭게 낡은 주택의 에너지 효율을 높이고, 발암물질 건축 재료를 교체하는 주택 개선 융자 프로그램에 힘을 쏟았다. 이를 두고 쇼어 은행에서는 '레드라이닝에서 그린라이닝'으로의 선회라고 말했다. 레드라이닝이 금융 소외를 뜻한다면, 그린라이닝은 쇼어 은행이 낙후 지역의 친환경 개발금융을 주도하겠다는 의지의 표현인 셈이다. 포틀랜드에 '쇼어 은행 퍼시픽'을 설립한 것도 이런 맥락에서였다.

2007년 고비가 닥쳤다. 서브프라임 모기지 사태가 본격화되면서 쇼어 은행은 중대 결정의 기로에 선 것이다. 그들은 은행의 생존과 사회적 소명의 갈림길에서 후자를 선택했다. 서브프라임 모기지 부실이 눈덩이처럼 커지는 와중에 쇼어 은행은 2007년 '구제 융자 프로그램'을 가동했다. 서브프라임 모기지 업체들의 약탈적 금융에 피해를 입은 저소득층을 위해 단기 변동금리 모기지를 장기 고정 금리 모기지로 갈아탈 수 있도록 구명줄을 던진 것이다. 은행이 어려워지더라도 딱한 지역의 저소득층 피해자들을 외면하는 것은 은행답지 못한 일이라는 판단에서였다. 기존 은행이 잘하는 일, 은행 살자고 비올 때 우산을 뺏는 일은 쇼어 은행이 할 수 없는 일이기도 했다. 하지만 결과는 참담했다. 월가가 붕괴되고 금융 위기가 실물경제를 때리면서 실업률이 치솟고, 쇼어 은행의 손실도 눈덩이처럼 불어났다. 파국을 맞은 것이다.

민간 금융 재원(신용)을 활용할 수 있는 길을 낙후된 지역의 가난한 이들에게도 터 주는 것이 쇼어 은행의 창업 4인조가 추구한 '신용 민주화'다. 지역개발을 위해 기존의 은행 시스템을 활용하는 것이 타당하고도 가능한 것임을 쇼어 은행의 37년이 증거한다. 하지만 금융 위기의 쓰나미는 쇼어 은행을 금융 혁신의 무대에서 떠밀어 냈다.

값진 유산 남기고 막 내린 37년간의 금융 혁신

그르지윈스키는 은행 일에서 정말로 중요한 건 금융 공학 지식이 아니라 인문적 소양이라고 말한다. 사물을 폭넓게 통찰하고 의심하고 실행해 보는 능력이 돈을 만지고 굴리는 사람들의 필수 덕목이라는 것이다. MBA 스쿨에서 배운 대로 이건 이래서 안 되고, 저건 저래서 된다는 식의 틀로 본다면 말도 안 되는 리스크를 떠안고 37년에 걸친 쇼어 은행의 성취를 측정할 수 없다는 의미다. 요컨대 도식화된 지식, 달리 말해 침팬지의 생각으로 굳어진 머리로는 낙후된 시장에서 사람 냄새나는 은행을 하겠다는 보노보의 혁신이 생겨날 수 없다는 것이다. 그르지윈스키의 말처럼 시카고 남부의 슬럼가이든, 방글라데시의 농촌이든 어디를 막론하고 제대로 건전하게 이뤄진 저소득층 대출이 이문을 남기고 지역 발전도 촉진할 수 있는 확고한 사업 모델이라는 점을 쇼어 은행은 금융계에 확실히 보여 줬다.

그러나 쇼어 은행은 문을 닫았다. 이상에 치우쳐 경제 현실을 너무 몰랐다고도 한다. 위기에 대비하지 못했다는 얘기도 나온다. 60~70퍼센트에 달하는 주택금융 비중이 너무 컸다는 지적도 있다. 기본적으로는 리스크는 크고 수익은 적은 저소득층 시장에서 은행을 연 것 자체가 근본적 오판이라고 하는 침팬지식 분석도 나온다. 그럴 수 있다. 그러나 첨단 리스크 운용을 자랑하는 월가의 침팬지 은행들이 정부의 지원이 없었다면 다들 문 닫을 판이었다. 쇼어 은행은 37년간 이익을 내며 잘해 왔다. 쇼어 은행의 실험은 많은 것을 남겼다.

쇼어 은행 사례는 사회적 금융에도 사회적 기업에도 많은 시사점을 던져 준다. 하나는 사회적 소명과 현실의 최적 배합 비율에 관한 것이다. 서브프라임 모기지 구제 프로그램을 가동하지 않았다면 위기의 덫에서 허우적거리지 않았을런지 몰라도 쇼어 은행의 은행다움은 퇴색했을 것이다. 소명이 발목을 잡았다는 지적은 평론가들의 사후 평가에 불과하다. 성공의 무게에 짓눌렸다는 평가도 마찬가지다. 쇼어 은행의 실패가 주는 교훈은 사회적 가치를 추구하는 보노보 혁명에서 사회적 소명은 시장의 변덕스런 현실에 주의를 기울이면서 민첩하고도 혁신적인 대응 능력을 키워야 한다는 것이다. 돈과 금융에 대한 다른 생각을 실험하는 보노보 은행이나 세상을 바꾸는 새로운 모험가들인 사회적 기업가들의 고민도 이 지점에서 만난다.

쇼어 은행이 남긴 또 다른 시사점은 조직의 확장으로 인해 불거지는 내부 문제를 어떻게 해결할 것인가. 이는 사람의 문제로 귀착한다. 초창기 동지로 뭉친 사람과 헌신하는 조직을 갖추었을 때는 돈만 있으면 얼마든지 세상을 바꿀 것 같은 열정을 발휘할 수 있다. 하지만 자리를 잡고 성장기에 들어가면 돈도 돈이지만 다시금 사람의 문제로 환원되는 게 조직의 생리다. 쇼어 은행은 사람의 문제에서 결함이 있었다는 지적이 많다. 사업 확장 과정에서 창업자의 사회적 기업가 정신은 복제되지 못했다는 것이다. 2000년대 주택 경기 과열기에 창업자들은 고령과 바빠진 바깥일로 피로감을 보였고, 사회적 소명 의식이 부족한 새 경영진이 침팬지 은행과 무리한 경쟁에 나선 것이 화를 불렀다는 분석도 있다. 혹자는 자회사를 통해 사회적 목적 사업에 뛰어든 지주회사 조직 실험이 고비용 체질을 고착화했다고 지적하기도 한다. 사람과 조직의 문제가 결국 돈의 문제로 불거진 것이다.

그러나 이런 흠결이 쇼어 은행의 지난 37년 혁신 실험을 깎아내리진 못한다. 미국 스탠퍼드대학이 발간하는 『스탠퍼드 소셜 이노베이션 리뷰』의 평가는 압축적이다. "쇼어 은행은 결코 완벽하지는 않았지만, 실패하기에는 너무 착한 은행이었다." 쇼어 은행은 무대에서 내려왔지만, 쇼어 은행의 유산은 전승되어야 한다는 것이다.

쇼어 은행이 투자 유치를 위해 백방으로 뛰던 2010년 초 데이비드 비탈리(David Vitale)가 이사로 참여했다. 구제금융이 불발로 그치자 비탈리는 투자자를 끌어모아 쇼어 은행의 인수에 나섰다. 쇼어 은행의 혁신 실험을 과거의 일로 돌리기에는 너무 소중하다는 데 투자자나 금융 당국이나 공감했다. '어번 파트너십 은행'(Urban Partnership Bank, UPB)을 세우고 시카고와 클리블랜드, 디트로이트 세 곳의 쇼어 은행 자산을 인수하는 조건으로 2010년 8월 16일 일리노이 주의 은행 승인을 받았다. 쇼어 은행의 투자자 53명 가운데 3분의 2가 쇼어 은행의 유지를 이어가겠다며 1억 3900만 달러의 투자분을 UPB로 이전했다.

쇼어 은행을 인수한 비탈리 UPB 회장은 '뱅크 원'(Bank One)의 부회장을 지낸 30년 경력의 거물 은행가다. 1999년 은행가의 길을 접고 시카고에서 사회 활동가로 변신했다. 그가 다시 은행으로 돌아왔다. 그는 2012년 5월의 언론 인터뷰에서 여러 대형 은행들의 영입 제안을 받았지만 거절했다고 한다. 은행 일에 흥미가 없다고 했다. 그런 그가 쇼어 은행 살리기에 나섰다가 UPB를 만들게 된 것은 어떻게 설명될까. 침팬지 은행에는 흥미가 없지만, 보노보 은행을 복원하는 일은 은행가로서의 마지막 소임으로 여긴다는 암시인지 모른다. 비탈리는 경영은 쇄신하겠지만 지역개발은행으로서 쇼어 은행의 정신은 지켜 나가겠다고 했다.

UPB에 인수되지 않은 나머지 은행과 자회사들은 각자 도생을 모색하고 있다. 포틀랜드의 쇼어 은행 퍼시픽은 '원 퍼시픽코스트 은행'에 인수됐고, 자회사 쇼어 은행 인터내셔널은 국제 마이크로파이낸싱 분야의 선도적 컨설팅 회사로 독자생존에 나섰다. 다른 자회사들도 대부분 간판만 바꿔 활로를 찾고 있다. 아울러 쇼어 은행이 길을 낸 미국의 금융 사회적 기업들인 '지역개발금융기관'(CDFIs) 즉, 마을은행 등은 날로 수가 늘고 있다. 쇼어 은행은 너무 착하고 너무 작고 너무 녹색이었다. 하지만 그래서 쇼어 은행은 복제되고 모방되고 기억된다. 쇼어 은행은 '죽어서 사는' 은행으로 남았다.

SOCIAL FINANCE

미국 CDFI 펀드 · 영국 빅 소사이어티 캐피털(BSC) · 영국 소셜 임팩트 본드(SIB) · 미국 어큐먼

펀드 · 크라우드 펀딩 · 그룹 SOS의 사회혁신센터(CDI) · 미국 B랩의 GIIRS · INAISE · FEBEA ·

ISB · GABV

2부

사회적 금융의
다양한 혁신들

민관 협치 속에 뿌리내린
지역금융의 보호막

미국 CDFI 펀드

유병선

'5달러를 기부하면 35달러가 투자된다.'

　앞과 뒤를 뭉텅 잘라 내고 보면 '5달러를 35달러로 7배 불린다'는 말이
다. 기부를 내세운 신종 피라미드 금융 사기인가 싶을지도 모르겠다. 아무
리 지렛대(leverage)가 좋기로 7배를 들어 올린다고 큰소리치면 고개가 갸
웃해질 수밖에 없다. 하지만 전후 사정을 살펴보면 사기와는 거리가 멀다.

　2011년 8월 말의 일이다. 스타벅스의 하워드 슐츠 회장이 집에 직원들
을 초대했다. 워싱턴 정가의 정쟁이 지겹다며 정치 헌금을 중단하겠다고
공개 폭탄 발언을 한 지 며칠 지나지 않아서였다. 스타벅스 경영에 대해
선 일언 반구도 없었다. 슐츠는 나라의 실업 문제가 심각하니 참신한 일자
리 창출 방안을 찾아보자고 했다. 논의는 길어졌고, 피자로 저녁을 때우며

밤늦도록 얘기가 오갔다. 중소기업 육성에 힘을 보태기 위해 스타벅스 고객에게서 기부를 모금하자는 데 중지가 모였다. 기부자에게 '우리는 하나다'(Indivisible)라는 구호가 적힌 팔찌를 나눠 주기로 했다. 여기까지는 많이 보아 왔던 방식이다. 참신은 그 다음부터다.

금융기관과 손잡고 이룬 스타벅스의 기부 혁신

스타벅스는 자체 공익 재단이 있지만, 모금 캠페인과 기금의 운영을 외부의 '선수'에게 맡기기로 했다. 중소기업을 어떻게 도와야 하고, 어떻게 해야 일자리도 늘릴 수 있는지 잘 아는 금융 전문가를 물색했다. 선수는 가까이에 있었다. 스타벅스의 이사인 마크 핀스키(Mark Pinsky)가 대표로 있는 '기회금융네트워크'(Opportunity Finance Network, OFN)가 적임이라는 추천이 들어왔다. 슐츠는 핀스키를 만나자마자 의기투합했다. 진행은 일사천리였다. 둘은 '일자리 만들기'(Create Jobs For USA) 캠페인을 조직했다. 스타벅스는 팔찌 제작 비용을 대고 별도로 이 캠페인에 600만 달러를 기부했다. 나머지는 OFN이 맡았다. 2011년 11월 시작된 모금이 일곱 달 만인 2012년 6월 현재 1150만 달러로 불었다. 5달러 이상 기부하는 고객에게 나눠 주는 팔찌가 미국 전역의 7000여 스타벅스 매장에서 65만 개나 나갔다. 씨티 은행도 100만 달러를 쾌척했다. 그야말로 대박이다.

그러나 진짜 참신은 이제부터다. 이 캠페인의 흥행 코드는 두 가지다.

하나는 스타벅스가 금융기관을 파트너로 삼았다는 점이다. 모금 캠페인은 특정한 단체나 프로젝트에 직접적인 금전 지원을 하는 게 보통이다. 하지만 스타벅스는 기금을 금융기관이 중개하는 간접 지원 방식을 택했다. 돈이 돌지 않아 시장이 위축되는 낙후 지역에 '선수'들을 투입해 지역을 살리도록 한 것은 '책상머리에서 세상을 바라보는 것처럼 위험한 일은 없다'고 했을 만큼 현장을 중시하는 슐츠 회장다운 발상이다. 이는 중소기업을 통한 일자리 창출이란 장기적 목표에서 비롯되었지만 금융의 힘을 활용해 흐름을 잘 읽고 방향도 제대로 잡은 '기부 혁신'이라 할 만하다. 하지만 스타벅스의 기부 혁신도 짝을 잘 만나지 못했다면 빛을 발하기 힘들었을 것이다.

일자리 캠페인의 또 다른 흥행 코드는 OFN의 '속'에 있다. OFN을 구성하는 '지역개발 금융기관'(Community Development Finance Institutions, CDFIs, 이하 마을은행)•이 대박의 주역이자 스타벅스의 진짜 짝이다. 마을은행은 앞서 살펴본 쇼어 은행처럼 낙후 지역에 터를 잡고 돈이 돌게 하는 지역 밀착형 은행·신용협동조합·대부 펀드·벤처 캐피탈 등 금융의 사회적 기업을 가리킨다. 미국 사회적 경제의 금융 모세혈관인 이들 마을은행 190여 개가 따로 또 같이 모인 네트워크 조직이 OFN이다. 30여 년을 지역개발 대부 펀드에서 헌신해 온 핀스키는 스타벅스 회장과의 첫 만남에서 마을은행을 이렇게 설명했다.

• CDFIs는 지역개발이란 특별한 사회적 목적을 수행하는 금융기관을 가리키는 고유명사이지만, 이 글에선 특별한 경우를 제외하곤 편의상 '마을은행'으로 부르기로 한다.

"마을은행은 낙후 지역에서 주로 저소득층과 영세 사업자에게 대출하지만, 대출금 상환율은 2009년 기준으로 98.6퍼센트에 달한다. 이들의 지렛대 효과는 평균 7배다. 그러니까 5달러를 기부하면 마을은행이 30달러의 자본을 조달해 중소기업에 35달러를 대출할 수 있다. 낙후 지역의 경우 대출금 2만 1000달러 당 1개의 일자리가 유지되거나 새로 생긴다. 마을은행의 7배 지렛대를 이용하면 기부금 3000달러로 일자리 1개를 만들 수 있다. 스타벅스 고객 1000만 명이 5달러씩 기부해 5000만 달러를 투자할 경우, 마을은행은 3억 5000만 달러를 낙후 지역 중소기업에 융자해 1만 6000여 개의 일자리를 창출할 수 있다."

과연 말처럼 될까? 달걀 하나 달랑 손에 쥐고 만석꾼 꿈에 젖는 옛 이야기의 21세기 버전이 아닐까? 그런데 스타벅스와 손잡은 마을은행의 7개월간의 성적표는 '될까?'를 '되네!'로 바꾸기에 부족함이 없다. 미국 44개 주 60여 마을은행에 모금액 1150만 달러가 투자됐다. 이 덕에 약 8000만 달러가 돈가뭄을 겪는 낙후 지역의 중소기업에 풀려 약 4000개의 일자리를 지켰거나 만든 것으로 잠정 추계됐다. 마을은행의 실력을 보고 고무된 스타벅스 회장은 2012년 6~7월 동안 커피 한 잔마다 5센트를 기부하는 이벤트도 벌였다. 돈이 필요한 곳엔 돈줄을 막고 돈 거품으로 떼돈 벌 궁리만 하는 월가의 침팬지 은행들만 금융의 전부가 아니라는 걸 학습한 건 비단 스타벅스 주인만이 아니다. 스타벅스의 팔찌가 월가만 쳐다보던 미국 주류사회의 눈길을 마을은행으로 돌리게 했다. 돈이 사람과 사회와 진짜 경제에 돈답게 돌도록 할 줄 아는 CDFIs라는 보노보 은행의 존재를 뒤늦게 깨닫고 있는 것이다. 이들 마을은행이 제 역할을 하도록 정부가 세금으로 뒤에서 받쳐 주는 것이 마을은행의 기금, 'CDFI 펀드'*이다.

빌 클린턴의 작품, 마을은행 기금

미국 마을은행의 역사에서 빌 클린턴 전 미국 대통령을 빼놓을 수는 없다. 그의 임기 중에 발전의 골격이 짜여졌기 때문이다. 물론 이는 마을은행이 전적으로 클린턴의 창안물이란 뜻은 아니다. 앞서 '쇼어 은행'에서 보았듯이 낙후 지역의 지역금융의 뿌리는 깊다. 1960~1970년대 지역과 소득의 격차 양극화에 대응하기 위한 정부와 민간의 다양한 시도와 성과가 누적됐다. 'CDFIs'란 용어도 클린턴의 구상과 다른 것이었다. 하지만 지역금융의 필요성을 절감하고, 낙후 지역개발과 지역금융의 활성화에 필요한 민간의 창의를 북돋기 위해 정부가 무엇을 어떻게 해야 하는지 모범을 보여 줬다는 점에서 클린턴의 역할은 무시할 수 없다. 특히 연방정부가 국가 예산으로 낙후 지역의 개발을 위해 지역 기반의 다양한 금융기관을 지원할 수 있도록 한 '마을은행 기금(CDFI 펀드)' 창설은 클린턴의 작품이라 해도 과언이 아니다.

마을은행 기금의 이야기는 1992년 미 대선에서 시작한다. 민주당 대통령 후보였던 클린턴은 그해 여름 시카고 유세 중 낙후 지역인 사우스 사이

• CDFI Fund도 CDFIs를 '마을은행'으로 표기한 것과 같은 이유로 '마을은행 기금'으로 쓰기로 한다.

드의 작은 지역은행 '쇼어 은행'•을 방문한다. 그가 바쁜 유세 일정을 쪼갠 것은 아칸소 주지사 시절부터의 인연 때문만이 아니었다. 자신의 오랜 구상을 공약으로 발표하기 위해 이보다 더 좋은 곳은 없었기 때문이다. 바로 경제 양극화를 해소하는 데 '금융의 힘'이 필요하다는, 낙후 지역의 발전을 위해 뉴딜식 공공근로에 재정을 투입하기보다는 지역에 돈이 돌 수 있게 지역금융을 활성화해야 한다는 서민 정책 공약을 밝히기 위해서였다. 클린턴은 이 자리에서 "미 전역에 쇼어 은행과 같은 지역 은행 100곳과 소액 대출 금융기관 1000곳을 만들겠다"고 공약했다. 정치 공학적으로는 낙후 지역 흑인의 표를 겨냥한 것이라고 할 수도 있다. 하지만 아칸소 주지사 시절 클린턴은 이미 쇼어 은행 같은 은행을 아칸소에 만든 적이 있고, 무함마드 유누스(Muhammad Yunus) 그라민 은행 총재도 초청해 소액무담보대출(마이크로크레디트) 기관을 만들어 달라고 부탁한 바 있다.

클린턴의 공약은 의외의 쪽에서 반향이 컸다. 우군이라고 여겼던 지역개발 금융 활동가들로부터 뜻밖의 반발이 나온 것이다. 낙후 지역에 뿌리를 내리고 있던 은행 이외의 지역금융기관들이 고개를 저었다. 취지는 좋은데 방향이 잘못됐다는 거였다. 낙후 지역의 특성에 따라 다양한 금융기관이 활동하고 있고 또 그러해야 하는데, '은행'만을 고집하려는 게 아니냐는 반론이었다. 클린턴이 지역개발의 지속 가능한 금융기관으로 여신·수신이 가능하고 은행법에 따라 금융 낭국의 규세와 보호도 받는 '은

• 클린턴이 방문할 당시 이 은행의 간판은 '사우스 쇼어 은행'이었다. 쇼어 은행은 인수하기 전의 은행 이름을 그대로 유지하다 2000년대 들어 간판을 쇼어 은행으로 바꾸었다.

행'이 제격이라고 여기고 있었던 것은 분명하다. 클린턴은 기존 상업은행들이 지역개발은행을 실질적으로 지원하도록 법과 제도도 고칠 구상을 갖고 있었다. 이에 위기감을 느낀 전미지역개발대부 펀드협회(NACDLF)와 전미지역개발신용협동조합연맹(NFCDCU)의 주요 활동가를 중심으로 정책 수정을 요구하는 목소리가 나온 것이다.

반론의 요점은 세 가지였다. 지역개발 금융을 은행만 감당할 수 있는 것은 아니다. 그리고 은행만을 지원한다면 기존의 지역금융 활동기관들을 소외시킬 수 있다. 아울러 은행만 고집하다간 사회적 소명이 없는 시중은행들이 지역은행의 간판을 걸고 낙후 지역에서 약탈적 금융을 자행하도록 뒷문을 열어놓는 꼴이 될 수 있다는 점을 지적했다. 이들은 정기 모임을 통해 건설적인 정책대안을 내놓고 다듬었다. 1980년대 '국영 동네은행'(National Neighborhood Bank) 설립 제안을 했던 클리포드 로젠탈(Clifford Rosenthal) 당시 NFCDCU 전무를 비롯해 OFN의 마크 핀스키 당시 NACDLF 전무이사 등이 이 모임을 주도했다. 이들은 클린턴의 대통령 당선이 확정된 직후인 1992년 11월 20일 '지역개발 금융기관연합'(CDFI Coalition, 이하 마을은행 연합)을 출범시켰다. 이때 낙후 지역 기반 금융기관들을 통칭하는 지금의 용어 'CDFIs'가 생겨났다. 클린턴의 '은행'에 맞서 결사를 통해 새로운 산업을 작명하며 선수를 친 것이다.

마을은행 연합은 1993년 1월 '지역개발 금융의 원칙과 연방정부의 핵심적 지원에 관한 제안서'*를 마련해 클린턴 대통령 인수 위원회와 의회를 상대로 정책 로비를 벌였다. 마침내 클린턴도 '은행' 고집을 꺾고 'CDFIs'를 받아들였다. 1994년 '마을은행법'이 상원에선 만장일치, 하원에선 찬성 410 대 반대 12의 압도적 지지로 통과됐다. 이 법에 클린턴이 최종 서명함으로써 연방정부가 마을은행에 국고로 지원하는 '마을은행 기금'이 탄생했다.

법 개정으로 마을은행을 육성하다

클린턴은 비록 애초의 구상이 마을은행 연합의 저항으로 꺾이기는 했지만, 속 좁게 굴지는 않았다. 마을은행법에 이어 마을은행을 실질적으로 육성할 수 있는 제도적 장치를 잇달아 마련했다. 대표적인 것이 1995년 지역재투자법(Community Reinvestment Act, CRA) 개정이다. 1977년 제정된 이 법은 '레드라이닝'을 해소하고, 시중은행이 낙후 지역에 일정량의 대출을 의무화한 획기적인 것이었다. 하지만 이 법은 종이호랑이에 불과했다. 대출 실적이 나쁜 은행은 신규 점포를 내거나 인수 합병 때 불이익을 준다고 했지만, 위반을 하고도 불이익을 당한 은행은 단한 곳도 없었다. 클린턴은 시중은행의 돈줄을 낙후 지역으로 돌리지 않고는 자본의 부족을 메울 수 없다고 보고, CRA를 진짜 호랑이로 만들기 위해 공을 들였다. CRA 개정의 기본 취지는 큰돈을 주무르는 시중 금융기관

• CDFI연합은 이 제안서에서 5가지 원칙을 제시했다. ①기존 금융기관과 자회사는 마을은행에서 배제해야 한다. ②지역 상황에 따라 다양한 금융기관이 필요하다. ③마을은행에 대한 지원 프로그램은 독립 기구로 하고 정부는 감독만 해야 한다. ④지원 방식은 마을은행의 역량을 강화하는 것이어야 한다. ⑤지원 방식은 융자보다 투자가 바람직하다.

들이 낙후 지역개발 금융의 '선수'들인 마을은행에 투융자를 확대하도록 하는 것이다. 개정법이 낙후 지역에 대한 투자도 은행 평가에 포함시킨 것은 그래서이다. 시중은행들더러 리스크가 큰 낙후 지역에 대출 의무를 맞추다 부실이 커질 위험이 높다고 투덜대지 말고, 마을은행이나 지역개발회사(CDCs)가 돈을 굴릴 수 있도록 돈줄을 대 주라는 것이다. 은행은 실적을 인터넷으로 공개하도록 했고, 투융자 의무 규정 준수 여부에 대한 금융 감독도 강화했다. 실제로 1990년대 후반 개정 CRA 의무 실적을 맞추기 위해 금융권이 CDCs를 자회사로 두는 경우가 부쩍 늘었다. 마침 인수 합병을 통한 금융권의 몸집 불리기 경쟁이 벌어지던 무렵이라 개정 CRA는 위력을 발휘했다.[*]

마을은행에 또 다른 원군이 된 것이 클린턴 임기 말인 2000년 제정된 '신시장세금 감면법'(New Markets Tax Relief Act)이다. 특정 기간 한시적으로 낙후 지역에 민간 투융자를 유치하기 위해 개인 소득세에 세액공제 혜택을 부여할 수 있도록 한 법이다. 물론 낙후 지역 투자라는 이유로 세금으로 걷어야 할 세원을 포기한다는 근원적인 문제는 있다. 하지만 이렇게라도 하지 않으면 낙후 지역에 돈이 흘러들어 가지 않는다는 사태의 심각성을 보여 주는 것이기도 하다. CRA가 금융권의 낙후 지역 투융자를 촉진하기 위한 것이라면, 이 법은 개인 투자자와 기업들이 마을은행에 보다 많

---

[*] 물론 이 법은 서브프라임 모기지 사태의 원인이 됐다는 비판을 받기도 한다. 서브프라임 모기지에 거품이 끼도록 뒷문을 열어 줬다는 지적도 일면 타당하다. 하지만 그런다고 법 정신을 악용해 기회주의적으로 약탈적 금융을 자행한 침팬지 금융의 탐욕과 이를 규제하지 못한 금융 당국의 책임이 결코 가벼워지는 것은 아니다.

은 사회적 투자를 하도록 유도하기 위한 것이다.

여기서 말하는 신시장은 이윤 극대화의 잣대로만 보면 좋은 투자처로 여기지 않는 낙후 지역과 금융 소외 부문을 지칭한다. 이런 신시장의 투자액에 대해 일정 세액공제 혜택을 주어 연말정산 때 돌려받을 수 있도록 한 것이 신시장세금 감면법이다. 면세의 규모는 의회가 정하지만, 세액공제 혜택의 운영은 마을은행 기금이 맡도록 했다. 사실상 낙후 지역에 사회적 투자도 하고 세액공제도 받을 수 있는 마을은행에 투자하라는 강력한 권고인 것이다. 마을은행법으로 마을은행에 법적 지위를 부여하고 정부의 돈이 흘러들어 갈 수 있게 한 토대 위에 지역재투자법과 세금 감면법을 얹어 민간의 돈도 낙후 지역으로 흘러들어 가도록 했다. 이것이 클린턴 행정부에서 깔아 놓은 마을은행 육성을 위한 제도적 인프라의 뼈대다. 이런 지역금융의 토양 위에서 민간 주도의 마을은행 생태계가 구축되는데, 그 생태계의 조정자가 마을은행 기금이다.

마을은행 기금의 인증 기관 지원 프로그램

마을은행 기금의 구조는 독특하다. 미 의회가 1~2년 단위로 편성한 마을은행 지원 기금의 운영기관이자, 마을은행 업계의 산업 정책을 관장하는 사실상의 '마을은행청'과 같은 역할도 수행한다. 미 연방정부 조직도상으로는 재무부 산하 기관이면서, 펀드 최고 책임자 지명권은 대통령에게 있다.

애초 마을은행 연합은 기금을 독립기구로 해야 한다고 주장했지만, 편의상 정부직제로 편성하면서 독립기구의 성격을 가미한 셈이다. 15명으로 구성된 자문 위원회를 두고 있는데, 민간 대표 9인과 정부 대표 6인으로 이뤄진다. 민간 대표 9인에는 마을은행 대표와 기존 금융권 대표, 공익 대표, 지역개발 전문가 2인씩 8인과 원주민 대표 1인이 각각 참가한다. 정부 대표는 농무부, 상무부, 주택도시부, 내무부, 재무부, 중소기업청이 각각 지명한다.

기금의 핵심 임무는 기존 마을은행의 실력을 키워 주기 위한 각종 재무적, 기술적 프로그램을 제공하고, 신규 마을은행을 발굴·육성하는 일이다. 이를 위해 다양한 지원 프로그램을 두고 있는데 공통점은 모든 프로그램이 공모(Award) 방식이라는 점이다. 프로그램 별로 신청한 기관 가운데 탁월한 지역개발 혁신을 이룬 곳을 선정해 지원한다. 기금은 인증제를 채택해 인증을 받은 기관만 지원 프로그램 공모에 신청 자격을 준다. 물론 예외도 있다. 기술적 지원 프로그램은 인증을 받지 못한 기관에도 문호를 개방한다. 단 이 경우에는 지원 후 2년 이내에 인증을 받아야 한다는 조건이 있다. 요컨대 '예비 마을은행'은 예외적으로 기술적 지원을 받을 수 있게 한 것이다. 선정된 기관에는 3년에 걸쳐 기관 당 최대 500만 달러까지 지원한다. 금전 지원의 경우 증여와 투자, 장기 저리 융자 등 해당 기관에 최적화된 다양한 방식이 적용된다.

'마을은행 인증제'는 한국의 사회적 기업 인증제와는 다르다. 인증을 받으면 자동으로 지원을 받는 것이 아니라 지원 프로그램 공모에 신청 자격만 주는 것이다. 마을은행 기금의 지원 프로그램이 아니어도 자본 조달에 여유가 있다면 굳이 인증을 받지 않아도 되고, 인증이 없다는 이유로 마을은행 간판을 걸지 못하는 것도 아니다. 마을은행 기금은 인증 여부가 해당 기관의 질적 평가와는 무관하다고 설명한다. 하지만 기금이 운영하는 지원 프로그램뿐 아니라 금융기관이나 기업과 재단이 출연한 마을은행 지원 프로그램에 응모하기 위해서라도 인증을 받는 것이 유리한 것만은 사실이다. 1998년 300개였던 인증 마을은행은 2012년 1월 현재 972곳으로 늘었다.

인증 조건으로 여섯 가지 기준이 제시된다. 첫째, 기관의 최우선 목적을 지역개발에 둬야 한다. 둘째, 원칙적으로 금융 소외 지역이나 저소득층 및 금융 서비스에서 소외된 사람들을 위한 활동에 주력해야 한다. 셋째, 기관의 핵심 사업이 금융 서비스의 제공이어야 한다. 넷째, 대출자(잠재적 대출자 포함)에게 금융 서비스와 함께 기술적 지원(컨설팅, 금융 교육 등)을 해야 한다. 다섯째, 금융 소외 지역 시장에서 신뢰를 쌓아야 한다. 여섯째, 비정부 조직이어야 한다. 이 여섯 가지 기준을 요약하면 낙후 지역의 금융 소외 주민들이 신뢰하는 전문 민간 금융기관이 인증받을 수 있다는 뜻이다. 아울러 시중은행들이 지역재투자법의 의무 기준을 충족하기 위해 설립한 자회사는 위의 여섯 가지 기준에 부합해도 마을은행 인증을 받을 수 없도록 했다. 말하자면 침팬지가 보노보의 탈을 쓰는 것을 차단하자는 뜻이다. 진정성이 있다면 인증 마을은행에 투융자를 하라는 뜻이기도 하다. 물론 위의 인증 기준은 '지역개발 시장'을 어떻게 규정할 것인가를 두고 다소의 논란은 있다.

인증 기관을 대상으로 하는 마을은행 기금의 지원 프로그램은 다채롭다. 빌려 주거나 그냥 주거나 돈을 지원하는 것과, 기존 마을은행의 역량을 키워 주고 예비 마을은행을 육성하기 위해 다양한 지원 서비스를 제공하는 기술적 지원으로 나뉜다. 기술적 지원을 늘리는 추세이지만 재무적 지원이 주를 이룬다. 기금이 운영하는 재무적 지원 프로그램이 다양하지만 지원의 규모나 파급 효과에서 다음의 세 가지가 주목받는다.

우선 마을은행 기금의 주된 업무인 '재무적 지원'(Financial Assistance, FA)이다. 이는 넉넉지 못한 마을은행의 돈줄을 세금으로 충원해 주기 위한 것임과 동시에, 정부가 지역개발 금융기관을 육성하겠다는 뚜렷한 정책 의지의 표현이기도 하다. 공모전 방식에 따라 선정된 우수 기관은 지원금을 받는다. 아울러 1 대 1 매칭 펀드 방식으로 정부 지원금에 상당하는 민간 투융자를 받게 된다. 지원금의 산정 기준은 해당 기관의 자산 규모와 원칙적으론 무관하다. 하지만 자산이 큰 기관일수록 민간 투자에 유리한 건 사실이다. 기금의 2012 회계연도 FA 프로그램 공모에서는 144개 기관이 선정돼 총 1억 4923만 달러의 지원금이 돌아갔다. 선정된 마을은행의 업태별로는 대부 펀드가 120곳으로 가장 많았다. 한정된 예산 범위에서 지원될 수밖에 없는 이 프로그램의 경쟁률은 평균 2~3 대 1이다. 이와 별도로 2004년부터 마을은행 기금의 일부로 인디언과 알래스카 원주민 지역의 마을은행을 지원하는 프로그램도 운영되고 있다.

금융 소외 지역에 투자를 유도하는
은행 투자 인센티브 프로그램

시중은행의 낙후 지역 투융자를 유도하는 '은행 투자 인센티브'(Bank Enterprise Award, BEA) 프로그램도 주목할 만하다. 시중은행들이 마을은행에 투자하거나 금융 소외 지역이나 분야로 금융 서비스를 확대할 경우 인센티브로 일정 금액을 준다. FA는 정부가 마을은행에 직접 지원하는 것이라면, BEA는 정부가 옆구리를 찔러 시중은행에 고인 돈이 지역금융으로 흘러들어 가도록 하는 간접 지원 방식이다. 예를 들면 이렇다. 아메리카은행(BoA)은 2011년 5500만 달러를 내놓고 주택과 건물의 에너지 효율을 높이는 친환경 투자를 전문으로 하는 마을은행을 대상으로 공모전을 열었다. 마을은행을 9곳 선정해 5000만 달러를 장기 저리로 융자했다. 이에 대해 이 은행은 BEA 프로그램에서 50만 달러를 받았다. 이 은행이 마을은행 9곳에 융자한 대출금에 연리 1퍼센트의 이자를 보상해 준 셈이다. 2008년 금융 위기 이래 450억 달러의 구제금융을 받은 이 은행이 마을은행에 5000만 달러를 빌려 줬대서 연방정부의 세금에서 50만 달러의 포상금을 받은 것이다.

물론 이 은행이 5500만 달러를 푼 데는 사회적 책임을 자각한 '자의'도 있겠지만, 지역재투자법(CRA)이 정한 의무 기준을 맞추기 위한 '타의'가 크게 작용했음은 두말할 나위가 없다. 지극히 미국적인 현상이긴 하지만, 침팬지 은행들이 얼마나 낙후 지역의 금융 소외에 무심하면 이렇게라도 하는 것일까 하는 생각이 들게 만드는 사례다. BEA 지원금 규모는 통상 마을은행 기금의 3분의 1에 해당한다. 대체로 연간 마을은행 기금의 운영 규모가 2억 달러 안팎이라고 보면, 정부는 6000만~7000만 달러를 인센티브로 풀어, 시중은행이 그 100배인 60억~70억 달러를 지역개발에 투융자하도록 유도하는 것이다. BEA 인센티브 금액은 투융자 방식과 규모에 따라 적게는 1000달러에서 많게는 300만 달러에 달하기도 한다. 같은 금액이라도 대출보다는 투자에 가산점을 준다.

세액공제 인센티브를 제공하는
신시장세액공제 프로그램

최근 관심의 초점이 되는 것이 세액공제(Tax Credit) 인센티브를 통해 낙후 지역에 민간 투자를 유도하는 신시장세액공제(NMTC) 프로그램이다. 앞의 FA와 BEA가 책정된 예산 범위에서 운용되는 것이라면, 이 프로그램은 정부가 세원의 일부를 포기(면세)함으로써 낙후 지역개발과 지역금융으로 민간의 돈이 흘러들어 가도록 하는 것이다. 비록 재원은 다르지만 이 프로그램의 운용은 마을은행 기금이 맡는다. 마을은행과 관련된 업무를 한 곳으로 집중한 것이다.

복잡해 보이는 NMTC의 운영 방식을 풀어 보면 이렇다. 우선 의회가 낙후 지역의 민간 투자에 대해 세액공제 혜택을 부여할지에 대한 투자액의 규모를 결정해 기금에 통보한다. 기금은 세액공제 혜택의 민간 투자를 받을 수 있는 '지역개발체'(Community Development Entities, CDEs)를 인가

한다. 인가받은 CDEs는 얼마만큼 투자를 유치해 마을은행 등에 어떻게 융통할지 계획을 세워 기금이 주관하는 '세액공제 할당' 공모에 참가한다. 선정되면 CDEs는 할당받은 세액공제만큼의 투자액을 유치하게 된다. 투자를 유치한다는 것은 곧 '세액공제' 혜택을 투자자에게 판매한다는 뜻이다. CDEs는 세액공제 혜택을 팔아 확보한 민간 투자를 마을은행이나, 낙후 지역의 상가 또는 보육시설 등에 투융자한다. 투자자는 7년간 투자액의 39퍼센트에 해당하는 세액공제 혜택을 7년 기간 내에 자유롭게 활용할 수 있게 된다. 그러니까 소득이 적어 돌려받을 세금이 적은 해는 묵혀두고, 소득세를 많이 낸 해에 세액공제 혜택을 쓰는 이른바 '세(稅) 테크'가 가능해지는 것이다.

예컨대 2006년 12월 할리우드 스타 브래드 피트(Brad Pitt)가 만든 '바로 잡기 재단'(Make It Right Foundation)의 투자자는 세액공제 혜택을 볼 수 있다. 이 재단은 2005년 허리케인 카트리나로 집을 잃은 뉴올리언스 이재민들에게 5년간 150여 채의 집을 지어 줬다. NMTC 프로그램 덕에 브래드 피트의 지역 재건 사업에 투자하는 민간의 돈줄이 더 굵어지게 된 것이다. 이 세액공제 프로그램은 2002년에 7년 기한으로 한시적으로 시작된 것이지만, 그간 세 차례나 연장되었다. 낙후 지역의 민간 투융자 유치에 기대 이상의 효과가 있다는 판단에 따른 것이다. 2011 회계연도에 결정된 세액공제 가능한 투자액 규모는 35억 달러다. 기금에 따르면 2002년부터 2011년까지 이 프로그램을 통해 총 238억 달러의 민간 투자를 유치했다. 애초 투자 유치 목표액의 80.7퍼센트에 해당한다.

민관 협치와 권한 분산의 변주가 키운
마을은행 기금

미국 마을은행 기금의 설립 취지는 분명하다. 한쪽은 돈 홍수가 나고, 다른 한쪽은 돈 가뭄이 동시에 벌어지는 자본 흐름의 양극화 현상을 해소하기 위해 정부가 제한적이나마 금융시장에 개입하겠다는 것이다. 그 근저에는 돈과 금융이 사회·경제적 양극화의 원인이지만 동시에 양극화 해소의 열쇠가 될 수도 있다는 생각이 깔려 있다. 돈이 돌지 않는 낙후 지역에 정부가 지역금융의 '선수'들에게 세금이라는 돈줄을 터 줌으로써, 달리 말해 정부가 또 다른 민간의 시장 참가자를 부축함으로써 시장 실패를 교정하겠다는 것이다. 물론 이는 미국적이고 신자유주의적 발상이라는 비난에서 자유롭지 못하다. 천문학적인 뭉칫돈이 경제 위기의 거품을 만드는 시스템을 그대로 둔 채, 한 해 2억 달러의 사회적 금융 지원으로 누더기가 된 사회 정의를 재생해 보겠다는 건 알량한 생색내기로밖에 보이지 않는 것도 사실이다. 그럼에도 불구하고 마을은행 기금이 글로벌 뭉칫돈의 미친 돈바람에서 미국 지역금융의 보호막이자 사회적 경제의 명맥을 이어 준 버팀목이었다는 점은 부인하기 어렵다.

마을은행 기금의 열쇠 말은 두 가지로 요약할 수 있다. 민관 협치(governance)와 권한 분산(empowerment)이다. 마을은행 기금은 지역개발금융을 세금으로 지원하지만, 정부가 민간을 줄 세워 길들이는 방식과는 거리가 멀다. 기금의 창설 과정에서도 드러나듯이 정치권과 관료들이 책상머리에서 그린 정책이 아니다. 1974년부터 낙후 지역에서 시행착오를 거듭하며 다양한 지역개발 금융기관들이 뿌리를 내리기 시작했고, 그 성공 사례를 복제하고 확장하기 위해 20여 년 만에 정부가 나선 것이다. 마을은행의 활동에 고무된 정부가 지원 정책 구상을 펴고, 마을은행 연합이 정책 제안을 하면서 마을은행 기금이 생겨났다. 이 과정에서 기금은 반관 반민의 준독립기구로 자리 잡았고, 정부는 돈을 대고 지역개발 금융은 민간의 선수들이 맡는 역할 분담이 이뤄졌다. 양극화의 소외 지역개발에 재정을 투입하되 민간 금융기관이 이를 매개하도록 시장의 방식을 절충했다. 금융 소외를 정부가 힘을 보탠 민간 금융의 힘으로 풀려는 민관 협치의 틀이 짜인 것이다.

미국의 마을은행을 위한 민관 협치 방식은 2002년 영국에도 복제됐다. 단지 마을은행의 전통이 미국과 같지 않은 영국에선 마을은행 기금과 마을은행 연합의 기능을 'CDFA'(마을은행협회)로 합쳐 놓았다. 미국식 민관 협치가 정부는 돈만 대고 운영은 민간에 맡기는 영국식으로 변형된 셈이다. 특히 2012년 5월 마을은행을 출범한 영국 사회적 경제의 투자은행 '빅 소사이어티 캐피털'(Big Society Capital)의 핵심 투자처이자, 사회적 기업을 위한 금융기관으로 규정하고 있는 영국의 CDFA는 2012년부터 2017년까지 지역금융 융자를 해마다 35퍼센트 늘리는 5개년 계획을 시행 중이다.

민관 협치와 짝을 이루는 것이 권한 분산이다. 기금에 세금을 투입하는 궁극적 목적은 시중은행에 비해 턱없이 부족한 낙후 지역금융기관의 실력을 키워 주자는 데 있다. 낙후 지역에 지역금융이 뿌리를 내리고, 지역금융이 사회적 기업의 지역개발의 혁신을 응원하고, 침체된 지역의 경제와 삶을 개선하는 선순환을 복원하자는 것이 곧 권한 분산의 취지다. 2010년 마을은행 기금의 실태조사(CDFI Data Project)에 따르면 마을은행 고객은 빈곤층이 78퍼센트, 소수인종이 70퍼센트, 여성이 63퍼센트를 차지했다. 이처럼 리스크가 큰 고객을 상대로 대출 부실을 2퍼센트 미만으로 유지한다는 것은 마을은행이 금융 소외 해소에 제대로 실력을 발휘하고 있다는 의미다. 돈을 흘리는 데만이 아니라 돈줄을 트는 데도 마을은행은 발군이다.

미국 재무부의 조사에 의하면 마을은행이 정부 지원금 1달러를 지원받으면 민간 자본 등을 끌어들여 20달러로 키우는 것으로 나타났다. 앞서 OFN과 스타벅스의 사례에선 민간 기부금 1달러로 7달러를 들어 올렸던 마을은행의 지렛대가 세금 1달러로는 20배의 힘을 발휘한다는 말이다. 이는 지역개발과 지역금융 발전에 정부의 역할이 얼마나 중요한지를 여실히 보여 준다. '20배 지렛대'는 세금을 투입해 지역금융을 키우겠다는 분명한 정책 의지를 드러내고, 은행의 낙후 지역 투융자를 강제하는 지역재투자법이나 민간 투자를 장려하는 세액공제 프로그램 등 제도적 측면 지원이 있기에 가능한 일이다. 미국 정부와 의회는 마을은행이 발행한 채권과 어음을 정부가 보증하고●, 대손충당금을 정부가 지원하는 방안도 검토하는 등 권한 분산에 적극적이다.

2008년 월가 붕괴 이후 미국 정부와 마을은행 연합 간 민관 협치와 권

● 2010년 제정된 중소기업일자리법에 근거한 것으로, 인증 마을은행이 발행한 채권이나 어음에 대해 재무부가 각 기관마다 연간 10건에 대해 최저 1억 달러에서 최대 10억 달러 범위에서 100퍼센트 지급 보증을 해 주는 '채권 보증 프로그램'이다.

한 분산의 변주가 울림을 키우고 있다. 금융의 사회적 기업인 마을은행의 '두 마리 토끼 잡기'를 제대로 평가하기 위해 수익률만이 아니라 사회적 혁신도 계량화하는 측정 방식 개발도 열기를 띄는 모습이다. 낙후 지역개발만이 아니라 금융의 기본에 충실한 마을은행의 사회적 금융에 힘을 실음으로써 잘못된 금융의 판을 바꿔야 한다는 목소리도 커지고 있다. 돈만 좇는 게 아니라 사회 정의도 동시에 추구함으로써 이젠 '전체가 부분의 합보다 큰' 새로운 혁신의 경제(Impact Economy)로 가야 한다는 목소리도 커지는 추세다. 마을은행 기금이 이런 논의의 한 축을 차지하고 있다.

시민 섹터를 위한
사회적 자금의 도매상

영국 빅 소사이어티 캐피털(BSC)

문진수

금융이란 자금이 남는 곳에서 자금이 모자라는 곳으로 흐르게 하는 것, 즉 돈의 융통이다. 여유 자금이 많아도 돈의 흐름이 막히면 시장은 동맥경화에 걸리고 반대로 남는 돈이 많지 않아도 금융의 순기능을 잘 활용하면 시장에 활력을 불어넣을 수 있다. 사람들은 자금의 여유가 생기면 금융회사 어딘가에 돈을 맡겨 재테크를 하려 하고, 금융회사는 사람들이 맡긴 돈을 융통하여 그 차익으로 돈을 번다. 그런데 금융회사에는 거래가 중단된 고객 계좌에 잔고는 남아 있으나 찾아가지 않는 돈이 있다. 한 사람 한 사람에게는 크지 않으나 전체로 보면 결코 적지 않은 규모의 휴면 예금이다. 지금 영국에서는 이 주인 없는 돈을 '사회적으로' 활용해 보려는 프로젝트가 한창이다.

2007년 3월, 영국 창투사협회 회장이자 성공한 금융인인 로널드 코언(Ronald Cohen)이 설립한 민간단체 '찾아가지 않는 자산'(Unclaimed Assets)에서 주목할 만한 보고서 하나를 발표했다. '제3섹터 발전을 위한 사회적 투자은행의 역할'이라는 제목의 이 짧은 글은 영국 제3섹터의 현황과 투자은행의 설립 필요성, 재원 마련 방법, 투자 대상 및 영역, 독립성 유지 등을 포함한 핵심 운영 원칙을 담은 최초의 연구 보고서다. 이 보고서는 이후 사회 투자시장이 활성화되는 계기가 됐다.

영국은 이미 2000년에 정부 주도로 태스크포스를 구성하여 사회적 투자시장 활성화를 위한 기반 조성 작업에 착수했다. 그 사이 자선 은행, 지역개발 금융기관 등 사회적 투자 및 지역사회 발전을 위한 전문 중개조직(Social Investment Financial Intermediaries)들이 만들어지면서 미약하나마 시장이 형성되고 있었다. 이러한 노력에 힘입어 2008년 영국 의회는 여야 공동 합의를 통해 휴면 예금 관련 법(the Dormant Bank & Building Society Account Act)을 통과시켰다. 영리 목적이 아니라 사회적 가치를 추구하는 새로운 '사회적 투자은행' 설립의 법적 근거가 마련된 것이다.

그 사이 노동당에서 보수-자민당 연립정부로 정권이 바뀌게 되면서 추진 동력이 상실되지 않을까 하는 우려에도 불구하고 당시 데이비드 캐머런(David Cameron) 총리 후보자는 선거 슬로건이었던 '빅 소사이어티'(Big Society) 구상에 따른 정책의 일환으로 이 의제를 적극적으로 수용했다. 이것이 사회적 기업 등 시민 섹터를 위한 새로운 금융기관인 '빅 소사이어티 캐피털'(Big Society Capital, BSC)의 출범으로 이어졌다. 재미있는 것은 노동당 정부가 최초에 제안한 초기 자금 규모는 7500만 파운드였는데, 보

2000년	정부 주도로 사회적 투자 시장 조성을 위한 태스크포스(SITF) 구성
2005년	로널드 코언, 휴면 예금 위원회(Commission on Unclaimed Asset, CUA) 설립
2007년	CUA, 휴면 예금을 재원으로 한 사회적 투자은행 설립 계획서 제출
2008년	휴면 예금 관련 법(the Dormant Bank & Building Society Account Act) 제정
2010년	정부, 사회적 투자은행 '빅 소사이어티 은행'(Big Society Bank, BSB) 설립 추진
2011년	민·관 합동 위원회, BSB 설립 계획서 제출 BSB 명칭을 '빅 소사이어티 캐피털'(Big Society Capital, BSC)로 변경
2012년	영국 금융감독청, BSC 정식 인가(3월) BSC 출범(4월)

수당에서 놀랍게도 6억 파운드로 규모를 키우자는 제안을 해 왔다는 사실
이다. 이러한 행보가 복지 예산을 삭감한 사회적 여파를 줄이기 위한 정책
수단에 불과하다는 비판도 없진 않다. 하지만 제3섹터 전문 금융기관의
필요성에 대해 초당적인 의견 일치를 이끌어 냈다는 점은 높이 평가할 만
하다.

2012년 4월, BSC는 정부의 적극적인 지원에 힘입어 영국 금융감독청
(FSA)으로부터 금융기관으로 인증을 받아 정식으로 출범했다. 시민사회
진영의 몇몇 뜻있는 인사들이 모여 위원회를 만들고 투자은행 설립의 필
요성에 대한 보고서를 제출한 지 5년 만에 결실을 맺은 것이다. 향후 4년
에 걸쳐 총 6억 파운드 중 휴면 예금을 통해 70퍼센트를, 대형 은행 등 민
간에서 30퍼센트의 자금을 지원받을 계획이며, 사회적 경제 조직들에게
직접 지원을 해 주는 것이 아니라 사회적 투자 전문 조직들을 통한 간접
지원 방식으로 자금 운영을 하게 된다. 사회적 경제를 위한 투자은행으로

서 '기금의 기금', 즉 사회적 금융의 도매상(wholesaler)의 역할을 수행한다는 뜻이다.

멀리 가려면 함께 가라

영국은 미국만큼이나 기부와 자선 문화가 잘 정착된 나라다. 개인이건 기업이건 소외된 이웃과 지역공동체의 발전을 위해 아낌없이 호주머니를 연다. 그렇게 만들어지는 돈이 한 해에 약 70조 원이 넘는다. 이 돈들은 대부분 자선단체나 민간 재단법인 그리고 전국적으로 수만 개가 넘는 다양한 형태의 비영리 기관들에게 제공된다. 그렇다면 영국의 사회적 투자시장 규모는 얼마나 될까? 3000억 원이 조금 넘는다. 영국의 한 해 기부금 총액에 비한다면 턱없이 적은 규모다. 제공하는 돈의 회수를 기대하지 않는 돈이 기부라면, 투자는 크든 작든 일정한 반대급부를 전제로 한다는 점에서 차이가 있다. 사회적 가치를 추구하는 투자도 마찬가지다.

사회적 투자시장에 풀리는 자금의 절반 이상이 정부에 의해 제공되는 '돈이다. 그 외 트리오도스 은행 등 사회적 은행들이 25~30퍼센트의 자금을 제공하고 있고, 자금 신탁이나 비영리 재단들이 나머지 5~10퍼센트의 자금을 지원한다. 사회적 기업 투자 펀드 등을 통해 매년 100만 파운드 이상의 돈을 지원하는 정부가 가장 큰 투자자인 셈이다. 자금 신탁이나 비영리 재단들의 투자 규모가 작은 것은 이들이 배분하는 자금의 대부분이 기부로 제공되기 때문이다.

지원을 받는 기관들은 기부와 투융자 중 어느 쪽을 선호할까? 말할 필요 없이 기부를 받는 편이 훨씬 좋다. 어떤 이유로든 다시 갚을 필요가 없기 때문이다. 여기에 문제가 있다. 기부자와 투자자는 모두 자금을 제공해줄 만한 자격을 갖춘 적절한 기부(투자) 대상을 찾는다. 만일 공급(자금)보다 수요(지원 대상)가 많을 경우, 공급자는 선택의 폭이 넓어지고 따라서 더 유리한 쪽으로 이동하게 되어 있다. 영국에서 사회적 투자시장이 상대적으로 덜 발달된 이유 중 하나는 너무 많은 자금이 기부 시장으로 쏠려 있기 때문이다.

그렇다면 사회적 투자시장에서 활약하고 있는 선수들의 역할이 중요할 수밖에 없다. 규모가 제법 되는 사회적 은행(Social Bank)에서 작은 투자기금까지 30여 개의 지원 기관들이 활동하고 있다. 대부분 활동 연륜은 10년이 안 된다. 이 가운데는 채러티 뱅크(Charity Bank)처럼 비교적 큰 규모의 윤리은행도 있고 특별히 지역사회에 깊은 관심을 가지고 집중적으로 지원하고 있는 마을은행(CDFIs)도 존재한다. 이들은 지역 기반의 사회적 기업이나 마을기업 같은 사회적 경제 조직들은 물론 제도권 금융기관들로부터 퇴짜를 맞은 저신용층에게도 자금 지원을 해 준다. 2011년을 기준으로 영국 전역에 문을 연 마을은행은 모두 62곳이다. 이들의 상용 고객이 2만 5000명이 넘고 그간 제공된 여신 규모만 1조 3000억에 달한다.

바로 이들이 사회적 투자 중간지원 조직(Social Investment Financial Intermediaries)이다. BSC는 이들과 손잡고 사회적 경제에 돈이 돌게 한다. 그렇다면 빅 소사이어티 기금은 왜 제3섹터를 직접 지원하지 않고 간접 지원 방식을 택한 것일까? 이유는 두 가지다. 하나는 사회적 투자전문 기관들을 성장시킴으로써 사회적 투자시장의 규모를 키우고자 하는 것이고, 다른 하나는 다양한 성향을 지닌 지원 조직들에게 자금을 제공해 줌으로써 사회적 경제를 풍성하게 만들고자 함이다.

불과 3000억 원에 불과한 시장 규모에서 1조 원이 넘는 '큰' 기금이 형성되면 시장 질서가 바뀌는 것은 불 보듯 명확한 일이다. 만일 BSC가 자신이 원하는 것을 시장에 바로 적용시키고자 했다면 빠른 길(직접 지원 방식)을 선택했을 것이다. 하지만 이들은 '멀리 가려면 함께 가라'는 말처럼 기존의 숲을 파괴하는 것이 아니라 '더불어 함께' 협력하는 방법이 건강한 사회적 금융을 만들 수 있는 길이라고 생각하고 공존의 길을 택했다.

실제로 영국에선 얼마 전 꽤 큰 규모의 정부 지원금을 받은 한 기관이 투융자 조건을 임의적으로 적용함으로써 시장 전체를 교란시킨 적이 있었다고 한다. BSC는 기금의 기금이라는 위치를 잘 지켜 가는 가운데 다른 사회적 투자기관들의 독립성과 자율성을 최대한 존중하면서 함께 성장해 가는 것이 가장 현명한 방법이라는 것을 누구보다 잘 알고 있다. 긴 호흡으로 천천히 가는 것이 오히려 훨씬 빠른 방법이라는 것을 말이다.

BSC의 운영 기조와 원칙에 화답이라도 하듯, 기금을 바라보는 투자 중간지원 조직들의 기대치는 높다. 한 컨설팅 전문 기관의 설문조사에 따르면, 향후 사회적 투자시장의 자금원 가운데 가장 큰 영향력을 행사할 주체로 빅 소사이어티 기금을 선택한 응답자가 가장 많은 것으로 나타났다. 기금의 존재를 밥그릇 싸움을 해야 하는 경쟁 상대가 아니라 도움을 주는 조력자로 받아들이고 있는 것이다.

'빅' 소사이어티 기금의 '큰' 도전

처음 제3섹터를 위한 특별한 은행을 구상했던 이들이 생각한 원래 이름은 '사회적 투자은행'(Social Investment Bank)이었다. 그런데 독립기관임을 표방하고 있긴 하나 중간에 민간에서 정부로 주도권이 바뀌면서, 정치적 의미가 담긴 새로운 이름의 기구가 만들어졌다. 비록 빅 소사이어티 기금이 초당적 합의 과정을 통해 만들어진 '작품'이라 해도 현 캐머런 정부의 큰 사회 프로젝트의 하나라는 점에서, 향후 BSC가 독립성과 자율성을 유지해 갈 수 있을 것인지가 관심의 초점이다.

이에 대해서는 두 가지 전망이 나온다. 하나는 기금의 출연자가 정부이고 이미 '빅 소사이어티'라는 슬로건에 묶여 있기 때문에 정치적으로 자유롭지 못하리라는 것이다. 다른 하나는 기금의 법제화 및 합의 과정이 정파를 초월해 이루어진 것이기 때문에 비교적 중립적 균형을 유지할 수 있을 것이라는 전망이다. 현재 8명으로 구성되어 사실상 BSC의 의사 결정 기구인 기금 위원회에는 정부 각료 1명이 참여하고 있다. 어느 쪽 견해가 맞건 향후 BSC가 정부의 입김에서 자유롭기는 힘들어 보인다.

BSC의 독립성과 자율성이 중요한 이유는 단순하고도 분명하다. 운영 과정에 정부가 간섭하면 제대로 조직의 역할을 수행하기 어렵기 때문이다. 정부는 선거를 통해 국민의 재신임을 받아야 하기 때문에 단기적 성과에 치중하는 경향이 강하다. 정권이 바뀌면 정책도 널뛰기를 할 개연성도 있다. 하지만 사회적 투자시장은 장기간에 걸친 투자와 노력이 투입되어야 꽃을 피울 수 있는 사업 영역이다. 만일 정부가 조급한 나머지 단기적

영국 빅 소사이어티 캐피털(BSC)

처방을 하기 시작하면 파열음이 생기고 결국 성과는 기대하기 힘들어진다. 황금알을 낳는 거위의 배를 가른다고 황금을 얻을 수 없는 것과 같은 이치다.

몇 해 전 정부로부터 자금을 지원받은 한 사회적 투자기관이 자금 운영을 너무 보수적으로 운영했다는 이유로 경영진이 교체되는 일이 있었다고 한다. 그런데 새로 선임된 경영진은 너무 급하게 자금 지원을 하는 바람에 부실화 시비에 휩싸이게 되었다. 한 번은 너무 천천히 했다고 타박이고, 한 번은 너무 급하게 했다고 문제를 삼은 것이다. 이렇듯 빠르고 느림의 판단 기준을 정치적 잣대로 해석하게 될 경우, 사회적 투자의 생태계는 교란될 수밖에 없다.

2007년 당시 고든 브라운(Gordon Brown) 영국 총리는 이런 말을 했다. "이 나라에서 국민에 의해 해결될 수 없는 문제는 없다. 수백만 명의 사람들이 제3섹터를 통해 사회문제를 해결하고 있다. 사회 곳곳에서 자원봉사 조직과 공동체 단체 그리고 사회적 기업들이 사람들의 삶을 더 풍요롭게 해 주고 더 좋은 환경을 만들기 위해 분투하고 있다. 정부는 제3섹터를 구성하는 수천 개의 조직들과 수백만 명의 사람들을 방해하거나 통제해선 안 되며, 오히려 이들이 성장할 수 있는 공간과 기회를 만들어 주고 함께 일하는 좋은 파트너가 되어야 한다. (…) 정부는 2007년에 제3섹터에 5억 파운드를 투자할 것이다. 우리 접근법의 핵심은 공동체의 소규모 조직들을 키우는 것이다. 우리는 이들에게 재정을 투자하고 권한을 부여하여 그들 스스로 공동체를 건설하고 삶을 변화시키는 방법을 찾아갈 수 있기를 바란다. 이미 수많은 사회적 기업들이 소비자들의 의사 결정을 바꿔

놓고 있고, 사회적으로 좋은 결과물을 만들어 내고 있다. 정부와 제3섹터 사이의 파트너십은 더 강력하고 더 공정한 국가를 건설하는 데 중요한 견인차 역할을 할 것이다."

시민사회와 정부 사이에는 어떤 형태로든 긴장이 불가피하다. 특히 양자 간 협치와 권한 분산의 새로운 균형을 찾아내는 일은 사회적 경제 건설에 중요한 변수가 되고 있다. 2007년 고든 브라운 총리의 연설에서 확인할 수 있듯이, 영국 노동당은 1997년 집권 이후 십 몇 년간 시민사회에 대한 정부의 역할을 '후방 지원자'라고 생각해 왔다. 보수-자민당 연립내각의 캐머런 총리는 빅 소사이어티라는 이름의 새로운 통합을 강조하고 있지만, 세계적인 불황의 영향으로 비영리 단체 지원을 포함한 복지 예산을 대폭 삭감했다. 대신 예산이 아닌 다른 재원을 통해 사회문제를 해결하려는 다양한 시도를 하고 있다. 작은 정부와 민간의 역량을 동원한 복지 확충이란 또 다른 제3의 길로서의 빅 소사이어티 구상은 시민사회로부터 진정성을 의심받기도 한다. BSC는 정부의 관여와 사회적 투자은행으로서의 독립성 유지 사이에서 최적의 균형점을 찾아내야 하는 과제를 안고 있다.

빅 소사이어티 금융을 향한 기대와 우려

사회적 투자은행은 어디에 어떻게 투자할 것인가. 투자의 방식은 투자은행이자 사회적 금융의 '도매'로서 직접 투자 대상을 발굴·지원하는 방식이 아닌 중개 기관을 통한 간접 투자가 될 수밖

에 없다. 투자의 대상도 기존의 사회적 투자기관들의 주요한 투자 영역 및 대상과 큰 차이가 없을 것으로 보인다. 사회적 투자 지원 조직들의 투융자 분야는 주거, 환경, 고용, 사회적 배제와 돌봄, 인권, 종교, 범죄 예방 등 영국 사회가 안고 있는 문제를 대부분 포괄한다.

BSC는 보스턴컨설팅과 함께 영국 사회적 투자시장에 대한 2차 시장조사를 실시하고 사회 혁신 프로그램(Social Impact Program)이라는 별도 투자계획의 틀도 짰다. 물론 주요한 투자 대상은 지역이다. 영국의 사회 혁신에서 지역이 중심을 차지한다. 이미 수십 년 전부터 영국에서는 소외된 지역의 발전을 위한 마을기업이 왕성하게 추진되어 왔으며, 이 과정을 통해 다양한 유형의 사회 혁신을 일구어 냈다.

BSC는 사회적 기업 등 사회적 경제 조직들의 자본 접근성을 높이기 위해 2013년 문을 여는 '사회적 증권거래소'(Social Stock Exchange)에 총 85만 파운드의 투자를 결정했다. 사회적 증권거래소는 사회적 기업의 증권시장으로, 영국 금융감독청의 정식 인가를 받아 사회적 기업의 특성을 감안한 별도 상장 요건을 공시한 후 기준을 충족하는 기업들의 지분 및 부채 증권을 거래한다. 사회적 기업의 주식을 발행, 유통하는 거래소는 세계적으로 브라질, 싱가포르, 남아프리카공화국 등에서 시행되고 있다.

이제 막 태동하기 시작한 영국의 사회적 투자시장 발전을 위해 빅 소사이어티 기금이 '맏형'으로서 어느 정도의 역할을 수행할지 아직은 판단하기 어렵다. 10년 남짓한 기간 동안 30여 개의 투자 지원 기관들이 생겼지만 일부 대형 은행을 제외하고는 아직까지 대부분 적자 상태다. 재무적 이익보다는 사회적 가치가 우선인 비영리 사회적 경제 조직들에게 주로 자금을 지원하다 보니 수지 균형을 맞추기 힘든 것이다. 애초부터 영리를 목적으로 한 기관들이 아니므로 이익을 내지 못한 것을 비난할 수는 없으나 운영비를 감당하지 못할 만큼 손실이 계속 발생한다면 안정적인 조직 운영이 어려워진다는 점에서 해결해야 할 문제다.

전문가들은 무엇보다 투자가치가 높은 사업 모델을 겸비한 혁신 기업의 발굴이 긴요하다고 보고 있다. 영국 역시 다른 나라와 마찬가지로 재능과 자질을 겸비한 사회적 기업가의 확보가 절실하다. '인재 가뭄'을 겪고 있는 것이다. 자선단체를 포함하여 민간의 투자자 그룹들이 매력을 느낄 수 있는 사업 모델과 그 일을 추진할 수 있는 혁신 기업가의 존재는 사회적 투자시장을 활성화하는 데 없어서는 안 될 핵심 요소라고 할 수 있다. 아무리 착한 투자자라 하더라도 투자할 가치가 없는 사업에 자금을 제공할 사람은 없기 때문이다.

BSC 출범 이후 영국의 사회적 투자시장은 변화의 시기를 맞았다. 기금의 규모도 크거니와 기존에 활동하고 있는 전문 기관들을 협력 파트너로 삼아 사회적 금융의 생태계를 만들어 가고 있다는 것만으로도 신선한 자극이 되고 있다. 제3섹터 및 사회적 투자시장 발전의 '촉매제' 역할을 하고 있다는 것이 전문가들의 공통된 견해다.

더불어 사회적 금융의 활성화를 위해 보완되어야 할 과제에 대한 공론화도 진행된다. 특히 투자위험을 객관적으로 측정할 수 있는 잣대를 개발할 필요성에 대해서 누구도 이의를 제기하지 않는다. 수익과 위험의 상관관계를 분석하는 것은 투자의 기본이다. 사회적 가치와 재무적 이익을 동시에 추구하는 투자자들은 대부분 '고위험 고수익'으로 표현되는 일반 벤처시장과는 근본적으로 다른 기댓값을 가지고 있지만, 투자 여부를 판단할 수 있는 기준 자체가 있고 없고는 전혀 성격이 다른 문제다.

영국 시민사회 진영은 BSC를 기대와 우려가 섞인 눈으로 바라보고 있다. 기대란 현재의 시장 규모를 뛰어넘는 큰돈이 유입되는 것인 만큼 사회적 투자시장이 크게 활성화될 것이라는 바람을 의미한다. 그러나 지나친 정부의 개입과 간섭으로 인해 기금 운용이 단기적 정책 목표에 좌우되면서 사회적 경제의 금융 활성화라는 큰 틀이 손상될지도 모른다는 우려도 없지 않다. 그래서 BSC의 실험은 비단 영국뿐 아니라 사회적 금융을 고민하는 지구적 관심사가 되고 있다.

민간 협력 채권으로
사회문제를 해결하다

영국 소셜 임팩트 본드(SIB)

문진수

알코올중독에 빠진 부모를 두었거나 생계유지의 어려움으로 자녀 양육을 포기한 가정을 돌보는 데 정부는 어느 정도의 예산을 사용할까? 영국에서 이렇듯 한계상황에 이른 가정을 위해 소요되는 비용을 추산해 보았더니 한 해에 적게는 2억 원에서 많게는 10억 원 정도의 예산이 필요한 것으로 나타났다. 그렇다면 이렇게 투입된 재정은 긍정적인 효과를 거두고 있을까? 답은 부정적이다. 자녀 교육, 알코올중독 치료, 재가(在家) 서비스 등 많은 사회 서비스 기관들이 각각 개별적으로 지원을 하다 보니 서비스는 넘치는데 오히려 효과는 떨어지고 심지어 문제가 더 악화되는 경우도 생겼다고 한다. 이른바 칸막이 증상(silo effect)이 나타나고 있는 것이다. 만일 이 해체 가정의 회복을 위한 정부 프로그램 중 불요불급한 서비스들을 통합하여 좀 더 체계적으로 관리, 운영한다면 어떻게 될까? 나아가 각종 사회문제를 해결하는 데 소요되는 비용을 먼저 민간에서 조달하고 서비스 수행에 따른 대가를 성과 중심의 보상 체계로 바꾸어 인센티브를 제공한다면, 돈을 덜 쓰고도 더 나은 사회적 가치를 만들어 낼 수 있지 않을까?

채권이란 금융 기법과 임팩트 성과 측정이 결합된 사회 혁신 채권인 '소셜 임팩트 본드'(Social Impact Bond, SIB)는 이런 문제의식에서 출발했다. 사회문제 해결의 첩경은 사후 약방문이 아니라 예방이다. 하지만 예방적 조치와 프로그램은 장기적으로 많은 자금이 필요한 일이고, 정부는 이를 수행할 만한 재정적인 여력이 부족하다. 또한 정부의 사회 서비스 프로그램들이 다양한 부서에서 각각 독립적으로 운영됨에 따라 실효성이 떨어진다. 민간에는 사회적 문제 해결에 관심이 높으면서 재무적 수익도 기대하는 투자자들이 많이 존재하지만 마땅한 투자처를 찾지 못하고 있다. 시민사회 영역에는 사회문제를 해결하려는 의지와 전문성을 지닌 비영리 조직들이 많이 활동하고 있지만 모금이나 기부 등 재정 안정을 위한 자금 동원에 너무 많은 시간을 사용하고 있어서 정작 자신들이 집중해야 할 '문제'에 제대로 시간을 쓰지 못하는 현상이 나타나고 있다. 이렇듯 정부(제1섹터), 민간(제2섹터), 시민사회(제3섹터)의 각 이해 관계자들이 안고 있는 문제를 동시에 해결할 목적으로 창안된 것이 바로 SIB이다.

사회문제 해결의 일차적 책임을 지고 있는 국가, 전통적인 기부 방식을 뛰어넘어 사회적 가치와 재무적 성과를 동시에 추구하는 사회적 투자자, 사회문제 해결을 조직의 사명으로 생각하는 비영리 단체, 그리고 사회적 돌봄을 필요로 하는 수혜자 등 다양한 이해 관계자들이 서로 협력하는 것이야말로 다루기 힘든 사회문제를 해결하는 가장 효과적인 방법이다. 나아가 공적 영역과 민간 영역의 벽을 허무는 사회적 기업가 정신이 주목받으면서 측정 가능한 방법론에 의거해 성과 여부를 재고 그에 따라 대가를 지불하는 성과 기반의 보상 프로그램을 도입한다면 '저비용 고효율'의 사회적 가치를 창출할 수 있을 것이라는 기대도 커지고 있다. 이것이 2010년 영국에서 등장한 이래 미국, 캐나다, 호주, 아일랜드 등 많은 나라에서 새로운 사회적 금융이자 사회목적투자의 유망한 제도로서 SIB를 주목하고 있는 이유다.

백지장도 맞들면 낫다

통상 사회문제 해결의 주체는 정부이며, 그 결과에 대한 책임 역시 정부의 몫이다. 하지만 SIB는 문제 해결을 위해 투입한 재무 위험을 정부에서 투자자로 이전 혹은 분산하는 형태를 띠고 있다. 한마디로, 성과가 나오면 보상이 이루어지지만 그렇지 않을 경우 정부가 아니라 투자자가 원금 손실 위험을 진다는 뜻이다. 성과 보상 프로그램이란 사업 수행 여부만을 평가하는 결과 중심이 아니라 그 수행 과정을 통해 구체적으로 만들어 낸 성과에 따라 보상 체계를 달리한다는 것을 의미한다.

결과 기반의 보상 체계와 구별되는 성과 기반의 보상 체계란 무엇인가. 예를 들어 청년 실업 문제 해결을 위한 방법으로 정부가 민간 전문 기관에 고용 촉진 프로그램을 위탁했다고 하자. 이 기관은 구직 희망자들을 대상으로 취업에 유리한 자격증을 취득하도록 교육 훈련 프로그램을 구성하고 가능한 많은 사람들이 자격증을 취득하도록 독려할 것이다. 왜냐하면 자격증 이수자가 많아질수록 더 높은 인센티브를 받을 수 있도록 계약이 체결되어 있기 때문이다. 하지만 자격증을 딴 사람이 늘어난다고 해서 실업률이 감소하는 것은 아니다. 이 경우 결과란 자격증을 획득한 사람의 숫자를 말하며, 성과란 교육 훈련 과정을 거쳐 취업에 성공한 사람 수를 의미한다. 영국의 경우 지난 수십 년간 정부의 민간 위탁 방식이 대부분 결과 중심이었기 때문에 사업 수행 실적은 높았을지 몰라도 그 결과가 사회 문제 해결에 기여했는지는 판단할 수 없었고, 이에 따라 정부는 최근 업무 달성 기준을 결과에서 성과 중심으로 바꾸는 작업에 들어갔다고 한다.

일종의 '프로젝트'라고 부르는 것이 더 적합할 것 같은 이 특별한 문제 해결 방법론을 채권이라고 부르는 이유는 무엇일까. 채권이란 채무이행 약속증서로서, 일정 기간이 지난 후에 발행자가 원금과 이자를 상환하도록 되어 있는 투자 대상이다. 하지만 SIB는 일정한 성과가 나왔을 경우에 국한하여 수익률이 보장되는 일종의 '조건부 성공지불채권'•이라는 면에서 차이가 있다. 발행자(사업 총괄기관)는 보증인(정부)으로부터 지급보증 이행약속을 받고 투자자를 대상으로 채권을 판매하게 되며, 투자자는 사업 수행성과에 따라 보상(수익률)이 달라지는 구조를 띠고 있다.

SIB는 어떤 구조와 원리로 작동될까. 먼저 정부는 해결해야 할 사회적

• 일종의 투자형 채권으로서, 성과 기반의 구조화 증권이라고 해석하기도 한다.

의제를 정하고, 이 프로젝트를 전체적으로 운영할 역량을 지닌 주체(중간 지원 조직)와 업무 협약을 체결한다. 정부와 협약을 맺은 중간지원 조직은 정부의 지급보증을 전제로 채권을 발행하고 이 상품을 구입할 투자자들을 모집한다. 동시에 이 사업을 실제로 수행할 전문 기관(서비스 제공자)을 선발하여 이행 계약을 맺는다. 투자 결정이 이루어질 경우 지원 조직은 서비스 제공자에게 사업비(운전 자금)를 지급하고 서비스 제공자는 목표대상 집단을 상대로 서비스를 제공한 후 그 결과를 평가 위원회에 제출한다. 최초 각 이해 관계자들이 합의하여 만든 기준에 따라 심사 및 평가가 이루어지고 성과 목표를 달성할 경우, 약정한 투자 수익금을 지급한다. 만일 성과측정지표가 불명확하거나 평가 자체를 하기 어려울 경우 투자자들을 설득하기 쉽지 않고, 투자자 모집에 실패하면 프로젝트는 중단될 수밖에 없다.

세계 최초의 SIB, 범죄 경력자 사회 복귀 프로그램

세계 최초의 SIB는 영국 피터버러 시 감옥에서 단기 복역한 남성 수감자들을 대상으로 2010년 9월 시험 가동을 시작한 '범죄 경력자 사회 복귀 프로그램'이다. 총 6년간 진행될 예정인 이 프로젝트는 경미한 범죄를 짓고 징역을 산 이들 가운데 참여를 희망하는 인원 3000명을 대상으로 갱생 훈련 프로그램을 운영한 후, 1년이 지난 시점에 재범률을 측정하여 만일 같은 기간에 출감한 사람들과 비교하여 재범률이 일정 기준(평균 7.5퍼센트) 이하로 나올 경우 투자자들에게 일정한 수익금을 지불한다는 것이 핵심이다. 미국 록펠러 재단을 포함하여 총 17개 재단에서 500만 파운드를 투자했고, 성과 목표 달성 시 최대 연 13퍼센트의 투자 수익률을 지급하기로 정부 및 법무성과 협약을 맺었다. 현재 1년 반 남짓의 짧은 실험 기간에도 불구하고 주거 지원, 건강 및 심리 상담, 취업을 위한 교육 훈련 기회 제공 등을 통해 약물 및 알코올중독에서 벗어나거나 범죄 집단과 결별한 출소자 숫자가 큰 폭으로 증가하는 등 고무적인 결과를 보여 주고 있다.

목표 달성에 성공할 경우에는 참여한 사람들 모두가 혜택을 누리지만, 실패할 경우 자신들이 투자위험을 모두 부담할 수밖에 없는 이 '위험한' 투자를 감행한 이들은 누구일까. 전통 자선단체, 사회 투자를 주로 하는 민간 재단법인 등이다. 피터버러 시의 경우는 록펠러 재단 등 재단법인, 버로우 등 자선단체와 일부 고액 자산가를 포함하여 총 17개의 투자자 그룹이 함께 참여했다. 영국 SIB 프로젝트를 운영하는 주무 기관이라 할 수 있는 소셜파이낸스(Social Finance Ltd)의 설명에 따르면, 아직까지 다양한 투자자 그룹이 존재하진 않으며 시장 투자자들은 프로젝트의 성공 여부를 관망하고 있는 정도라고 한다. 하지만 최근 캐머런 정부가 설립한 빅 소사이어티 캐피털이 1조 원이 넘는 돈을 운영하고 있고 매년 비영리 자선단체들에 유입되는 돈이 70조 원을 넘는다는 사실을 감안할 때 SIB를 포함하여 사회적 투자시장의 성장 잠재력은 매우 클 것으로 전망하고 있다.

이 프로그램이 성공하기 위해 반드시 필요한 조건 중 하나가 서비스 제공자의 전문성이다. 피터버러 시의 경우, 4개의 비영리 단체가 서비스 수행 기관으로 참여하고 있다. 50년 동안 수감자들의 갱생 및 자활을 전문적으로 다루어 온 자일스 트러스트(St Giles Trust), 수감자 가족 특히 자녀문제에 특별히 주목해 온 오미스톤 트러스트(Ormiston Trust), 출감 후 지역사회 안에서의 안정적인 정착을 목표로 활동하는 소바(SOVA)와 와이엠씨에이(YMCA)가 그들이다. 이 기관들은 총 4개로 구분된 프로세스 단계에 맞추어 각자 자기 전문성에 따라 역할을 나눈 후 협업하는 구조로 되어 있다. 수행 기관이 실제 업무 성과를 낼 수 있는 역량이 있는가 하는 점은 투자 유치를 결정하는 핵심요인이라고 해도 과언이 아니다. 따라서 SIB를 총괄 운영하는 지원 조직은 지역에서 과거 일정 기간 동안 사회문제 해결의 성과를 분명히 보여 준 서비스 제공 기관을 확보하여 투자자들을 설득하는 것을 주요 업무의 하나로 수행하고 있다.

또 하나의 핵심 성공 조건인 투자자에 대한 성과 보상은 어떻게 이루어질까. 만일 목표 대상 인원(피터버러 시 감옥 출소자 중 갱생 교육을 받은 3000명)의 출감 후 1년 이내 재범률이 같은 기간 영국 전역에서 출소한 집단(교육을 받지 않은 이들)과 비교하여 7.5퍼센트 이상 차이가 난다면, 투자 원금은 물론 인센티브가 제공된다.* 반대로 둘의 차이가 7.5퍼센트에 미치지 못한다면 보상은 없다. 한 푼도 돌려받지 못한다. 지급이 보장된 채권이 졸지에 시황에 따라 종잇조각이 될 수 있는 주식으로 바뀌는 것이다. 이것

---

* 프로젝트 총 기간은 8년이며 4년, 6년, 8년차에 수익금을 지급받는다.

이 SIB의 특징이다. 혹자는 조건이 너무 가혹하다고 생각할지 모른다. 하지만 투자자들 다수가 기부를 전문으로 하는 자선단체들이라는 점, 최근 들어 큰 규모의 자선단체들도 사회문제 해결에 분명한 성과를 낼 수 있는 '효과적인' 기부에 많은 관심과 노력을 기울이고 있다는 점, 나아가 목표 달성에 대한 책임을 분명히 함으로써 사회적 서비스 제공자들을 성과 지향적으로 전환시켜 성공 가능성을 높이고자 한 점이 설계에 반영됐다. 여느 채권처럼 돈을 묻고 팔짱 끼고 있다가 때가 되면 원금과 수익을 챙기는 것이 아니라 돈을 묻었으면 팔짱을 끼지 마라는 것이다.

이러한 구조는 투자자들이 수동적으로 자본 이익을 기다리는 것이 아니라 프로젝트 수행 과정에 적극적으로 끌어들이는 유인으로 작용하며, 장기적인 사회 프로그램의 성공을 함께 만들어 가는 역할을 수행하게 만든다. 대부분의 사회적 투자자들은 사회문제 해결에 지대한 관심을 갖고 있으므로 이들의 관여도를 높이고, 그에 따라 지원 기관과 서비스 제공자의 성과를 투명하고 정확하게 알리는 기능을 향상시키게 될 것이다. 이해 관계자들 간의 자연스러운 협치가 이루어질 수 있는 인센티브가 이 프로그램 안에 녹아 있는 셈이다.

영국에선 피터버러 시 프로그램 이외에도 두 개의 파일럿 프로젝트가 착수됐다. 학교도 가지 않고 사회생활도 포기한 만 16세에서 19세 사이의 청소년 니트(NEETs)*를 사회인으로 성장시키기 위한 프로그램, 알코올중독자 부모를 둔 자녀들이 정상적인 교육을 받을 수 있도록 돕는 프로그램

• Not in Education Employment or Training의 약자로 영국 전역에 100만 명 이상으로 추산된다.

이 그것이다. 후자는 현재 리버풀의 머지사이드에서 준비 중이며 약 4000명의 결손가정 아이를 대상으로 3년간 450만 파운드를 투자할 계획을 세워 놓고 있다. 이 프로그램에는 윤리은행으로 유명한 트리오도스 은행이 투자자로 참여하고 있다.

더불어 함께하는 새로운 게임의 법칙

SIB 프로그램에 참여하고 있는 이해 당사자들에게는 어떤 편익이 제공될까? 먼저 정부는 예산 효율을 증대함으로써 납세자들에 대한 책임을 다할 수 있다. 기존 방식으로 투입되던 비용(치안 유지비, 감옥 운영비, 기타 범죄 예방을 위해 치르는 비용 일체)을 100이라고 가정한다면, 프로그램 도입 후 정부의 투입 예산은 25 수준으로 줄어들게 된다. 프로그램 도입에 따른 효과가 나타남에 따라 사회문제 발생 빈도가 감소하게 되고 따라서 문제 해결에 소요되는 정부 예산이 줄어들게 될 것이기 때문이다. 프로그램 운영에 필요한 사업비가 40 정도 필요하다면 이 돈은 투자자들이 조성한 기금 계정에서 지불되며, 따라서 프로그램 운영비에 정부 예산은 들어가지 않게 된다. 운영비는 대부분 지원 조직 및 서비스 수행 기간의 사업비와 성과 평가 비용으로 사용된다. 프로젝트가 성공할 경우 투자자들에게 지급해 줄 성과 보수금 35는 기존 예산에서 기본예산(25)과 SIB 운영비(40)를 제외한 비용으로, 별도 계정에 적립해 두게 된다.

정부 입장에서 보면, 프로젝트가 성공할 경우 단기적으로 투입되는 비용은 종전과 같지만 장기적으로는 감소할 가능성이 높다. 왜냐하면 예산 지출 발생 원인 자체가 점차 소멸될 것이기 때문이다. 만일 프로젝트가 실패한다면 투입 비용은 종전과 같을 것이고 사회적 편익 역시 증가하지 않을 것이다. 다른 한편으로 보면, 정부가 제공해야 할 사회적 서비스를 외부 기관이 수행함으로써 예산 지출의 투명성을 제고할 수 있다는 장점도 존재한다.

투자자는 전통적인 기부 방식에서 벗어나 사회적 가치를 실현하면서도 재무적 성과를 기대할 수 있다는 점에서 자신들이 흥미를 느끼는 프로젝트에 투자할 수 있다는 게 장점이다. 하지만 목표 달성에 실패할 경우 모든 재무 위험을 부담해야 한다는 단점도 있다.[*] 현장 서비스 제공자들은 사회적 가치를 실현하면서도 상당한 기간 동안 재정 안정성을 확보할 수 있다는 점에서 매력적이다. 혹자는 SIB 프로그램의 최대 수혜자는 서비스를 제공받는 대상자 그룹과 수행 조직이라고 말하기도 한다. 사업 참여가 비영리 조직들에게 안정적인 재무구조를 유지할 수 있는 계기를 제공해 주기 때문일 것이다. 이는 역설적으로 비영리 기관들의 현실이 그만큼 어렵고 힘들다는 것을 말해 주는 것이기도 하다. SIB가 도입됨에 따라 정부는 복잡하고 힘든 사회문제를 예방할 수 있게 되며, 동일한 비용을 투입하여 정부는 물론 투자자, 지원 조직과 수혜자 모두가 편익을 누리는 것이라 할 수 있으므로 합목적적인 결과를 얻게 되는 셈이다.

• 투자자가 모든 위험을 부담하지 않고 지원 조직 및 수행 기관과 나누는 모델(SIB 2.0)도 개발 중이다.

SIB는 다수 이해 관계자들이 함께 협력하여 문제를 풀어간다는 '협치'를 전제로 하기 때문에 만일 어느 한 그룹이라도 제대로 자기 역할을 하지 못할 경우 실패할 가능성이 높다고 할 수 있다. 따라서 이 프로그램이 성공하려면 각 참여자들의 조직적이고 구체적인 역할 수행이 관건이다.

먼저 정부는 프로젝트 도입에 대한 분명한 의지를 가지고 실행 주체들이 좋은 결과를 만들어 낼 수 있도록 직간접적으로 지원하는 역할을 담당해야 한다. 특히 국민들이 정부에 기대하는 사회 프로그램 운영을 외부 전문 기관에 맡기는 것인 만큼 정부는 사업이 성공적으로 수행될 수 있도록 협조를 아끼지 말아야 한다. 투자자는 위험한 투자 결정을 내렸으므로 사업 진행 과정을 면밀하게 관찰하려 할 것이다. 만일 중간지원 조직이나 서비스 수행 기관들이 제대로 업무 수행을 하지 않거나 성과 여부가 불투명할 경우에는 어떤 방식으로든 개입할 여지가 높다. 중간지원 조직은 프로젝트 수행을 위한 자금을 모집하고 능력 있는 수행 기관을 선정하는 등 프로젝트 전반을 관리, 감독하며 위험요소를 사전에 감지하고 제거하는 역할을 맡게 된다. 지원 조직이 짊어져야 할 가장 큰 도전은 '서로 다른 이해 관계자들 사이에서 어떻게 리더십을 발휘할 것인가'라고 할 수 있다. 투자자들의 입장을 배려하면서도 현장 조직들이 겪는 애로 사항들을 살펴 유의미한 성과를 내야 하기 때문에 지원 조직에는 총괄 조정 능력이 필요하다. 수행 기관은 사업 진행 과정을 기록하고 정리하는 일을 포함하여 실제 성과를 만들어 내야 하기 때문에 만일 이들의 전문성이 담보되지 않으면 프로젝트는 실패할 가능성이 크다.

영국 소셜 임팩트 본드(SIB)

만병통치약은 없다

전 세계적인 금융 위기 속에서 심각한 재정 적자에 시달리고 있는 정부 입장에서 '예산을 덜 쓰고도 공공이 안고 있는 많은 문제를 해결할 수 있다'는 SIB의 메시지는 분명 매력적으로 들릴 것이 자명하다. 미국 매사추세츠 주는 노숙자와 소년원 수감자 들의 자활을 위한 미국 SIB 1호를 만들었고, 호주의 뉴사우스웨일즈 주정부는 2011년 9월에 SIB를 활용한 아이디어 모집 공고를 냈다. 실제 영국 소셜파이낸스 기관에는 첫 채권 발행 이후 호주와 미국은 물론 캐나다, 아일랜드, 이스라엘, 독일, 이탈리아, 프랑스 등 많은 나라들로부터 도움 및 협조를 구하는 연락이 쇄도하고 있다.

하지만 이 프로그램이 매우 혁신적인 방법이라 하더라도 만능의 대안은 아니다. 프로그램 설계 자체가 잘못되어 원천적인 한계를 드러낼 경우, 운영 책임자인 중간지원 조직의 리더십이 부족해 이해 당사자 간 업무 협조가 안 되는 경우, 서비스 제공자의 전문성이 떨어져 업무 성과가 나오지 않을 경우, 프로젝트 성과를 평가하는 잣대가 불명확하여 투자 매력을 떨어뜨릴 경우, 성과 목표를 달성했음에도 정부가 지급불능 상태에 빠져 약속 이행을 못할 경우, 프로젝트 실패로 나쁜 평판과 이미지가 퍼져 추가 사업을 진행하기 어려울 경우 등 수많은 위험이 내재되어 있다.

다른 한편에선 비판하는 목소리도 들린다. 이 제도가 사회적 서비스 영역에 모두 적용하려 한다면 시민사회를 '성과 만능주의'에 빠뜨려 어려운 여건에서 힘겹게 일하고 있는 많은 비영리 단체들의 존립을 위태롭게 할 수도 있다는 우려가 제기되고 있다. 장점을 인정하지만 특정한 사람들을 대상으로 한 특정한 프로젝트 수행에 한정해야 한다는 것이다. 복잡한 사회문제를 한 가지 방식으로 해결하려는 '지나친 일반화의 오류'를 범할 수 있다는 의미다. 실제로 사회문제 중 다수는 단기간의 프로젝트로 성과를 낼 수 없는 것들이 더 많은 게 사실이다.

이론적으로 SIB는 다양한 사회 의제에 적용할 수 있으나 반드시 문제를 '특정'할 수 있어야 하며 프로그램의 효과를 입증할 수 있는 판단 기준이 세워져야 한다. 나아가 두 가지 조건이 성립되더라도 실제 문제를 해결할 수 있는 전문성 있는 조직이 없다면 적용하기가 쉽지 않을 것이다. 그러므로 아직 시범 단계에 불과한 사회 투자채권이 성공 모델을 만들어 낼 수 있을지 아직은 판단하기 어렵다. 복잡하게 얽힌 사회문제의 매듭을 효과적으로 풀어 내기 위한 정교한 설계, 이해 관계자들 간 합의와 조정 과정 등 공동의 목표를 완수해 가는 구성원들의 인내와 노력이 함께 결합되어야 비로소 좋은 성과를 낼 수 있을 것이다. 결과적으로 부문(Sector) 간 경계를 넘는 협조와 협동의 과정은 만성적이고 복잡한 사회문제를 해결하는 혁신적인 방법론의 개발을 자극할 것이며, 공공자원을 효과적으로 활용하려면 각 사회 주체들이 어떻게 협력해야 하는지를 일깨워 줄 것이라 믿는다.

사회적 투자의 정석 '인내자본'

미국 어큐먼 펀드

이종수

우연일까. 아프리카 르완다의 거리에서 마주친 자그마한 소년이 입고 있었던 체구에 맞지 않는 파란 스웨터. 아프리카를 연상시키는 풍경을 담은 파란 스웨터. 그 소년이 입고 있는 스웨터의 상표에는 10여 년 전 자기가 적어 놓은 글씨가 그대로 남아 있었다. 친척 아저씨가 선물했던 파란색 스웨터는 고등학교 때 친구가 놀리는 바람에 처분하고 말았던 것이다. 그런데 그 파란 스웨터가 시간과 거리를 넘고 건너서 르완다의 한 소년의 몸을 감싸고 있었다.

국제금융기관을 설립하는 일을 돕기 위해 르완다에 머물던 재클린 노보그라츠(Jacquelin Novogratz)에게 파란 스웨터는 하나의 이정표였다. 세계관과 목적에 대한 인식을 새롭게 하기에 충분한 사건이었다. 지구촌에 사는 모두가 긴밀하게 연결되어 있다는 증거였다. 의식하든 않든 우리의 삶은 서로 얽혀 있고, 자활과 성공의 기회를 얻지 못하는 한 우리의 삶은 결코 편안하고 행복할 수 없다. 노보그라츠는 그 평범한 진리를 르완다에서 다시 마주한 파란 스웨터를 통해 절절하게 깨달았다.

잘나가는 국제 은행가로서의 삶과 세상을 바꾸는 일을 하자는 이상 사이에서 갈등하던 노보그라츠는 미래가 보장된 체이스맨해튼 은행을 떠나 아프리카개발은행으로 옮겼다. 그곳에서 아프리카의 여러 지역을 돌며 조직을 만들고 지부들을 돕는 일을 했다. 다시 미국으로 돌아가 스탠퍼드 경영대학원을 마치고 록펠러 재단에서 특별 연구원을 하며 사업가들을 대상으로 자선사업 워크숍을 진행했다. 자선이 어떻게 세상을 변화시키는지를 알리는 일이었다. 하지만 노보그라츠는 만족스럽지 않았다. 자선과 자선을 독려하는 것만으로는 부족했다. 자선사업은 대부분 세상을 변화시키는 일보다는 단기적이고 기부자들의 욕구를 채워 주는 일에 초점이 맞춰져 있었기 때문이다. 노보그라츠는 다른 생각을 하기 시작했다. 자선 기금이 비영리 단체를 통해 가난한 이들에게 무상 증여되는 것보다는 가난한 이들에게 중요한 서비스를 제공해 주는 기업들에 '투자'되는 것이 빈곤과 불평등 문제를 더 잘 해결할 수 있지 않을까 하는 생각이었다.

기부에 금융을 입히다

남을 돕는 활동에서 가장 중요한 것은 지원하

는 대상에 대한 이해이다. 그들이 어떠한 문화적 환경에 있는지, 삶의 방식은 무엇인지, 어떠한 가치관을 가지고 살고 있는지에 대한 이해가 없이는 그들을 돕는 프로그램은 실패할 수밖에 없다. 많은 전통적인 원조나 기부가 현지인들의 목소리에 귀를 기울이지 않고 자선 사업가의 의지만을 담아서 시행하기 때문에 실패한다. 20년 이상 아프리카, 인도 등지를 누빈 경험을 통해서 노보그라츠는 중요한 교훈을 얻는다.

'전통적인 자선만으로는 세상의 문제를 해결할 수 없다.'

전통적인 자선은 눈앞에 닥친 사회적 문제들에 대해 즉각적인 필요를 충족시켜 줄 수 있으나 장기적으로 문제를 해결해 주는 대책을 세우지 못하는 경우가 많다. 보다 근본적으로 가난의 문제를 해결하기 위해서는 시장에 기반을 둔 접근 방법을 결합할 필요가 있다. 시장 모델과 전통적인 자선 사업의 중간쯤에 있는 다른 해결책이 요구되는 것이다.

1999년 말 노보그라츠는 록펠러 재단 사무실에서 신임 총재 고든 콘웨이(Gordon Conway) 경에게 이렇게 말했다.

"가장 큰 차이는 우리가 보조금을 주는 데 그치지 않고 시장 지향적인 아이디어와 접근 방식으로 해당 지역의 문제들을 해결할 수 있는 비전과 능력을 지닌 사업가들에게 투자한다는 겁니다." 록펠러 재단은 노보그라츠의 손을 잡아 줬다. 20여 년에 걸쳐 글로벌 상업은행에서 잔뼈가 굵었고 아프리카 현지 사정에도 밝은 그의 열정을 높이 평가한 것이다. 새로운 개념의 사회적 투자 벤처에 록펠러 재단이 자금 지원을 약속했다. 금융도 알고 빈곤 문제도 아는 노보그라츠에게 '자선을 투자하는 빈곤 문제의 새로운 금융 해법'을 펼쳐 보이라고 멍석을 깔아 준 것이다. 노보그라츠는 곧

바로 자선사업 워크숍 회원들을 중심으로 연구 모임을 결성했다.

'어큐먼 펀드'(Acumen Fund)는 일종의 벤처 캐피털로 설계됐다. 우선 자선기금을 모은다. 그리고 저소득층 사람들에게 안전한 물, 건강관리, 주택, 대체에너지 등과 같은 서비스를 제공해 주는 비전 있는 사업가들이 이끄는 회사나 단체를 선별한다. 자선기금을 대출이나 주식 지분 참여 방식으로 선정된 조직에 투자한다. 돈만 투자하고 마는 것이 아니다. 기본적인 사업계획을 세우는 일에서 경영자를 고용하는 일, 그런 회사들과 시장을 연결시켜 주는 것을 돕는 일에 이르기까지 다양한 자원을 폭넓게 지원한다. 투자한 재원의 상환 결과와 함께 사회적 영향(임팩트)도 함께 고려해 프로젝트의 결과를 면밀하게 측정하고 평가한다.

2001년 4월 노보그라츠는 벤처 연구 모임 사람들과 힘을 합쳐 어큐먼 펀드를 발족했다. 어큐먼 펀드의 지향점은 사회적 기업과 혁신적인 아이디어를 가진 사회적 기업가에 대한 투자를 통해 빈곤 없는 사회를 만들자는 것이다. 예리하고 사려 깊은 통찰력으로 투자하여 사회적 변화를 이룬다는 의미에서 '어큐먼'이란 이름을 붙였다. 단순한 자선을 넘어서 사업을 창조하면서 사회문제를 해결할 수 있는 방법을 추구하고, 창의성과 인적 물적 네트워크를 바탕으로 세상을 변화시키고자 하는 노력을 하는 사회적 벤처 캐피털이 탄생한 것이다. 록펠러 재단, 시스코 재단, 켈로그 재단 등 20명의 기업과 개인 들이 노보그라츠의 혁신적인 발상에 동의하여 설립 파트너로서 동참했다.

변화에 투자한다

어큐먼 펀드의 재원은 대부분 자선 사업가와 재단, 민간 기업의 기부로 이루어져 있다. 록펠러 재단, 시스코 재단, 켈로그 재단과 같은 초기 투자자들 이외에도 빌앤드멀린다게이츠 재단, 스콜 재단, 구글, 시스코, 코카콜라 등 굴지의 기업과 재단들이 어큐먼 펀드의 기부자로 이름을 올렸다. 어큐먼 펀드는 기부자를 파트너로 부른다. 돈만 내는 게 아니라 세상을 바꾸는 일에 동참한다는 뜻에서다. 파트너들은 기부금액에 따라 7등급으로 나뉜다. 등급에 따라 각기 이름도 다르고 동참하는 사업도 차이가 있다. 노보그라츠는 파트너들에게 "당신은 투자한 대가로 어떤 돈도 돌려받지 못합니다. 그 대신 변화를 받습니다"라고 말한다. 파트너는 '기부'하고, 어큐먼 펀드는 세상 바꾸기에 '투자'하는 것이다. 어큐먼 펀드는 다양한 사회 계층과 소통하면서 성과를 홍보하고 성공적인 사례 관리를 통해 더 많은 기부를 이끌어 내고 있다.

어큐먼 펀드는 단순한 기부가 아니라 취약한 사회 구조에 변화를 일으킬 수 있는 프로젝트에 투자한다. 즉 변화에 투자하는 개념이다. 기존의 투자자들과는 달리 사회의 빈곤층을 고객으로 하여 그들의 취약한 생활을 개선시키고자 하는 프로젝트를 대상으로 한다. 이러한 투자를 통해 사회의 변화를 만들어 낼 수 있다고 믿기 때문이다.

어큐먼 펀드는 건강, 물, 주택, 대체에너지, 농업, 교육 등의 분야에서 빈곤층이 접근할 수 있는 상품이나 서비스를 제공하면서 그들의 삶의 질을 향상시키고자 하는 사회적 기업이나 프로젝트의 초기 단계에서 투융자를 한다. 대부분의 투자는 그 지역사회의 사회문제를 해결하면서 사람들에게 큰 변화를 일으키는 프로젝트들이다. 어큐먼 펀드의 활동은 자선을 가난한 사람들을 위한 투자로 변환시키는 작업이다. 이와 같은 투자를 임팩트 투자라고 부르는 것은 이 때문이다. 그런데 이러한 투자 대상들은 대부분 투자의 성과를 내는 데 상당한 시간이 소요된다. 30만 달러에서 250만 달러에 이르는 어큐먼 펀드의 투융자는 회수 기간이 7~10년 정도 걸린다. 그 때문에 전통적인 투자자들은 투자를 기피한다.

어큐먼 펀드는 지분 참여, 대출, 보증, 라이센싱피·로열티, 실험 투자 등의 다섯 가지 형태의 재정 지원을 한다. 때로는 재정 지원이 프로젝트의 성격과 필요에 의해서 복수의 조합을 이루기도 한다. 그만큼 유연성이 보장되어 있다는 것이다. 투자의 효율성을 최대화하고 좀 더 많은 재원을 유치하기 위하여 종종 지렛대 효과(leverage effect)를 이용하여 외부 자금을 끌어들이기도 한다.

2004년 어큐먼 펀드는 농촌 빈민들에게 안전한 식수를 공급해 주는 프로젝트로 인도의 WHI(Water Health International)에 60만 달러를 투자했다. 이러한 초기 투자 덕에 WHI는 3년 뒤 민간 투자 1100만 달러를 추가 유치할 수 있었다. WHI는 이후 3000만 달러의 민간 투자를 더 끌어들여 물 공급 시스템 275개를 개발하여 35만여 명에게 깨끗한 식용수를 공급하고 있다. 이는 어큐먼 펀드의 지렛대로 얼마나 많은 자금을 사회적 투자로 이끌어 내는가를 보여 주는 좋은 예이다. 어큐먼 펀드의 1달러 투자는 평균 3.3달러의 추가 투자를 유치한다.

조달된 재원이 사회의 변화를 염원하는 선의의 자선 그룹으로부터의

▸ **어큐먼 펀드의 투자 방식**

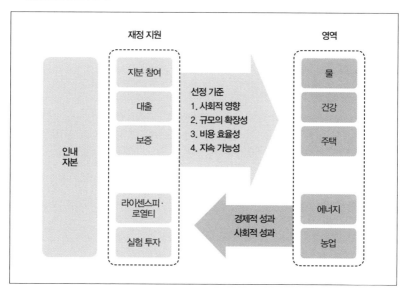

▸ **어큐먼 펀드의 재정 지원 형태**

	지분 참여	• 직접 자본: 보통주, 우선주 • 준자본: 조건부 후순위 채권(전환주, 수익 연계, 지분 프리미엄 등)
인내 자본	대출	• 가장 일반적인 형태로 자기자본은 축적하는 동안 기업의 지속 가능성을 지원함
	보증	• 제3자(은행)로부터의 대출을 가능케 함
	라이센싱피·로열티	• 지적 재산권을 개발하고 등록하는 것을 지원함
	실험 투자	• 연구 개발에 소모되는 재원을 지원함

소중한 기부이기 때문에 이를 운용하는 어큐먼 펀드의 투자 방식은 매우 신중하다. 다량 공모 방식이 아니라 하나하나의 프로젝트를 장기적으로 면밀히 관찰하고 방문까지 하는 등 신중하게 이루어진다. 투자의 선정 기준은 이렇다. 단순한 사업을 넘어서 사회의 취약한 문제를 해결하는 데 기

여를 할 수 있는 프로젝트인가, 그 규모가 얼마나 많은 사람들에게 순기능을 할 수 있는가, 소요되는 비용이 효과적으로 그 사회의 문제를 해결하는 데 적정하게 활용될 수 있는가, 그리고 재무적으로 지속 가능성을 확보하고 있는가 등이다. 이 네 가지 조건에 앞서 더 중요한 판단 기준이 되는 것은 그 프로젝트나 사업을 주도하고 있는 사업가이다. 사업가는 이 모든 조건을 결정짓는 가장 중요한 기준이기 때문이다. 프로젝트의 선정은 분야별로 독립된 전문가 집단으로 구성된 자문단에 의해 엄격하게 이루어진다. 그 프로젝트의 사회적 영향력과 지속 가능성은 사회적 성과와 재무적 성과의 형태로 나타나 사회와 투자자들에게 보고되고 재투자된다.

사회적 투자의 안목

사업 초기에는 어큐먼 펀드가 추구하는 이상에 부합하는 사업과 사업가를 찾는 일이 쉽지 않았다. 여러 달을 노력한 끝에 노보그라츠가 찾아낸 첫 투자처는 인도 마두라이에서 고빈다파 벤카타스와미(Govindappa Venkataswamy)가 설립한 아라빈드 안과 병원이었다. 인도에서 존경받는 의사인 벤카타스와미는 국립병원을 퇴직한 후에 가난한 인도 사람들이 수술비 지불 능력과 관계없이 수술을 받고 시력을 회복할 수 있게 해 주는 안과 병원을 운영했다.

벤카타스와미는 아라빈드 병원을 이렇게 설명한다. "우리는 아라빈드 병원을 맥도널드처럼 운영합니다. 청결하고 조직화된 형태로 최대의 효율성을 얻기 위해 사람들에게 모든 과정을 알려 주고 잘 이해하게 하지요. 환자들의 3분의 2는 전혀 돈을 내지 않거나 거의 내지 않아요. 하지만 병원은 계속 이익을 내면서 발전하고 있습니다."

벤카타스와미는 병원 운영의 효율화와 더불어 가난한 이들에게 문턱을 더 낮추기 위해 의료용품의 비용을 낮추는 노력도 기울였다. 예컨대 백내장 수술에 결정적인 인공 수정체 개발도 그 중 하나다. 자체 개발한 인공 수정체는 비용은 낮추면서도 품질은 떨어뜨리지 않았다. 그 기술이 탐이나 글로벌 의료업체가 비싼 값에 사들이겠다는 제안을 할 정도였다. 하지만 그는 기술을 팔라는 제안을 일언지하에 거절했다. 그렇게 되면 가난한 사람들이 비싼 값을 지불해야 될 것이고, 가난한 이들의 병원비 부담은 줄지 않을 것이기 때문이다. 벤카타스와미는 빈곤층도 수술을 받을 수 있도록 하기 위해 인공 수정체의 값을 기존 가격의 10분의 1 이하로 낮추어야 한다고 믿었다.

노보그라츠는 현지를 방문하여 베카타스와미를 직접 만나고 아라빈드 안과 병원의 운영 상황을 눈으로 확인한 뒤 확신이 섰다. 그 후 이 병원에 원격 의약 처방 장비 설치 비용을 지원했다. 어큐먼 펀드의 첫 번째 프로젝트 '투자'는 '무상 증여'였다. 아라빈드는 이후 지속적으로 발전하여 해마다 15만 명의 환자를 치료하는 세계 최대의 안과 병원으로 성장했다.

초기 1년 동안 어큐먼 펀드는 아라빈드 안과 병원과 40달러짜리 보청기를 개발하는 사업가를 포함하여 다섯 개의 프로젝트를 지원했다. 이들 초기 프로젝트는 모두 무상 증여 방식이었다. 명실상부한 어큐먼 펀드의 투자는 2002년 11월 파키스탄과 이집트에서 이루어졌다. 이는 9·11테러의 현장을 뉴욕에서 직접 목격한 뒤 노보그라츠가 '보복보다는 부드러운 힘으로 이슬람 사회에서 사람들에게 미래의 기회를 제공해 주자'고 생각한 데 따른 변화였다.

이후 어큐먼 펀드의 프로젝트와 투자는 다양해졌다. 모기장 프로젝트만 해도 그렇다. 지구상에는 말라리아로 매년 200만 명의 사람들이 목숨을 잃는다. 말라리아 환자 수의 90퍼센트가 아프리카인이고 그들의 75퍼센트는 여성과 아이들이다. 아프리카에서 말라리아는 노동력과 인명의 상실을 의미한다. 아프리카 사람들이 쓰고 있던 기존의 폴리에스터 모기장은 잘 찢어지고 기능이 약했다. 일본의 스미토모 화학이 개발한 반영구적인 고기능의 모기장은 말라리아를 퇴치하는 데 획기적인 역할을 할 수 있었다. 어큐먼 펀드는 이 기술을 활용하여 아프리카의 많은 사람들에게 저렴한 가격으로 공급할 수 있는 방법을 연구하게 되었다.

많은 기업을 조사하여 2003년 4월 탄자니아 섬유 업체인 에이투제트사의 아누즈라는 사업가를 발굴하고, 모기장을 만드는 기계 설치비용과 새로운 기술을 아프리카에 들여오는 데 소요되는 비용을 대출해 주었다. 이 덕에 에이투제트사는 7000명이 넘는 사람들을 고용하고 매년 2000만 장의 모기장을 생산하는 업체로 성장해 현재 전 세계 살충 처리된 반영구적 모기장 생산량의 10퍼센트 이상을 차지하고 있다. 해마다 공급되는 모기장 2000만 장은 가구당 5명으로 계산해도 해마다 1억 명 이상이 혜택을 보는 '임팩트'가 있는 셈이다. 아프리카에서 말라리아 예방은 곧 삶의 질이 개선됨을 뜻한다.

모기장 하나가 가난한 사람들의 건강을 향상시켜 주고 힘을 되찾게 해 준다. 그 덕에 그들은 건강하게 일할 수 있고 소득을 증가시키며 자신의 삶을 변화시킨다. 사람들의 건강관리에 투자하는 것과 소득을 올릴 수 있는 능력을 향상시키는 것은 긴밀한 연관 관계가 있다. 그들이 더 많은 소득을 올린다면 자녀들에 대한 교육 투자도 늘고 가족이 번창할 수 있다. 모기장이라는 작은 시작이 큰 사회적 결과를 만들어 내는 것이다.

장기적으로 투자하며 인내하는 자본

어큐먼 펀드는 사회적 기업가를 집중 지원한다. 사회적 기업가들은 가난한 사람들이 부담 없이 구입할 수 있는 가격에 물, 건강, 주택, 에너지와 같은 서비스를 제공하는 일에 혁신적인 아이디어와 불굴의 추진력을 발휘한다. 가난을 극복하는 새로운 해법을 제시하는 것이다. 그러나 경제 피라미드의 맨 밑바닥에 있는 가난한 이들을 대상으로 하는 사회적 기업은 성장하는 데 오랜 시간이 걸릴 수밖에 없다. 이들에게 투자를 하고 빠른 성과를 기대하는 것은 무리다. 어큐먼 펀드는 이를 그 어떤 사회적 투자자보다 잘 알고 있다. 투자를 통해 돈을 버는 것이 제일의 목표가 아니라 세상의 긍정적인 변화(임팩트)를 일으키는 것이 중요하기에 어큐먼 펀드는 기부로 마련된 기금을 장기적인 관점에서 투자하고 운영한다.

어큐먼 펀드는 투자한 기업의 성공을 위해 기업가들과 함께 일하고, 경영 자문과 기술을 지원해 주며, 그들이 가지고 있는 많은 네트워크를 활용해 성공하도록 지원한다. 어큐먼 펀드는 그들의 투자를 '인내자본'(Patient Capital)이라고 부른다. 수익률이 시장 수익률보다 낮을 수 있다는 것을 인정하면서도 좀 더 장기적으로 투자되고 투자 기업이 성공할 수 있도록 여러 가지 지원을 하는 자본이라는 말이다.

시장만으로는 가난의 문제를 해결할 수 없는 것과 마찬가지로 전 세계 인구의 3분의 2에 해당하는 빈곤층이 당면하고 있는 문제를 자선과 보조금만으로 해결할 수는 없다. 인내자본은 시장 접근 방법의 장점인 효율성과 규모의 장점을 살리고, 자선이 갖는 사회적 영향력을 함께 고려해 사회 문제를 해결해 나가는 제3의 방법론이다. 시장이 실패했던 빈곤지역에 인간의 삶을 바꿀 수 있도록 상품과 서비스를 공급하는 새로운 비즈니스 모델의 출현인 것이다.

새로운 사업을 시작하는 것은 쉽지 않은 일이다. 더욱이 개발도상국에서 가난한 사람들을 상대로 하는 사업을 구상하는 것은 불가능한 것처럼 보인다. 인내자본은 이러한 지역에서 혁신적인 사업 모델을 구현하는 일에 도움을 준다. 또한 어큐먼 펀드는 그들의 사업이 성공에 이르도록 하기 위해 다양한 경영컨설팅과 노하우를 제공한다. 어큐먼 펀드는 프로젝트 수행을 통해 고수익을 얻는 것이 목적이 아니라 빈곤층이 인간의 존엄성을 유지할 수 있도록 돕는 사업을 지원하는 것이다. 일반적으로 인내자본은 투자에 대한 장기적인 안목을 견지하여 사업 위험에 대한 포용력을 갖고 있으며 재무적 성과와 함께 사회적 성과를 극대화하는 일을 목표로 한다. 아울러 투자와 함께 새로운 비즈니스 모델을 성공시키고 확장하기 위해 적극적인 경영 지원을 제공하고, 빈곤층에게 도움이 된다고 여겨지는 경우에는 정부나 기업의 지원금이나 공동투자를 통한 파트너십을 유연하게 운영하기도 한다.

하지만 높은 사업비 비중은 어큐먼 펀드의 약점으로 꼽힌다. 어큐먼 펀드의 연차 보고서에서 특징적인 것은 수입 대비 비용 구조다. 2010년과 2009년에 어큐먼 펀드에 유입된 자선기금은 각각 1340만 달러와 840만 달러이고, 지출된 비용은 각각 1000만 달러와 1230만 달러였다. 이는 기부액의 상당 부분이 직접 투자나 융자 이외에 프로젝트를 수행하고 유지하는 데 소모된다는 의미다.

어큐먼 펀드의 연간 사업비 지출은 투자 규모나 기부 재원의 수입에 비해 매우 많은 것처럼 보인다. 이는 대부분의 투자가 아프리카, 인도, 파키스탄과 같은 개발도상국에서 이루어지고 있고, 이러한 프로젝트를 발굴하고 심사하고 관리하는 데 어큐먼 펀드가 신중을 기한다는 의미로 해석되기도 한다. 어큐먼 펀드가 단순한 자선 기관이 아니라 복지와 시장의 중간 영역에 위치하면서 투자의 질을 유지하기 위한 양질의 인력 확보도 높은 사업비 발생의 원인이다. 홍보, 조사 연구, 출판 등에도 상당한 비용을 지출하고 있는 점도 특징적이다. 높은 사업비 비중을 둘러싼 논란에도 불구하고 어큐먼 펀드는 출범 후 10년 동안 5만 5000개의 일자리를 창출하고 8600만 명의 삶의 질을 개선하는 성과를 이뤄 냈다.

사람을 키우는 자본

    사회의 변화를 가져오는 데 가장 중요한 것은 인적 자원이다. 특히 다양한 기술과 인맥을 가지고 그 사회가 당면한 과제를 혁신적인 아이디어로 해결하고자 하는 윤리적이고 상상력을 겸비한 사람을 발굴하고 지원하는 것이 무엇보다도 중요하다. 어큐먼 펀드는 2006년에 이러한 지도자들을 양성하기 위해 어큐먼 펠로 프로그램을 운영하기 시작했다. 매년 25세에서 45세에 이르는 10명 내외의 젊은이들을 세계 각국에서 선발하여 교육시키고 지원하는 것이다. 현재까지 70여 명의 펠로를 양성해 내고 있는데, 이들은 세계 각국에 흩어져서 세상을 바꾸는 일에 종사하고 있다. 어큐먼 펠로는 비전을 가지고 의미 있는 사회적 목적을 추구하는 많은 젊은이들의 관심을 끌고 있다. 몇 년 전에는 펠로 15명을 모집하는 데 1만 명이 넘는 젊은이들이 응시할 정도였다. 어큐먼 펀드는 또 현지에서 사업적 재능이 뛰어나고 가난한 사람을 돕는 일에 관심 있는 젊은이를 발굴하고 그들이 지역사회를 변화시킬 수 있도록 다양한 물적 기술적 지원을 하고 있다.

SNS 시대의
감성 모금 활동
크라우드 펀딩

김승균

2012년 6월, 미국 중학생들이 통학용 스쿨버스 안에서 할머니를 괴롭히
는 동영상이 공개돼 파문이 일었다. 유튜브(youtube.com)를 통해 공개된
총 10분 분량의 동영상에는 백발의 스쿨버스 안전 요원인 캐런 클라인
(Karen Klein) 할머니가 4명의 중학생에게 집단 괴롭힘을 당하는 장면이 고
스란히 담겨 있었다. 학생들은 클라인 할머니를 둘러싼 채 '뚱뚱하다' '냄
새 난다'라는 폭언을 퍼부으며 조롱했다. 클라인 할머니가 창문을 바라보
며 애써 외면하자 그녀의 옆구리를 손가락으로 찌르고 머리를 손으로 건
드리는 행동도 서슴지 않았다. 특히 한 학생은 할머니의 큰아들이 10년 전
자살한 사건을 빗대 "당신 가족은 당신 곁이 싫어 자살했지"라며 할머니
가슴에 못을 박는 말을 하는 등 패륜적인 행동을 이어 갔다. 할머니는 결

국 눈물을 흘렸다.

이 광경을 본 다른 학생이 할머니가 괴롭힘을 당하는 모습을 휴대전화로 촬영한 영상을 유튜브에 올렸다. 하루 만에 180만 명 이상이 이 충격적인 동영상을 보았다. 사람들은 분노했다. 이 동영상은 순식간에 입소문으로 퍼져 나갔고 토론토에 거주하는 우크라이나 출신의 작가 맥스 시도로프(Max Sidorov)를 움직였다. 시도로프는 자신도 어린 시절 괴롭힘을 당했던 경험이 있었음을 고백하며 크라우드 펀딩 기관인 인디고고(indiegogo.com)를 통해 캠페인을 벌였다. 클라인 할머니의 위로 여행 비용을 위해 5000달러 모금을 시작했다. 인디고고는 학생들의 괴롭힘 장면과 17년 전 남편을 잃고 스쿨버스 안전 요원으로 일하며 연 1만 5000달러의 수입으로 어렵게 살고 있는 클라인 할머니의 인생 이야기를 올렸다. 그러자 모금 캠페인 페이지 개설 하루 만에 45만 6000달러가 모였다. 세계 82개국에서 3만 2000여 명이 적게는 10달러에서 많게는 3000달러를 냈다. 이렇게 모인 성금은 70만 달러가 넘었다.

이야기는 여기서 끝나지 않는다. 클라인 할머니는 처음 자신을 위한 위로 여행 모금 활동이 진행된다는 얘기를 들었을 때 모금액을 자기 손주들중 다운증후군을 앓고 있는 손녀 딸과 자폐증이 있는 손자의 요양 병원에 기부하겠다는 생각을 했다. 하지만 유튜브와 언론을 통해 그녀의 이야기에 많은 사람이 공감하고 도움의 손길을 기꺼이 내미는 것을 보면서 생각을 바꿨다. '집단 괴롭힘'이라는 사회문제를 해결하기 위해 스스로 변화의 대변자가 되기로 결심한 것이다. '캐런 클라인 집단 괴롭힘 방지 재단'(Karen Klein Anti-Bullying Foundation)을 세우고 인디고고를 통해 모금된 금액 중 10만 달러를 재단 설립 자금으로 기부했다. 재단 홈페이지를 통해 클라인 할머니는 다음과 같이 말했다.

"여러분들이 보여 준 사랑의 행동은 저에게 큰 영감을 주었습니다. 여러분 한 명 한 명이 저에게 보여 준 친절을 집단 괴롭힘을 막기 위한 운동으로 보답하고자 합니다. 저라는 단 한 사람을 위해 70만 달러를 모을 수 있었다면 매일 집단 괴롭힘을 당하는 아이들을 위해서는 더 많은 금액을 모금할 수 있을 거라 확신합니다. 캐런 클라인 집단 괴롭힘 방지 재단은 수백만 명의 사람들이 집단 괴롭힘 반대 운동을 지지할 수 있는 출발점이자 집결점이 될 수 있을 것입니다. 함께 힘을 모아 세상을 변화시킵시다!"

집단 괴롭힘의 피해자 할머니를 돕기 위한 모금이 집단 괴롭힘 없는 세상을 만들기 위한 재단 설립으로 이어졌다. 클라인 할머니의 사례는 '크라우드 펀딩'(Crowd Funding)의 아름다운 힘을 더할 것도 뺄 것도 없이 보여 준다. 진실된 이야기를 통한 대중(Crowd)과의 공감, 그리고 교감을 통한 모금(Funding)이라는 새로운 금융이 사회 혁신의 실마리가 될 수 있음을 증명하고 있다.

대중의 기부 물방울이 모여 만든 기적

'크라우드 펀딩'이라는 말은 크라우드 소싱 (Crowd Sourcing)•에서 나왔다. 크라우드 소싱은 대중을 뜻하는 'Crowd'

와 외부 자원 활용을 뜻하는 'Outsourcing'의 합성어다. 기업이 제품이나 서비스 개발 과정 등에서 특정 커뮤니티 또는 불특정 다수의 대중이 참여할 수 있도록 하여 그들의 자원과 전문지식을 이용함으로써 업무의 효율성뿐 아니라 혁신적인 아이디어를 얻고자 하는 것을 말한다. 크라우드 소싱이 인적 자원, 즉 집단지성(Collective Intelligence)을 통한 혁신을 꾀한다면 크라우드 펀딩은 보다 나은 세상을 만들 수 있는 아이디어가 실현되도록 십시일반으로 모금하는 것을 가리킨다. 돈이 필요한 개인이나 단체가 하려는 일(프로젝트)을 인터넷이나 소셜 네트워크 서비스(SNS)로 널리 알려 기부, 후원, 투자 약정 등의 방식으로 필요한 자금을 모으는 것이 크라우드 펀딩[**]이다.

사실 크라우드 펀딩의 기본 개념 자체가 새로운 것은 아니다. 중세 유럽에서 모차르트와 베토벤은 콘서트와 악보를 후원자들에게 사전 판매하여 창작 활동을 위한 돈을 마련했다. 뉴욕에 있는 자유의 여신상은 미국인과 프랑스인들의 소액 기부로 세워졌다. 그리고 요즘엔 경기장이나 예술관 등을 건축할 때 후원자들이 건물의 벽돌이나 다른 시설의 일부에 그들의 이름을 새겨 넣을 수 있도록 함으로써 기금의 일부를 마련하기도 한다. 하지만 대중을 통한 자금 모금이 소셜 미디어의 발달과 함께 소셜 네트워크의 네트워킹, 마케팅 기능과 같은 웹 2.0의 장점과 결합하면서 현재의

- 크라우드 소싱은 2006년 미국 『와이어드 매거진(Wired Magazine)』의 제프 하위(Jeff Howe) 객원 편집자가 처음으로 제시한 개념이다.
- [••] 크라우드 펀딩은 소셜 네트워크 서비스 등과 같은 인터넷 매체를 활용하는 것을 특징으로 하고 있어 '소셜 펀딩'(Social Funding)이라고도 불린다.

크라우드 펀딩으로 거듭났다.

크라우드 펀딩의 효시를 영국 록그룹인 마릴리온(Marillion)의 콘서트 투어 모금이라고들 한다. 1997년 마릴리온의 미국 팬들이 그룹의 미국 투어를 성사시키기 위해 인터넷 캠페인으로 6만 달러를 그룹 멤버들의 참여 없이 모금했다. 음악과 영화 산업에서 크라우드 펀딩이 활발한 것도 이와 무관치 않다. 한국에서도 2000년대 초 네티즌 펀드라는 이름으로 영화 〈반칙왕〉, 〈공동경비구역 JSA〉, 〈친구〉 등이 대중으로부터 자금을 모집한 사례가 있다. 그래서 2000년대 중반까지만 해도 크라우드 펀딩은 문화, 예술 분야에 국한된 일인 듯 여겨졌다.

크라우드 펀딩이 신개념의 사회적 금융으로 세상의 이목을 끌게 된 것은 문화적 모금이 다양한 분야와 대상으로 확장되며 '사회적 모금'으로 바뀌면서부터이다. 크라우드 펀딩의 형태는 펀딩의 목적과 성격에 따라 크게 '후원형'과 '투자형'으로 나뉜다. 후원형은 다수의 후원자들이 모금자가 추진하는 프로젝트에 자금을 지원하고 금전적인 보상 이외의 형태로 일정 부문 보상을 받는 유형이다. 주로 공연, 음악, 영화, 교육, 환경 등의 분야에 활용된다. 이 중에서도 제3세계 빈곤 퇴치, 사회적 약자나 소수자를 위한 운동 등 공익적 성격을 띤 모금의 형태가 많은 것이 특징이다.

후원형의 대표적인 성공 사례는 영국 소년 찰리 심슨(Charlie Simpson)의 아이티 이재민을 위한 모금 운동이다. 2010년 당시 일곱 살이었던 심슨은 방송에서 지진 피해를 당한 아이티 이재민의 불쌍한 모습을 보고 어머니에게 자기도 도울 방법이 있는지 물었다. 어머니는 유니세프의 자전거 타기 모금에 참여할 것을 권했고, 심슨은 동네 공원을 5마일 달려 500

파운드를 모으기로 목표를 정했다. 심슨은 온라인 기부 사이트인 '저스트 기빙'(justgiving.com)에 "사람이 많이 죽어 가는 아이티를 위해 자전거로 달려 후원하고 싶다"는 글을 올렸다. 그러자 사이트에는 격려의 전화, 메시지와 함께 10~20파운드의 소액 기부가 밀려들었다. 심슨이 자전거 달리기를 마쳤을 때 이미 5만 3000파운드가 모였다. 그의 소망이 대중매체에도 소개되면서 더 많은 소액 기부자들이 심슨의 모금 캠페인에 참여해 약 21만 파운드의 성금을 모금할 수 있었다. 목표 액수가 500파운드였다는 것을 생각한다면 정말 어마어마한 금액을 모금한 것이다.

후원형의 성공 사례는 국내에도 많다. 2011년 서울발레시어터는 『빅이슈 코리아˙』 판매 노숙인이 참여하는 〈호두까기 인형〉 발레 공연의 자금을 크라우드 펀딩으로 마련했다. 서울발레시어터는 무대의상 등 제작비 일부를 조달하기 위해 한국문화예술위원회 문화나눔포털을 통해 모금을 실시했다. 공연 정보가 다수의 언론에 노출되면서 정해진 기간보다 더 일찍 목표액이었던 1000만 원을 넘겨 모금했다. 특히 5만 원 이상 기부자에게는 공연 티켓 2장을 제공하여 1장은 기부자에게, 나머지 1장은 나눔 티켓으로 홀트아동복지회에 전달하도록 하여 기부자들을 위한 감정적인 보상과 함께 또 다른 기부를 실현할 수 있도록 했다.

투자형은 재무적 수익을 추구한다는 점에서 후원형과 다르다. 투자형은 기술력과 아이디어는 있지만 제도권 금융을 통한 대출이 어려운 중소

• 『빅이슈(The Big Issue)』는 1991년 영국에서 창간된 대중문화 잡지로 노숙인들에게만 잡지를 판매할 수 있는 권한을 주어 그들의 사회 복귀를 지원한다. 『빅이슈 코리아』는 2010년 7월부터 나왔다.

기업과 신생 벤처기업의 새로운 투자 유치 통로로 활용된다. 실제로 중소기업과 창업 벤처기업이 제도권 금융을 통해 대출을 받기 위해서는 물적, 인적 담보 요구 등의 까다로운 대출 조건을 맞춰야 하기 때문에 진입장벽 자체가 높은 것이 현실이다. 또한 아이디어는 있지만 제품이 없는 신생 벤처기업의 경우 이들의 아이디어가 너무 혁신적이어서 전문 투자자들의 이해를 얻기도 힘들뿐더러 이들이 투자를 고려한다 하더라도 그에 대한 위험을 감수하지 않으려 할 수도 있다. 크라우드 펀딩이 사회적 금융의 하나로 주목받는 것은 이처럼 기존 금융의 사각지대에 자금을 중개하는 기능을 하기 때문이다.

미국 실리콘밸리 벤처기업인 페블 테크놀로지(Pebble Technology)는 투자형 크라우드 펀딩의 대표적 성공 사례다. 에릭 미기코프스키(Eric Migicovsky)는 2008년 캐나다 워털루대 학생 시절부터 개발해 왔던 스마트 손목시계의 상품화에 나섰다. 페블(Pebble)이라는 이름의 이 손목시계는 스마트폰과 무선으로 연결해 인터넷에 접속할 수 있고 스포츠 활동에 특화된 어플리케이션을 가동할 수 있게 고안되었다. 2010년 페블 테크놀로지를 창업한 미기코프스키가 직면한 문제는 제품 생산에 필요한 자금을 마련하는 일이었다. 미기코프스키는 실리콘밸리의 다른 창업자들과 마찬가지로 돈을 대 줄 벤처 투자자들을 찾아 나섰지만 부정적인 답변만 돌아왔다.

미기코프스키는 다른 금융에 눈을 돌렸다. 그는 미국의 대표적인 크라우드 펀딩 기관인 킥스타터(kickStarter.com)에 "페블 생산을 위한 투자금 10만 달러를 모은다"는 글을 올렸다. 반응은 뜨거웠다. 투자를 하고 물건도 사고 싶다며 투자와 주문을 동시에 하는 이들이 몰려들었다. 글을 올린 지 2시간 만에 투자 목표액을 채웠다. 정해진 모금 기간 동안 미기코프스키의 계획에 투자한 이는 6만 8천여 명으로 목표액의 100배가 넘는 1000만 달러 이상을 모금할 수 있었다. 이는 단일 크라우드 펀딩 프로젝트 중 최대 모금 사례로 꼽힌다.

한국에도 투자형 크라우드 펀딩의 성공 사례가 있다. 40개가 넘는 제어계측 특허를 보유한 소방장비 벤처기업 현대인프라코어는 해외시장 진출을 위해 해외 특허출원이 필요했다. 하지만 상장기업도 아니고 공모를 할 수 있는 상황도 아니어서 필요한 자금을 마련하기 힘든 처지였다. 이 기업은 크라우드 펀딩 포털인 오퍼튠(opportune.co.kr)을 통해 소액 공모를 해서 해외 특허출원을 위한 자금 7억 원을 2주 만에 조달하는 데 성공했다. 이는 크라우드 펀딩을 통한 기업 소액공모에 성공한 첫 번째 사례라고 한다. 현대인프라코어는 이 투자를 기반으로 자사의 화재 탐지 시스템이 전 세계 표준으로 자리 잡는 꿈을 키우며 현재 20여 개 나라에 특허를 출원 중이다.

진화하는 크라우드 펀딩의 빛과 그림자

사람을 살리고 기업을 키우는 작은 물줄기들이 그 가치를 더할 수 있었던 것은 펀딩의 목적에 따라 이에 맞는 다양한 서비스를 제공하는 저스티기빙, 킥스타트, 오퍼튠, 한국문화예술위원회 문화나눔포털과 같은 크라우드 펀딩 기관(Crowd Funding Platform)이 있었기에 가능했다. 크라우드 펀딩 기관은 지분 투자, 대출, 후원, 단순 기부 등 투자 목적에 따라 다양한 방식의 서비스를 제공한다. 경우에 따라 한 플랫폼에서 여러 형태의 모금 서비스를 동시에 제공하기도 한다. 지분 투자 형식의 경우 중소기업과 신생 벤처기업에게 엔젤 투자 형식으로 자금을 지원한다. 투자자들은 투자금액에 비례한 주식이나 출자 지분을 받을 수 있다. 현대인프라코어가 이런 경우다.

대출 형식의 크라우드 펀딩은 개인 간 대출이나 온라인 소액 대출의 한 갈래로 볼 수 있다. 후원 형식의 경우는 주로 문화예술 분야의 창의적인 아이디어에 자금을 지원하고 후원자들에게 금전적 보상 이외의 다른 형태로 일정 부분 보상을 해 주는 유형이다. 단순 기부형은 일반적으로 취약 계층, 재난 구호 또는 비영리 기관을 대상으로 자금을 지원하는 경우로 후원 형식의 크라우드 펀딩과 유사하지만 기부자들에게 보상이 없다는 차이점이 있다. 심슨의 아이티 이재민을 위한 모금 운동이 이에 해당한다.

비영리 단체 크라우드 소싱(crowdsourcing.org)에 따르면 2011년 한해 동안 유럽과 미국의 주요 크라우드 펀딩 기관을 통해 119만 건의 프로젝트에 15억 달러가 모금됐다. 킥스타터의 경우 2009년 설립 이후 해마다 4배가 넘는 성장률을 기록하고 있다. 2012년 8월 현재까지 약 2만 8000건의 프로젝트에 2억 7500만 달러 이상의 투자 실적을 달성했다. 미국 예술기부재단(NEA)의 2012년 예산이 1억 4600달러였는데, 킥스타터의 주요 펀딩 프로젝트가 문화, 예술 분야라는 것을 감안하면 정부가 아닌 일반 시민들이 킥스타터를 통해 예술가 등을 직접 지원하는 금액이 훨씬 더 많다는 이야기다. 이에 반해 국내 크라우드 펀딩 기관들은 규모와 사업 영역에 있어 초기 단계에 머무르고 있다. 2011년까지 크라우드 펀딩 기관을 통한 서비스의 현황을 보면 조달 금액 기준으로는 저소득층, 저신용자를 대상으로 하는 소액 대출 형식이, 진행 중인 프로젝트 수 기준으로는 문화 예술 분야의 후원 형식이 가장 큰 비중을 차지한 것으로 나타났다.

대부분의 크라우드 펀딩 기관들은 잠재적 기부자들을 기부 명분이나 프로젝트에 연결시켜 주는 형식의 기본 원칙을 따르고 있지만, 모두 같은 원칙을 따르고 있는 것은 아니다. 모금 기간의 경우 대부분 크라우드 펀딩 기관은 일정 시한을 설정한다. 특정 날짜까지 목표한 금액을 달성하지 않으면 새로운 프로젝트로 다시 시작해야 한다. 시한은 다양하지만 보통 수개월 이상 지속되지는 않는다. 모금액의 전달은 크게 '도 아니면 모'(All-or-nothing) 방식과 '되는 대로'(Keep what you get) 방식으로 나뉜다. '도 아니면 모' 방식은 정해진 기간 내에 모금 목표를 달성하면 모금액에서 일정 수수료를 제한 나머지 금액을 프로젝트 제안자에게 주지만, 목표에 미달하면 모금 자체가 취소되어 후원자에게 후원 금액을 모두 돌려준다. 반면에 '되는 대로' 방식은 목표액에 미치지 못하는 액수가 후원되더라도 후원 금액에 대해서는 프로젝트 제안자에게 제공한다.

사실 크라우드 펀딩은 지분 투자와 같은 영리적 목적보다 기부나 후원

• 오퍼튠, 머니옥션, 팝펀딩 등 대출 형식의 크라우드 펀딩을 주된 사업 영역으로 하는 기관들은 2007년을 전후해서 설립되어 이제까지 약 1787억 원을 조달했다. 텀블벅, 펀듀, 콘크리트 등 후원 및 기부 형식의 업체들은 짧은 사업 기간에도 불구하고 현재 400개에 가까운 프로젝트를 진행 중에 있다.

크라우드 펀딩

▸ 크라우드 펀딩 플랫폼을 통한 서비스 프로세스

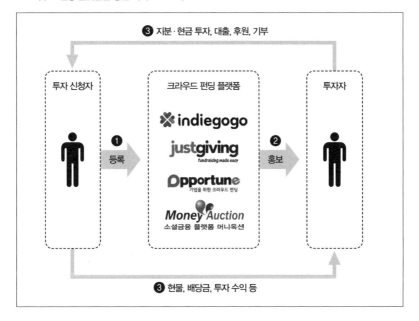

을 위한 비영리적 목적에 더 적합하다고 받아들여져 왔고 발전 과정 또한 그러했다. 하지만 페블 테크놀로지사와 현대인프라코어의 경우와 같이 크라우드 펀딩을 통한 투자 성공 사례가 늘어나면서 법적·제도적 보완을 통해 크라우드 펀딩의 영역을 중소기업과 신생 벤처기업의 활성화를 위한 투자형으로 확장시키고자 하는 움직임이 활발히 진행되고 있다. 즉 펀딩의 형태가 자금 유치의 대가를 지급할 것을 예정하지 않는 형태의 기부 방식에서 자금 투자자에게 사업의 결과물과 같은 비재무적 또는 자금 유치 후원금 또는 원리금을 상환하는 형태의 대출이나 지분 참여를 통한 재무적 보상을 주는 투자 방식으로 확장되고 있는 것이다.

▸ 국내 주요 크라우드 펀딩 업체의 유형별·분야별 현황

유형	업체	특징
후원	텀블벅	문화·예술 중심의 170여 건의 프로젝트가 완료 또는 진행 중
	펀듀	문화·예술뿐만 아니라 IT 벤처 등 다양한 콘텐츠에 대해 펀딩 지원
	굿펀딩	영화 〈26년〉 제작 후원금 모금으로 유명
	업스타트	주로 소규모 창작 프로젝트 후원
후원·기부	콘크리트	주로 예술 및 복지 분야 후원 또는 기부
후원·지분 투자·대출	오퍼튠	기업을 위한 후원, 지분 투자, 대출 등의 크라우드 펀딩 지원
대출	머니옥션	개인 및 개인사업자를 위한 소액 대출
	팝펀딩	개인 및 개인사업자를 위한 소액 대출

단위: 억 원

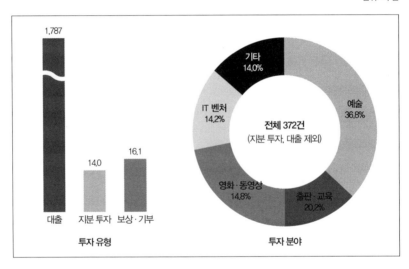

실제로 2012년 4월, 버락 오바마(Barack Obama) 미국 대통령은 중소기업과 신생 벤처기업이 자금 조달을 쉽게 할 수 있도록 기존 규제를 완화하는 것을 뼈대로 한 창업지원법(Jumpstart Our Business Startups Act, JOBS

ACT)을 공포했다. 다수의 일반 투자자로부터 소액의 자금을 조달할 수 있는 크라우드 펀딩을 허용하고, 크라우드 펀딩 기관을 미국 증권거래 위원회(SEC)와 자율규제기구(SRO)에 등록하도록 한다는 내용이다. 요컨대 크라우드 펀딩을 제도권 금융으로 끌어들이려는 움직임이 시작된 것이다. 우리 정부도 창업, 초기 벤처의 자금 조달 통로를 다양화하기 위해 투자 방식의 크라우드 펀딩 도입을 추진하고 있다.

크라우드 펀딩은 자발적으로 시작되었고 여러 가지 형태로 활발하게 이용되고 있지만, 금융 관련 법상의 법적 금융기관으로 인정받지 못하고, 금융 감독의 대상도 아니다. 또한 미국이나 우리나라에서 지분 형태의 크라우드 펀딩은 현행 증권법과 충돌하기도 한다.* 이 때문에 크라우드 펀드의 제도화를 둘러싸고 찬반이 갈린다. 기존 증권법 체계를 뒤흔드는 것으로 일반 투자자들의 피해와 과도한 손실을 야기할 수 있다는 비판이 있는가 하면, 중소기업과 신생 벤처기업의 자금 조달과 성장에 기여할 수 있다는 주장도 나온다.

일부 국가에서는 보다 적극적인 움직임을 보이고 있다. 사회적 목적을 가진 기업들을 지원하기 위해 민간 금융의 역할을 강화하여 창업이나 성장 단계에서의 단순한 재정적 지원에서 벗어나 보다 적극적이고 체계적인 투자를 통해 재정적 자립을 유도하기 위한 '사회적 증권거래소'를 설립하는 것이다.

• 크라우드 펀딩 기관이 대부업으로 등록을 하면 현물이 아닌 수익금으로 돌려줄 수 있지만 이 경우 비영업 대금의 이익으로 분류되어 투자 수익의 27.5퍼센트를 세금으로 납부해야 한다.

사회적 증권거래소는 2003년 브라질에서 브라질 사회적 기업거래소 (BVS&A)가 온라인상으로 처음 개설된 후 남아프리카공화국이 이와 유사한 거래소(SASIX)를 열었다. 이후 캐나다(GREENSX), 영국(SSE), 싱가포르 (IIX) 등 많은 나라가 이러한 모델을 뒤따르기 시작했다.

주목해야 할 것은 BVS&A나 SASIX의 초기 사회적 증권거래소가 크라우드 펀딩 플랫폼 모델로서의 한계, 즉 일회성 혹은 단기적 지원이라는 기능의 한계가 있었다면, GREENSX, SSE, IIX 등 후발 증권거래소 모델들은 시장 메커니즘을 이용한 선순환 구조로 지속적인 자금 운용 및 지원이 가능한 시스템, 즉 전통적인 증권 거래 방식으로 운영되도록 진화해 가고 있다는 점이다.

신뢰로 저변을 넓히는 해방과 변혁의 금융

크라우드 펀딩의 성장과 시장성은 명확해 보인다. 크라우드 소싱 비즈니스 모델 연구기관인 메졸루션(Massolution)사의 보고서에 따르면 크라우드 펀딩을 통한 자금 조달 규모는 최근 3년간 연평균 75퍼센트에 이르는 성장세를 보여 왔다. 2012년 한 해 동안 추정되는 규모는 28억 달러로 전년도의 2배에 가까운 성장세를 전망하고 있다. 크라우드 소싱에 따르면 2012년 4월 현재 등록된 크라우드 펀딩 기관은 452개에 달한다. 서비스 유형별로 크라우드 펀딩 기관의 증가 추이를 보면 후원과 기부 방식이 전체 기관의 70퍼센트를 차지하고 있지만 성장 속도는 지분 투자 방식의 기관이 114퍼센트로 가장 빠른 것으로 나타났다. 특히 투자 방식의 성장은 크라우드 펀딩을 법적으로 허용하는 미국의 창업지원법 통과 이후 더욱 성장할 것으로 예측된다. 우리나라 또한 정부의 계획대로 중소기업 지원 자금과 위축된 벤처 투자의 대안으로 크라우드 펀딩 도입이 성공적으로 추진된다면 그 시장이 빠르게 확장될 것으로 기대하고 있다.

이러한 장밋빛 전망의 현실화를 위해서는 크라우드 펀딩의 근간이 되는 대중들의 공감을 이끌 수 있는 '진실성 있는 이야기'와 거래가 아닌 '관계 맺기를 위한 신뢰'가 필수적이다. 킥스타터의 공동 창업자인 얀시 스트리클러(Yancey Strickler)는 진실성 있는 이야기가 킥스타터 전체를 이끌어 가는 힘임을 강조한다. 스트리클러는 "우리가 만드는 건 마케팅 계획서나 브랜드 구조가 아니다. 왜 그 프로젝트를 하려고 하고, 여정과 최종 목적지가 무엇인지 이야기하는 것이다"라고 말한다. 이처럼 돈이 아닌 사람이 모여 거래가 아닌 관계를 통해 사회 변화를 꿈꾸는 크라우드 펀딩의 속성상 관계의 신뢰가 무너진다면 '사회적 모금'은 일장춘몽으로 끝날 수도 있다.

실제로 크라우드 펀딩 기관을 통해 자금 조달에 성공하고도 때맞춰 제품 출시를 하지 못하는 사례가 늘면서 크라우드 펀딩의 신뢰성에 대해 회의적인 목소리가 나오고 있다. 미국 펜실베이니어대 와튼스쿨의 에단 몰릭(Ethan Mollick) 교수에 따르면 킥스타터에서 자금을 조달한 기술 및 디자인 관련 프로젝트의 75퍼센트가 약속한 프로젝트 마감일을 지키지 못한 것으로 드러났다. 이러한 부작용을 방지하기 위해서는 법 제도에 의한

적절한 뒷받침이나 합당한 규제가 필요할 것이다. 하지만 더 중요한 것은 크라우드 펀딩의 시작이 그랬던 것처럼 사람을 살리고 기업을 키우는 '크라우드 펀딩 정신'을 되새길 수 있는 논의의 활성화를 통해 자생적인 진화가 필요하다. 또한 시장 형성 초기인 만큼 전혀 새로운 형태나 아이디어가 구현된 다른 종류의 크라우드 펀딩 기관의 실험도 요구된다. 말하자면 대중이 공감하고 동참할 수 있는 진정성 있는 이야기의 다양화가 필요한 것이다.

크라우드 펀딩도 진화하고 있다. 기존 금융이나 자본 조달 방식을 대체하는 영리형 'P2P'로 치닫는 경우가 있는가 하면, 세상을 바꾸는 '사회적 모금'으로 특화하는 경향도 뚜렷하다. 크라우드 소싱과 크라우드 펀딩을 결합한 코페르닉(kopernik.info)은 후자의 경우다. 코페르닉은 기술이 필요한 개발도상국과 기술 제공자, 그리고 후원자를 연결시켜 주는 적정기술(Appropriate Technology)* 거래 플랫폼이다. 코페르닉은 훌륭한 기술이 많지만 이를 필요로 하는 사람들에게 전달되지 않고 있다는 문제의식을 가지고 개발도상국과 선진국의 기술과 자본의 연결에 집중한다. 다른 플랫폼과 다르게 코페르닉은 거래를 통해 생긴 중간 마진을 챙기지 않는다. 지역 NGO와의 직접적인 연계로 더 많은 후원금이 최전선에 닿도록 하기 위해서라고 한다. 코페르닉의 공동 창립자인 나카무라 도시히로(中村俊裕)는 코페르닉을 통해 11개국의 6만 3000명의 사람들에게 적정기술이 보급됐

• 주로 개발도상국에 적용되는 기술로, 첨단 기술과 하위 기술의 중간 정도 기술이라 해서 중간 기술, 대안 기술, 국경 없는 과학기술 등으로 일컬어진다. 해당 지역에서 산출되는 원료를 사용하여 지속적인 생산과 소비가 가능한 장치를 만드는, 지역 환경에 적합한 기술을 의미한다.

다고 말한다. 기술 집약적 벤처기업을 키우는 역할을 하는 코페르닉은 현재 취약 계층에 대한 일자리와 서비스 제공에 집중되어 있는 국내 사회적 기업 시장의 변화를 위해 롤모델을 제시하고 있다.

국내에도 사회적 기업, 사회적 혁신 기업에 보다 많은 사람들이 이해관계자로 참여하도록 돕는 크라우드 펀딩 기관이 생겨났다. 사회적 기업을 위한 크라우드 펀딩에 적합한 모델을 설계한 오마이컴퍼니(ohmycompany.com)는 사회적 기업의 투자자로 참여한 사람들이 그 기업의 소비자가 되고 자발적인 판촉원이 될 수 있도록 투자에 대한 보상으로 사회적 기업의 상품을 제공한다. 만약 보상으로 제공되는 상품이 당장 필요가 없다면, 사이트에서 '톨'이라 통용되는 사이버 머니를 받아 다른 사회적 기업의 상품을 구매할 수도 있다. 이처럼 콘텐츠는 물론 콘텐츠를 공유하는 유통 경로의 다양화는 사회적 모금으로서 크라우드 펀딩의 저변을 넓힐 것으로 기대된다.

크라우드 펀딩은 투자를 통해 수익을 얻는 동시에 사회적 기여와 공헌을 통해 삶의 의미를 찾고자 하는 투자자들에게는 새로운 '사회적 금융'으로, 번뜩이는 아이디어를 가진 사업가에게는 돈에 갇힌 잠재력을 풀어 주는 '해방의 금융'으로, 그리고 대중과 함께 세상을 바꾸려는 작지만 큰 소망을 가진 제2의 심슨에게는 '변혁의 금융'으로 다양하게 변주되고 있다.

유럽 최대 사회적 기업의 금융 노하우 실현

그룹 SOS의 사회혁신센터(CDI)

노대명

영국 신문 『가디언』이 인터넷에 개설한 사회적 기업 네트워크 사이트에 '프랑스의 사회적 기업이 세계에서도 통할 수 있을까?'라는 제목의 글이 실렸다. 글은 이렇게 시작한다.

"프랑스가 세계로 나아가면 세상의 다른 나라들은 의심의 눈초리를 보낸다. 나폴레옹을 떠올려 보라. 유럽을 정복하려 했던 프랑스 전술의 천재를 말이다. 나폴레옹은 봉건제를 없애고 유럽에 프랑스 민법을 전파했다. 그러나 자신의 이상을 퍼뜨리는 데는 실패했다. 여기에서 '우리'는 무엇을 배울 것인가?"

나폴레옹은 영국에서 실패를 거두었지만 '우리'는 프랑스의 성공적인 사회적 기업 모델을 퍼뜨릴 수 있다는 게 이 글의 요지다. 이런 자신감이 어디서 오는 건지 궁금해질 정도로 다분히 도발적이다. 여기서 '우리'는 대단히 프랑스적인 독특한 사회적 기업 집단 '그룹 SOS'(Groupe SOS)를 가리킨다. 글쓴이는 한국을 방문하기도 했던 젊은 사회적 기업가로, 그룹 SOS의 부회장이자 사회적 기업 맞춤형 금융과 컨설팅을 추구하는 '혁신센터'(Le Comptoir de l'Innovation, CDI)의 대표 니콜라스 아자르(Nicolas Hazard)다.

철학자 헤겔은 프로이센을 침공한 나폴레옹을 보며 "저기 마상(馬上)의 세계정신(Weltgeist)이 지나간다"고 했다 한다. 아자르는 이 말을 염두에 둔 듯하다. 사회적 기업 운동은 21세기의 시대정신이고, 그룹 SOS는 현대의 나폴레옹일 수 있다는 것이다. 나폴레옹이 말 위에서 호령했다면, 그룹 SOS는 CDI를 통해 시대정신으로서 사회적 기업가 정신의 이상을 퍼뜨리겠다는 것이 다를 뿐이다.

CDI는 2010년 그룹 SOS의 우산 아래 문을 열었다. 사회적 금융이나 임팩트 투자가 아무리 새로운 흐름이라고 해도 아자르가 CDI를 나폴레옹의 말에 비유하는 건 근거 없는 자신감으로 보일 수도 있다. 하지만 그에게는 든든한 밑천이 있다. 바로 모기업인 그룹 SOS다. 그룹 SOS는 30년에 걸쳐 42개의 사회적 기업을 자회사로 둔 거대 사회적 기업 집단이다. 사회적 기업의 몸집을 불려 사회적 임팩트를 배가하는 방식의 프랑스 성공 모델을 기반으로 금융 및 경영의 자문을 하는 사회적 금융 기업이 CDI다. 성공한 사회적 기업이 사회적 기업을 위한 사회적 금융을 만든 셈이다. 아자르는 CDI에는 그룹 SOS의 노하우가 농축되어 있으며, 이를 세상에 퍼뜨릴 사람도 조직도 돈도 갖추고 있다고 한다. 요컨대 CDI는 '사회적 기업에 의한, 사회적 기업을 위한, 사회적 기업의' 보노보 금융이라는 말이다.

사회적 기업의 대기업, 그룹 SOS

프랑스는 사회적 경제와 관련된 오랜 역사를
갖고 있으며, 실천적으로 그것에 참여하는 조직 또한 다양한 성향을 드러
내고 있다. 지금까지 프랑스의 사회적 경제 조직은 주로 협동조합, 노동통
합형 사회적 기업(Work Integration Social Enterprise, WISE), 그리고 소액 무
담보 대출 기관 등을 중심으로 소개되어 왔다. 하지만 이들과는 성격과 형
태가 다른 조직도 있다. 스스로 사회적 기업이라고 하는 그룹 SOS가 그것
이다.

한국 사회에서 사회적 기업은 일정 수준 정부의 지원을 받고 있으며 그
것을 당연시하는 경향이 있다. 물론 여기서 말하는 지원은 직접적인 인건
비 지원이나 세제상의 혜택, 그리고 우선 구매 등 우호적 조치 등을 포괄
하는 것이다. 이러한 맥락에서 본다면 그룹 SOS는 재정적 독립성을 갖춘
조직이다. 이 그룹은 정부로부터 재정 지원을 거의 받지 않는다. 2012년
전체 매출액인 약 7억 5000만 달러에서 정부 보조금이나 기부금은 약 100
만 달러에 불과하다.

그룹의 자회사들이 주로 사회복지 서비스를 공급한다는 점을 감안하
면, 정부 지원을 받는 것으로 규정할 수 있을지도 모른다. 하지만 사회복
지 서비스를 제공하며 그룹 SOS의 자회사들이 받는 금액은 정부 지원금

　　　　　　　　　　　　그룹 SOS의 사회혁신센터(CDI)

이 아니라 서비스 제공에 따른 정당한 대가로 이해해야 한다. 서비스를 이용하는 고객 중 일부는 정부가 비용을 지불하는 고객이며, 이 고객이 제공받은 서비스만큼 정부가 금액을 지불하는 방식인 것이다. 그룹 SOS가 제공하는 각종 서비스를 받는 고객은 대부분 자비로 그 비용을 부담하는 일반 고객이다. 이들이 이용한 서비스는 민간 보험회사가 해당 비용을 지불한다.

그룹 SOS는 영리 기업과 동등하게 경쟁을 하고, 제공하는 서비스의 대가를 받는다. 다만 취약 계층에는 염가 또는 무상으로 서비스를 공급한다는 점이 다를 뿐이다.

그룹 SOS는 약 1만 명의 인력을 고용하고 있다. 일반 기업을 기준으로 봐도 대기업이다. 많은 인력을 고용하고 있을 뿐 아니라 취약 계층을 대상으로 다양한 서비스를 공급하고 있다. 만일 취약 계층에게 서비스를 제공하는 과정에서 정부가 비용을 지불하지 않고, 염가나 무상으로 서비스를 공급하다가 적자가 발생할 경우 그룹 SOS는 어떻게 대응할까. 그룹 SOS는 소득이 높은 고객에게는 상대적으로 높은 이용료를 받고, 소득이 낮은 고객에게는 상대적으로 낮은 이용료를 받는 방식으로 전체 수지균형을 유지한다. 서비스의 질은 같지만 소득에 따라 가격을 달리하는 것이다.

그룹 SOS의 자산은 2012년 말 기준으로 7억 달러에 달한다. 영업 이익은 모두 새로운 사회적 기업을 인수하거나 설립하는 형태로 재투자된다. 프랑스 전역에 걸쳐 283개의 조직을 두고 연간 약 100만 명 이상에게 서비스를 제공하는데, 그중 약 25만 명에게는 돌봄이나 주거 지원 서비스를 시행한다.

특이한 점은 그룹 SOS 산하 44개 자회사의 법률적 조직 형태가 다양하다는 점이다. 법인의 성격으로 본다면 44개 자회사 중 비영리가 24개이고 영리형이 19개, 협동조합도 1개가 있다. 이는 그룹 SOS가 사회적 기업을 폭넓게 정의하고 있다는 뜻이기도 하다. 사회적 기업을 법인의 성격으로 구분하는 것이 아니라, 세상의 문제를 혁신적으로 풀어내기 위한 사회적 기업가 조직으로 보는 것이다. 법인의 외형에 얽매이지 않고 사회적 혁신의 내용에 따라 최적의 조직 형태를 취한다는 지극히 사회적 기업가 정신에 부합하는 발상이다. 그룹 SOS는 사업 영역별로 어떠한 조직 형태가 적합하고, 구성원들이 어떠한 조직을 선호하는지에 따라 다양한 가능성을 열어 두고 있다. 법률이나 지원에 구애받지 않고 실용주의적 전략을 통해 기업가 정신과 사회연대 정신을 결합하고 있는 것이다.

그룹 SOS는 1984년 설립된 약물 중독자 지원 국제조직(SOS Drogue International)˙에서 태동했다. 1985년에는 후천면역결핍증(AIDS) 환자들에게 주거와 돌봄 서비스를 제공하는 조직(Habitat et Soins)을 설립했다. 이 과정에서 사업 영역을 다양화하는 계기를 맞이한다. 10년 후인 1994년에는 자활지원기업(Insertion & Alternatives)을 설립하여 저소득층 실직자 및 취약 계층의 자립을 돕는 사업에 본격적으로 참여했고, 1995년부터는 이 세 사업을 잇는 작업을 진행했다. 이는 다양한 질환에 노출된 취약 계층에게 주거와 의료 서비스 등 다양한 서비스를 연계해야 한다는 상호 보완성의 원칙에 따른 것이다.

● 이 조직은 현재 'Prévention et Soin des Addictions'로 바뀌었다.

이 과정에서 사회적 기업가 장 마크 볼레로(Jean-Marc Borello)가 주도적인 역할을 했다. 카리스마형 리더의 전형으로 알려진 볼레로는 당시 약물 중독자를 위한 사회사업에 많은 관심을 갖고 있었고, 이 분야에서 공직 생활을 하기도 했다. 약물 중독자에 대한 관심은 AIDS 감염자의 사회통합 문제에 대한 관심으로 이어졌고, 이를 계기로 볼레로는 사회문제에 더 깊이 개입하게 됐다. AIDS 감염자들의 경우 감염사실이 알려지면 일자리를 잃고 주거를 상실하는 등 복합적인 사회적 배제 문제에 직면하게 되는 현실을 직시한 것이다. 이는 그룹 SOS의 주력 사업이 보건 의료와 복지 서비스, 주거와 훈련 등을 중심으로 짜이게 된 배경이 됐다.

그룹 SOS 산하의 사회적 기업들은 주로 사회 서비스 분야 또는 사회복지 분야에서 활동하고 있다. 눈여겨볼 대목은 그룹 SOS가 사회적 기업을 통해 기존의 사회복지 제도를 대체하려는 것이 아니라는 점이다. 이들은 기존의 서구 복지 제도, 특히 프랑스의 복지 제도가 안고 있는 강점을 유지하면서 비효율성 같은 제도의 빈틈을 메우고 있다. 정부의 정책이 보다 효과적으로 사회문제에 개입할 수 있도록 견인하는 역할을 그룹 SOS가 하는 것이다.

그룹 SOS는 자회사의 지분을 100퍼센트 소유하고 있는 실질적인 주인이다. 따라서 새로운 기업을 인수하거나 합병할 때 그룹 전체의 매출과 수익, 기존 자산(부동산 등)을 투입하거나 담보로 하고 다시 새로운 기업의 지분을 100퍼센트 보유한다. 이는 투자자들이 위험을 분담하는 방식과 비교할 때, 그룹이 위험을 전부 떠안는 방식이다. 하지만 그룹 SOS의 기업 방식은 영리형 대기업과 근본적으로 다르다. 개인에게 어떠한 형태의 수익

영역	시설	수혜자 규모(연간)
의료 사업	8개의 병원	22만 명
보건 복지	노숙자를 위한 주거 및 의료 돌봄	1000명
	만성질환자에 대한 보호 시설	500명
	노인 요양 시설	3500명
사회사업	주거 지원	5000명
	장애자 지원	1000명
	약물 중독자 지원	
	에이즈	40만 명 지원, 연 3500건 검사
아동복지	아동보호	1만 명(법률 지원 포함)
	결연 및 후원	400명
	30개의 보육 시설	1000명
직업훈련	IAE(자활사업)를 통한 취업 지원	프로그램 참여자의 3/4가 취업 및 훈련 참여

배당도 하지 않는다. 수익의 대부분을 새로운 사회적 기업 설립에 재투자함으로써 더 많은 일자리를 만들고, 보다 양질의 서비스를 공급하는 것이다. 이러한 조직 특성은 그룹 SOS가 사회적 기업으로 놀라운 성과를 거둔 비결이기도 하다.

자회사의 지분을 100퍼센트 보유하고 있다고 해서 그룹이 중앙 집중적으로 모든 자회사의 경영을 감독하는 것은 아니다. 새로운 자회사의 인수나 설립 단계부터 참여하는 모든 구성원과의 긴밀한 대화를 통해 합의를 도출하는 방식을 취하고 있다. 이는 그룹 SOS의 기본 철학을 담은 문건에 명시된 내용에 대한 동의를 전제한다. 달리 말해 해당 자회사의 지분 인수를 통한 기계적 통합이 아니라, 사회적 기업에 대한 신념과 원칙에 따른 화학적 통합을 지향하고 있는 것이다.

사회적 기업과 사회적 투자 사이에 다리를 놓다

　　　　　　　그룹 SOS 산하의 알록달록한 조직 가운데 가장 독특한 조직이 CDI다. 공식문건 상으로 CDI는 그룹 SOS의 자회사다. 하지만 단순한 자회사가 아니다. 우리말로 직역하자면 '혁신센터'쯤 되지만 이 조직 자체도 혁신적이다. CDI는 그룹 SOS의 인수와 창업에 필요한 재원 조달 등 내부 금융을 맡는다. 대외적인 역할은 더 다양하다. 사회적 기업에 대한 투융자를 하는 사회적 벤처 캐피털의 기능을 한다. 재무적 지원에 그치지 않고 경영 자문 등 비재무적 지원도 한다. 이른바 사회적 컨설팅 회사이기도 한 것이다. 그룹 SOS의 성공 사례를 해외에 전파하고 네트워크를 구성하는 일도 여기서 맡는다. 사회적 기업에 대한 평가를 통해 임팩트 투자자의 이해를 돕는 독자적인 평가 지수도 발표한다. 금융시장에서 각 기업에 대한 투자 적합성을 나타내는 지표와 유사하다. 사회적 기업을 위한 사회적 신용평가기관인 셈이다.

　그룹 SOS가 대기업으로 성장하는 데 영향을 미친 요인은 다양하겠지만, 그중에서도 일찍부터 사회적 금융에 주목했다는 점을 빠뜨릴 수 없다. 그룹 SOS는 다양한 분야의 사회적 기업을 인수하거나 창업하는 방식으로 성장해 왔다. 이를 위해서는 인수 및 창업 재원을 조달하는 일이 관건이다. 특히 새로 인수하는 자회사 중 일부가 상대적으로 큰돈이 필요한 병원이라는 점을 감안하면, 어떠한 방식으로 필요 재원을 조달했는지에 주목할 만하다. 자회사의 매출과 부동산을 담보로 한 금융기관의 대출만으론 필요한 재원을 조달하기 힘들기 때문이다. 재원 조달은 모든 사회적 기업들이 직면하는 어려움이다. 그룹 SOS는 사회적 기업가 정신의 발현을 가로막는 재원 조달의 장애를 없애려 CDI를 만들었다.

CDI는 그룹 SOS의 자회사이지만, 지향하는 목표를 감안하면 다른 자회사에 견줘 상대적으로 높은 자율성을 지녔다. CDI가 표방하는 목표 또한 분명하다. 사회적 기업에 대한 투자를 통해 양질의 일자리를 창출하고, 양질의 서비스를 제공함으로써 사회적 변화에 영향을 미치는 투자(Impact Investing)를 지향하는 것이다. CDI는 더 많은 사회적 기업을 설립하고 그것이 지속적으로 발전할 수 있도록 지원하는 것을 목표로 하고, 이를 위해 사회적 투자 또는 사회적 금융을 활성화하는 역할을 담당하고 있는 것이다.

CDI의 사업 내용과 자원 동원 전략을 도식화하면 이렇다. ①사회적 기업에 장기 대출을 하고, ②경영 및 기술 역량을 향상시키도록 지원하고, ③각 사업 부문에서 경제적·사회적 성과를 모두 입증하고, ④투자자로 하여금 성장 잠재력이 있는 사회적 기업에 투자할 수 있도록 적절한 정보를 제공한다. 사회적 기업을 설립하는 데 필요한 재원은 금융시장을 통하지만 기부를 받기도 한다.

CDI는 사회적 기업의 설립에 필요한 재원을 조달하는 방법으로 사회적 금융을 추구한다. 사회적 기업은 창립의 종잣돈을 마련하기 힘들고 성장을 위한 자본도 끌어들이기 쉽지 않다. 여기에는 투자자들이 사회적 기업에 대해 믿을 만한 정보를 갖지 못한 탓도 크다. 금융기관이나 투자자들이 사회적 기업에 투융자를 하기 위해서는 사회적 기업의 잠재력과 사회적 임팩트를 보다 객관적으로 판단할 수 있는 정보가 제공될 필요가 있는 것이다. 이를 위해 사회적 기업과 사회적 투자 사이에 다리를 놓겠다는 게 CDI의 설립 취지다. 그 바탕이 그룹 SOS의 오랜 기업 평가와 경영 지원 노하우임은 두말할 나위가 없다.

CDI는 사회적 기업에 돈이 돌 수 있는 새로운 사회적 금융의 틀을 짜기 위해 기존 사회적 금융기관이나 네트워크와 협력한다. CDI는 2012년 4월 사회적 금융 네트워크 조직인 '사회적 자본시장'(Social Capital Market)과 함께 프랑스에서 '사회적 배제와 빈곤 극복을 위한 사회적 금융 회의'를 열었다. 이 회의는 '임팩트²'(Impact²)를 슬로건으로 내걸었다. 말하자면 임팩트 투자를 한 단계 끌어올리겠다는 의미다. 이를 두고 니콜라스 아자르 CDI 대표는 임팩트²는 사회책임투자(SRI)와 자선을 융합한 개념이라고 설명한다.

사회책임투자는 기존 영리 기업의 사업 가운데 사회나 환경에 덜 나쁜 프로젝트나 사업을 대상으로 금전적으로 수익을 기대하는 투자를 가리킨다. 이와 달리 임팩트²는 사회적 기업이나 사회적 경제 조직을 대상으로 하며, 재무적 수익뿐 아니라 사회적 혁신의 결과도 중시한다. 사회적 기업은 세상의 난제를 사업화하기 위해 생겨난 것인 만큼 사회적 금융의 잣대는 마땅히 기존 영리 기업을 재던 것과는 달라야 한다는 게 CDI의 생각이다.

사회적 금융 활성화와 관련해 CDI는 투자자의 합리적 판단을 돕기 위한 정보 제공에 공을 들이고 있다. 'CDI 평가'(Rating)는 사회적 기업의 투자 적합성을 나타내는 지표를 제시하려는 노력의 산물이다. 이는 경영의 효율성을 따지는 평가 지표와 더불어 사회적 효용성을 재는 평가 지표로 구성된다. 이 지표들을 종합적으로 살펴 특정 사회적 기업이 과연 투자할 만한 곳인지를 점수로 매긴다. 사회적 투자에 관심은 있지만 객관적으로 평가할 기준이 없어 망설여진다면, 이 지표를 활용하라는 것이다.

규모의 경제 이룬 그룹 SOS가 주는 교훈

임팩트[2] 회의에 참석한 사회적 기업가와 투자자 들을 대상으로 실시한 조사 결과는 흥미롭다. 사회적 기업가란 무엇인가라는 질문에 대해 '기업가'라는 응답이 48퍼센트, '비전을 제시하는 사람'이라는 응답이 30퍼센트를 각각 차지했다. 대체로 참석자들은 사회적 기업가를 돈 벌 줄 알고, 사회 혁신의 소명에 투철한 사람으로 생각한다는 뜻이다. 3~5년 사이에 사회적 기업이 필요로 하는 재원의 규모를 묻는 질문에 대한 응답은 평균 260만 유로로 나타났다. 아울러 재원이 필요한 이유를 묻는 질문에는 사회적 기업이 생산하는 재화나 서비스의 질을 개선하고, 기업규모를 확장하기 위해서라는 응답이 주를 이뤘다. 사회적 기업에 투자할 의사가 있는가라는 질문에 대한 응답의 결과는 자못 흥미롭다. 전체 응답자의 60퍼센트가 투자할 뜻이 있다고 답했다. 이 가운데 투자 수익과 관계없이 투자하겠다는 응답은 7퍼센트인 반면에 일정한 투자 수익

그룹SOS의 사회혁신센터(CDI)

을 보장한다는 조건이면 투자하겠다는 응답이 53퍼센트를 차지했다. 이는 일정한 투자 수익을 보장하는 임팩트 투자를 잘만 설계한다면 사회적 기업들의 자금난에 숨통을 틔울 수 있다는 뜻이다.

프랑스의 그룹 SOS는 기존 사회적 경제의 틀에 얽매이기보다 집중화된 방식을 통해 규모의 경제를 이룬 매우 드문 경우이다. 이들은 각 사업 영역에 맞는 다양한 형태를 취함으로써 경제적 효율성과 사회적 유용성을 모두 극대화하는 방식을 택하고 있다. 그러면서도 사회적 기업에서 일하는 노동자들에게 적절한 임금을 보장하고, 의사 결정에서 노동자들의 욕구와 전문가들의 의견을 조율하는 방식을 취한다.

이 사례는 현재 한국 사회에서 주목받고 있는 사회적 기업 육성 정책에 중요한 시사점을 준다. 사회적 기업이 정부의 재정적 지원으로부터 자율성을 확보하고, 한 걸음 더 나아가 정부의 각종 사회 정책 및 복지 정책이 보다 효율적으로 개편될 수 있도록 영향력을 행사하기 위해서는 무엇보다 시장과 시민사회에서 필요한 재원을 동원할 수 있는 전략을 갖추고, 사회적 기업에서 일하는 노동자가 보다 양질의 서비스를 제공할 수 있도록 노력해야 한다는 것이다. 그리고 그것은 많은 경험을 축적한 전문가의 지원을 필요로 한다. 물론 중요한 것은 사회적 기업으로서 경제적 효율성과 사회적 유용성이라는 두 가지 목표를 달성하려는 사회적 기업가들의 진정성이다. 하지만 사회적 금융이 제대로 작동하지 않는다면 사회적 기업가 정신도 온전히 발현되기 힘들다. 성공한 사회적 기업 집단인 그룹 SOS가 사회적 기업을 위한 사회적 금융 CDI를 만든 취지도 여기에 있다.

사회적 임팩트의
표준 잣대를 만든다

B랩의 GIIRS

김승균

미국 샌프란시스코에 위치한 '굿캐피털'(Good Capital)은 사회적 기업에 집중 투자하는 색다른 투자회사다. 유망한 사회적 기업에 자금뿐 아니라 경영 컨설팅과 인적 자원 지원까지 다방면의 도움을 준다. 굿캐피털의 특색은 사회적 기업의 유망함을 판별하는 남다른 안목을 지니고 있다는 데 있다. 수익과 임팩트의 균형을 추구하는 사회적 기업이 기존 자본시장에 접근하기란 여간 어렵지 않지만, 투자자가 사회적 기업에 다가가기도 쉽지 않다. 굿캐피털은 그런 쉽지 않은 일을 자청한 투자회사다.

굿캐피털은 '사회적 기업 성장 펀드'(Social Enterprise Expansion Fund)를 내놓으며 색다른 투자회사로서 문을 열었다. 사회적 기업에는 사업 확장을 위한 성장 자금(Growth Capital)을 지원해 주고 투자자에겐 매력적인 수익과 사회적 임팩트를 보장하도록 설계된 펀드다. 이 펀드의 성패는 제대로 '두 마리 토끼'를 잡는 사회적 기업의 발굴에 달렸다.

굿캐피털과 베터월드북스의 윈-윈 결합

굿캐피털은 성장 펀드의 1호 투자처로 '베터월드북스'(Better World Books)*를 선정했다. 지역 센터 돕기 모금 캠페인으로 중고 교과서를 온라인으로 판매하면서 시작된 베터월드북스의 사업 구조는 단순하면서도 복잡하다. 대학생들과 도서관을 통해 공급받은 중고 책과 골동 서책, 희귀서, 수집 장서와 함께 새 책을 온라인으로 판매한다. 그러나 온라인 헌책방 역할만 하는 것은 아니다. 한 권이 팔릴 때마다 그 책을 필요로 하는 누군가에게 똑같은 책 한 권을 기부한다. 또 수익의 일부를 문맹 퇴치 교육 프로그램에 내놓는다. 도서관에서 기부받은 책의 판매 수익의 일부를 '재투자' 형식으로 그 도서관에 돌려주기도 한다.

누이 좋고 매부 좋은 단순한 구조이지만, 운영하는 일은 간단치 않았다. 널리 알려지고 일도 늘면서 성장통이 찾아왔다. 운영 자금도 늘어났고 사업 확장을 위한 자본도 필요해졌다. 일이 늘어나야 임팩트도 커지는 이 사업의 속성상 일을 늘려야 하지만, 사업을 늘리자니 돈이 있어야 했다.

• 미국 노틀담대학 출신 크리스 푹스(Chris Fuchs), 자비에르 헬게센(Xavier Helgesen), 제프 커츠만(Jeff Kurtzman)이 헌 책으로 세상을 바꾸자며 2003년 창업한 사회적 기업이다.

돈만 보고 임팩트는 보지 않는 기존 자본시장은 이 따뜻한 헌책방을 외면했다. 이때 굿캐피털이 손을 내밀었다.

굿캐피털은 투자를 결정하기까지 2년에 걸쳐 뜸을 들였다. 1년간의 탐색을 거쳐 다시 1년 동안 베터월드북스의 가격 정책, 문맹 퇴치 기금 운용 전략 등 경영 전반에 대해 컨설팅을 제공했다. 사회적 사명과 재무적 목표를 동시에 달성할 수 있도록 도와준 뒤 투자자가 숟가락을 대고 싶은 밥상을 차렸다. 2008년 굿캐피털은 베터월드북스 최초의 기관 투자자로서 사회적 기업 성장 펀드 200만 달러를 투자했다. 곧이어 엔젤 투자자의 200만 달러 투자가 뒤따랐다. 굿캐피털의 투자 이후 4년간 베터월드북스의 수입은 35퍼센트나 증가했다. 그 결과 문맹 퇴치를 위한 기금으로 600만 달러 이상을 모았고, 폐지로 사라질 뻔한 2.5톤 트럭 4000대 분량의 책을 살려 냈다.

세상을 바꾸려는 아이디어가 기꺼이 돈을 내겠다는 투자자와 제대로 만났을 때 어떤 일이 생길 수 있는지를 깔끔하게 보여 주는 사례가 굿캐피털과 베터월드북스의 결합이다. 그런데 눈여겨볼 일은 이런 근사한 결합이 더 이상 희귀 사례가 아니라는 점이다. 이런 만남이 일상적으로 이뤄질 수 있는 흐름이 곳곳에서 만들어지고, 그 흐름들이 보다 나은 세상의 표준으로 만들려는 물길로 합류하고 있다. 그런 물길의 한 갈래가 B랩(B Lab)•의 B기업(B Corporation) 운동이다. 이 운동은 착한 기업을 통해 지속 가능한 사회적 경제의 생태계를 가꾸려 한다. 굿캐피털과 베터월드북스도 B기업의 일원이다. 이들의 성공적인 짝짓기는 B기업 운동에서 중요한 자리를 차지하는 임팩트 평가, 즉 사회적 가치 측정 방식이 주목할 만한 합리성을 지니고 있음을 방증한다.

착한 기업에만 부여하는 'B기업 인증'

미국 펜실베이니아에서 시작된 B랩은 전 세계
의 사회적, 환경적 문제의 해결을 위해 비즈니스의 힘을 활용하고자 하는
새로운 형태의 기업으로서 B기업 운동을 펼치는 비영리 기관이다. 이들은
진정한 기업의 성공의 의미를 경제적 성장과 함께 사회적 영향력을 가져
오는 것으로 재정의하고, B랩을 통해 인증받은 착한 기업과 착한 투자자
들, 즉 B기업들의 네트워크 확장을 통해 새로운 형태의 사회적 경제 생태
계를 조성하기 위해 체계적인 변화를 만들어 가고 있다.

B기업 운동의 두드러진 특징은 이윤 극대화와 주주 자본주의의 '숫자
이데올로기'에서 기업이 돈을 버는 것 이외에는 모두 '외부화'해 버린 것
들을 기업의 본업으로 '내부화'하는 것이다. 굳이 말을 만들자면 '재 내부
화'인 셈이다. 여기서 핵심적인 것이 수익 또는 영리로 환산되지 않는 기
업의 사회적 영향을 여하히 평가할 것인가이다. 이를 위해 B기업 운동은
'B임팩트 평가 시스템'을 마련했다. 이 시스템을 바탕으로 B기업을 인증

● B랩은 앤드원(AND 1)이라는 농구화 전문 브랜드를 창립한 제이 코언 길버트(Jay Coen
Gilbert), 앤드원의 전 회장 버트 홀러핸(Bart Houlahan)과 사모 펀드 MSD 캐피털의 앤드루
캐소이(Andrew Kassoy)가 2006년 B기업 운동을 확산시키고자 설립한 비영리 기관이다. B랩
과 B기업에 사용된 B는 beneficial(유익한)의 머리글자로 일반 기업이 추구하는 영리(profit)
와 함께 유익(benefit)을 동시에 추구하는 것을 의미한다.

하고, 성과를 평가하고, 굿캐피털과 베터월드북스의 사례처럼 자본 투자에 활용한다. 인증받은 B기업들의 네트워크를 확장하여 착한 마케팅의 수준을 넘어 진정한 사회적 유익 추구를 목적으로 하는 착한 기업의 확장을 도모하는 것이다. 소비자와 투자자들이 사회적 책임을 다하는 착한 기업을 한눈에 식별할 수 있도록 새로운 기준을 만드는 운동이다. 이를 위해 보다 높은 목적, 책임, 투명성이라는 기준에 부합하는 새로운 기업 형태인 B기업에 법적 지위를 부여하는 입법화 로비 활동을 펼치는 한편, B임팩트 평가 시스템을 기반으로 임팩트 투자(Impact Investing) 성과 측정의 글로벌 스탠더드도 제시한다. B랩이 주도하는 '글로벌 임팩트 투자 평가 시스템'(Global Impact Investment Rating System, GIIRS)이 그것이다.

그렇다면 B기업으로 인증받기 위해서는 어떤 단계를 거쳐야 할까. 첫 번째 단계는 'B임팩트 평가'(B Impact Assessment)를 받는 것이다. B임팩트 평가서는 기업이 속한 산업과 규모에 따라 60~180개의 상이한 질문으로 구성되어 있지만 기본적으로는 기업 지배 구조, 임직원, 소비자, 지역 사회, 환경의 5개 영역에서 기업의 이해 관계자들에 대한 전반적인 영향력을 평가하게 된다. 200점 만점에 80점 이상을 받으면 B기업으로 인증받기 위한 1차 자격을 얻는다.

다음 단계는 기업들의 자가 평가에 대한 정확도를 높이기 위해 B랩의 스텝과의 인터뷰를 진행하며 질문의 의도를 보다 명확하게 하여 정확한 답변을 돕는 평가 리뷰 단계를 거친다. 평가 리뷰 단계 이후에는 해당 기업의 사회적·환경적 가치 창출을 입증할 수 있도록 몇몇 분야에서 매우 심도 있는 증빙 서류를 요청하여 평가에 대한 신뢰도를 높인다. 마지막으

구분	주요 내용
지배 구조	• 전체적인 균형을 고려한 지배 구조의 포괄성 • 지배 구조 관리를 위한 독립성 및 투명성
임직원	• 합리적이고 공정한 보상 체계 (예: 최저임금 대비 최고 임금 배수) • 직원 복지를 위한 제도 (예: 건강관리, 아동 보육, 교육 지원 등) • 종업원 지주제 시행 현황
소비자	• 조직이 제공하는 상품 또는 서비스가 소비자와 조직이 속한 지역사회에 미치는 경제, 사회, 환경 임팩트
지역사회	• 각종 원자재 공급자들의 지역화 및 다양화 정도 • 지역사회에서의 자선 활동 • 공공서비스 향상을 위한 기여도
환경	• 전체 에너지 사용량 • 에너지 절감을 위한 노력 • 제조 공정 중 운송 경비, 투입물과 산출 폐기물에 대한 환경 및 사회적 비용

로 B기업 인증을 받고자 하는 기업이 종업원, 소비자, 지역사회, 그리고 환경에 대한 이해관계까지 고려하도록 책임의 영역을 확장하여 주주뿐만 아니라 모든 이해 관계자들을 배려하도록 기업 정관을 수정하는 법무 프로세스를 거쳐야 한다.

이러한 모든 과정을 통과한 기업들은 마지막으로 순수익의 0.1퍼센트를 B랩에 납부함으로써 최종 B기업 인증을 받게 된다. 그리고 향후 B기업 인증 기업으로서 자격을 유지하기 위해 매년 순매출액에 대한 구간별 금액을 적용하여 회비를 납부해야 한다. 지속적인 관리 단계에서 인증의 신뢰성을 높이기 위해 매년 B기업 인증을 받은 기업들 중 10퍼센트를 무작위로 선택하여 현장검증을 실시하는데 현장검증 결과 점수가 80점을 하회하면 90일간의 보완 기간을 준다. 그러나 해당 기업이 검증 과정에서 고의적으로 사업 내용을 속였다고 판단될 때에는 B기업 인증은 공개적으로 철회된다. 이러한 일련의 과정을 통해 2012년 12월 현재, 미국을 중심으로 전 세계 23개국, 60여 개의 다양한 산업군에 속해 있는 664개 기업이 B기업 인증을 받았다.*

B랩은 B기업의 정신을 지지하는 많은 비즈니스 리더들과 함께 B기업에 법적 지위를 부여하기 위한 로비 활동을 활발히 전개하고 있다. 이러한 노력 덕분에 2012년 12월 현재 캘리포니아를 포함한 미국의 12개 주에서 B기업 법률이 통과되었고, 14개 주에서는 법안이 계류 중이다. 이는 B기업 운동이 지향하는 '다른 기업'이 더 이상 별난 기업이 아니라 보다 나은 세상을 위한 대안으로서 공인을 받게 됐다는 의미다.

B기업으로 법적 지위를 보장받게 되면 세제 혜택, 정부 우선 구매 대상자 선정 등 다양한 지원을 받을 수 있다. B기업이 법적 지위를 유지하기 위해서는 B랩의 B임팩트 평가를 통한 B기업 인증 이외에도 매년 사회기여 활동보고서(benefit report)를 추가적으로 관련 당국에 제출해야 한다.**

윤리적 기업으로 잘 알려진 아웃도어 용품 전문업체 파타고니아(Patagonia)는 2012년 1월에 B기업 인증을 받았다. 아울러 캘리포니아 주가 B기업에 법적 지위를 부여하는 법을 마련하자 곧바로 등록도 했다. 파타고니아의 창업자 이본 쉬나드(Yvon Chouinard)는 B기업 인증과 등록에 대해

- 2012년 10월, 한국의 사회적 기업 딜라이트는 동아시아에서 처음으로 B기업 인증을 획득했다.
- •• B기업의 입법화가 진행되면서 인증 주체에 따라 B기업의 명칭을 구분하고 있다. B랩의 B임팩트 평가를 통해 인증받은 B기업은 'B Corporation'이라 칭하며, 주 정부에서 법적 지위를 획득한 B기업은 'Benefit Corporation'이라 칭한다.

이렇게 말했다.

"100년 이상 지속되는 기업을 만드는 것이 내 목표다. B기업 입법은 파타고니아처럼 사회적 유익을 추구하는 기업들이 사회적 사명을 지키면서도 지속적인 비즈니스 활동을 할 수 있도록 도와줄 것이다. 행여 기업의 자본 구조나 소유 구조가 바뀌더라도 기업 활동을 통해 사회적 가치를 창출하고자 하는 본연의 기업가 정신, 문화를 법적 지원을 통해 더욱 공고하게 해 줄 것이라 믿는다."

임팩트 투자의 새 표준 GIIRS

인증을 통한 통합 브랜드 구축, 입법화를 통한 지원 확대에도 불구하고 B기업이 기업으로서 본연의 역할, 즉 재무적 성과를 달성하기 위해 넘어야 할 산은 자본이다. 투자든 융자든 돈이 돌아야 하는 것이다. 문제는 재무적 성과와 함께 사회적·환경적 가치를 창출하고자 하는 B기업의 특성상 투자에 대한 객관적 성과 측정의 벽에 부딪혀 투융자의 발목이 잡힌다.

이러한 걸림돌을 없애기 위해 록펠러 재단은 2007년과 2008년에 40개의 글로벌 투자사들과 두 차례 공개 토론회를 열었다. 2009년 9월에는 빌 클린턴 전 미국 대통령의 주도로 토론회를 통해 제안된 해결책을 수행하기 위한 '글로벌 임팩트 투자 네트워크'(Global Impact Investing Network, GIIN)가 출범했다.

애밋 보리(Amit Bouri) GIIN 이사는 임팩트 투자시장의 무한한 성장 가능성을 촉진하기 위해서는 임팩트 투자 성과를 측정하는 기준과 도구가 필요하다며 이렇게 말했다.

"현재 많은 임팩트 투자자들은 그들의 투자가 사회적·환경적으로 긍정적인 영향을 준다고는 하지만 실제로 입증되지 않은 비화적 증거들에 의존하고 있을 뿐이다. 투자 성과 데이터를 수집하는 이들은 투자자의 수익 중심 측정 방식(proprietary measurement system)을 과도하게 사용하여 보다 넓은 투자 커뮤니티 안에서의 데이터 신뢰성에 한계를 드러내고 있다."

다시 말해 기업들의 사회적·환경적 영향력을 평가할 수 있는 기준 체계를 만들고, 이를 기반으로 평가 시스템을 개발해 궁극적으로 투자자와 기업 들이 성과를 객관적으로 비교할 수 있는 기준이 되는 데이터베이스를 만들어 내는 것이 필요하다는 말이다.

GIIN은 컨설팅회사 딜로이트(Deloitte)에 의뢰하여 '임팩트 보고와 투자 기준'(Impact Report & Investment Standards, IRIS)을 개발했다. 하지만 평가 기준을 통해 유용한 결과를 얻기 위해서는 그 기준이 보고 시스템 내에 구조적으로 정착되도록 하는 것이 필요했다. 기업들이 창출한 사회적·환경적 가치를 필요에 따라 입맛에 맞게 포장한 자료로는 제대로 임팩트를 평가할 수 없기 때문이다. 말하자면 기업이 장난칠 수 없도록 보고와 평가 방식을 개선해야 했다. 결국 이 문제를 푸는 숙제는 B기업 운동을 벌이며 깐깐하게 기업을 평가하기로 정평이 난 B랩에 돌아갔다. GIIN의 일원인 B랩이 B임팩트 평가 시스템을 바탕으로 개발한 새로운 임팩트 평가의 글로벌 표준이 GIIRS다.

GIIRS는 1점부터 5점까지의 별점을 매기는 방식을 사용하여 기업과 투자 기금 모두에 사회적·환경적 임팩트에 대한 독립적인 평가를 제공한다. 이 시스템은 임팩트 모델, 실행 사례, 정책 및 성과와 관련된 넓은 영역의 질문들을 통해 많은 영역의 산업과 비즈니스 모델에 적용 가능하도록 설계되었다.

GIIRS의 또 다른 특징은 적극적 평가라는 점이다. 일반적으로 '하지 말아야 할 것'(negative screening)에 초점을 맞추는 소극적인 사회책임투자(Socially Responsible Investment, SRI) 평가 방식과는 다르다. '마땅히 해야 할 것'(positive screening)도 중시해 기업이나 임팩트 투자가 발생시키는 긍정적인 영향을 적극적으로 인정하고 평가한다.

안토니 벅 리바인(Antony Bugg Levine) 록펠러 재단 이사는 "GIIRS와 같은 신뢰성 있는 사회적·환경적 임팩트 투자 성과 측정 시스템은 주류 투자자들이 임팩트 투자에 나서게 만드는 아주 중요한 도구가 될 것이다"라고 말했다.

2011년 가을을 시작으로 30개국의 50개 펀드와 250개의 기업이 GIIRS 등급을 받는 과정에 있고, 15개의 기관투자자들이 그들의 임팩트 투자 포트폴리오에서 GIIRS 등급을 받은 투자에 대한 투자 선호를 공표했다. B기업 커뮤니티 내에서도 40개의 B기업들이 GIIRS를 이용하여 더 많은 수의 투자자에게 매력적으로 눈에 띌 수 있는 기회를 얻었다.

B랩의 공동 설립자이자 GIIRS의 공동대표인 앤드루 캐소이(Andrew Kassoy)는 "신뢰할 수 있고 비교할 수 있는 구체적인 기준이 없는 상태에

서 임팩트 시장의 성장을 기다리는 것은 터무니없는 이야기다"라고 말했다. 그는 B랩의 B임팩트 평가 시스템을 기반으로 만들어진 GIIRS를 통해 B기업의 가치를 공유하는 임팩트 투자자들과 B기업들을 연결해 줄 수 있는 가교 역할을 할 수 있으리라 기대하고 있다.

평가를 바꿔 세상을 바꾼다

사회적 유익을 추구는 기업들에게 B기업이라는 이름의 브랜드를 인증하고 이들이 창출한 사회적·환경적 가치를 검증할 수 있는 시스템을 구축하여 임팩트 투자를 확대하고자 하는 B랩의 유익한 혁명의 움직임에 모두 지지를 보내는 것은 아니다.

혹자는 B랩의 검증 체계가 완전하고도 유일한 것인지 분명하지 않다고 이야기한다. 즉 재무적 성과뿐 아니라 사회적·환경적 영향을 평가하는 보다 정확하고 투명한 방식이 필요하다는 점을 지적한다. 또 인증과 평가를 위한 조사 설문들의 전제로 활용되는 지표들이 측정에서의 복잡한 문제들을 충분히 고려하고 있는지 매우 불분명하다는 점도 지적된다.

미국 내 580만 개의 기업이 등재되어 있고, 미국지속가능경영 위원회(ASBCl)에 10만 개가 넘는 회원사가 있다는 점을 감안했을 때 650여 개라는 B기업은 규모의 한계라는 문제를 가진다. 인증 기업의 70퍼센트 이상이 서비스업 또는 소매업에 편중되어 있다는 점에서 B랩의 유익한 혁명의 미래를 걱정하는 의견 또한 많은 것이 사실이다.

하지만 이러한 우려의 속내는 뻔하다. 바꾸지 말자는 것이다. 점잖게 문제점을 지적하며 섣부른 변화가 초래할 혼란을 걱정하지만, 진심은 변화의 흐름을 받아들이기 싫다는 것이다. 겉으로는 혁신을 얘기하고 창의를 주장하면서도, 속으로는 여전히 기업은 돈만 많이 벌면 그만이라는 낡은 생각의 상자에서 단 한 발짝도 나설 뜻이 없다. 이런 복잡한 반동의 정서가 B기업 운동과 GIIN와 GIIRS에 대한 우려라는 이름으로 불거지고 있다. 물론 GIIRS가 완벽한 표준은 아니다. 하지만 보다 나은 세상을 위한 합리적인 평가의 새로운 잣대라는 점은 부인할 수 없다. 전 세계적으로 증가하고 있는 기업의 사회적 책임(CSR)에 대한 관심과 실행 의지 그리고 사회적 기업을 포함해 거의 모든 비즈니스 형태와 영역을 포괄하는 임팩트 투자의 범위와 확장세를 볼 때 GIIRS는 유익한 혁명을 위한 중요한 디딤돌이라 할 수 있다. 행동이 생각을 바꾸고 다시 생각이 행동을 바꾼다. 평가가 바뀌면 생각과 행동도 바뀐다. 사회적 임팩트를 평가할 것인가 말 것인가, 평가한다면 어떻게 할 것인가의 문제는 곧 기업과 사회, 사람과 돈의 흐름을 어떻게 바꿀 것인가의 문제와 직결된다. 사회적 금융에서도 임팩트 평가는 사활적 중요성을 지닌다. GIIRS는 평가의 기준을 바꿔 세상을 바꾸려는 변혁의 물줄기를 대변하고 있다.

사회적 금융의
국제 네트워크 기구

INAISE · FEBEA · ISB · GABV

곽제훈

2007년 영국 플리머스대는 대학원에 사회적 금융 석사 학위 과정을 개설하였다. '사회적 은행 및 사회적 금융 석사'(Master in Social Banking and Social Finance)라는 세계 최초의 사회적 금융 정규 학위 교육을 시작한 것이다. 이로써 선구자들이 실험과 경험으로 일군 사회적 금융은 실증과 이론의 학문 세계로 들어서게 되었다. 사회적 금융의 학제적 연구와 이론화가 진행될수록 노하우와 지식의 확산이 촉진되고, 사회적 금융은 더 넓은 영역으로 발전하게 될 것이다.

그런데 플리머스대가 최초로 사회적 금융 학위를 개설하기까지 영향을 미친 것은 학자들의 선견지명뿐이었을까? 꼭 그렇다고 말할 수만은 없다. 실제로 핵심적인 역할을 했던 주체는 따로 있다. 사회적 금융기관들의

통계집단	총여신 /총자산	총수신 /총자산	자기자본 비율	BIS 1 비율	총자산 순이익률 (ROA)	자기자본 이익률 (ROE)
사회적 은행	69.50%	68.91%	9.30%	14.27%	0.44%	7.26%
상업은행	37.80%	40.43%	5.11%	9.65%	0.33%	6.06%

▸ 사회적 은행과 상업은행의 재무 수익 비교   조사 기간: 2007~2010년

통계집단	대출액 증가율	예금 증가율	자산 증가율	순수익 증가율
사회적 은행	80.52%	87.74%	77.60%	64.62%
상업은행	21.38%	27.28%	23.14%	-6.72%

국제 협력 기구 'ISB'(Institute for Social Banking)다. 사회적 금융이 학문의 영역으로 받아들여지게 된 것은 실무와 경험을 통해 체계적인 교육의 필요성을 절감한 사회적 은행들의 노력이 있었기에 가능했던 것이다.

사회적 금융기관은 사회적으로 유익한 가치를 추구하면서 재무적인 수익을 통해 지속성을 확보해야 하는 어려운 과업을 수행하고 있다. 그렇기 때문에 수익성이나 재무적 성장 측면에서 이윤을 극대화하기 위해 거대한 재원을 집중하는 상업 금융기관보다 사회적 금융기관이 열등할 것이라 여겨지기도 한다. 재무적 지속성에 약점이 있다고 예단하는 이도 적지 않다. 이들은 사회적 금융기관이 넉넉한 재무적 수익의 지대를 확보하지 못해 금융시장의 환경 변화에 취약할 수밖에 없다는 논리를 편다. 금융위기에서 강인함을 보여 준 사회적 은행들은 특별한 소수 사례에 불과하다는 노골적인 폄하도 있다.

과연 그럴까. 2012년 3월 이러한 편견을 일거에 해소하는 실증적인 통

계가 등장했다. 이 통계는 2007년에서 2010년 동안 대표적인 17개 사회적 은행이 이룬 성과가 전 세계 금융을 쥐락펴락하는 29개의 거대 상업 금융기관의 성과보다 월등함을 수치로 보여 준다. 금융 위기 중에 발생했던 자금 중개의 활동성, 자산의 건전성, 재무적 수익성, 성장성 등 모든 면에서 '보노보 은행'이 '침팬지 은행'보다 재무적으로 안전하고 건실하다는 점을 데이터로 제시한 것이다. 이 통계는 자고로 은행은 커야 안전하고, 작은 은행은 지속 가능하지 않다는 생각이야말로 잘못된 신화임을 폭로한다. 비교 시점을 금융 위기가 있었던 4년에서 그 전후로 넓혀 2002년에서 2011년까지로 잡아 보아도 침팬지 은행이 보노보 은행을 따라올 수 없다는 사실에는 변함이 없다. 비교 대상인 29개의 거대 금융기관 대부분은 위기가 닥치자 대마불사를 외치며 구제 금융에 매달렸다.

그렇다면 이런 통계를 내놓으며 거짓된 신화를 깨뜨린 것은 누구일까. 통계의 비교 대상인 17개의 사회적 은행들은 어떻게 하나의 진영으로 묶인 것일까. 이 모든 일을 해낸 것은 사회적 은행들의 국제 협력 기구 'GABV'(Global Alliance for Banking on Values)다. GABV는 회원인 사회적 은행들의 실적과 자료를 바탕으로 통계를 냈다. 사회적 은행들 스스로가 GABV를 통해 자신들의 동질성을 확인하고, 자신들의 성과를 대외에 증명하기 위해 직접 조사를 수행하고 결과를 공개한 것이다.

국가 간의 정치적·경제적 협력을 위해 국제연합(UN)이나 세계은행(World Bank), 국제통화기금(IMF)과 같은 협력 기구들이 존재한다. 마찬가지로 사회적 금융기관들도 국제 협력에 노력을 기울이고 있다. 누군가 금융의 다른 길을 걷고 있다는 것을 서로 확인하고 배운다. 서로 손을 내

밀고, 손을 잡는다. 위의 통계에서처럼 힘을 합쳐 세상의 잘못된 금융 신화도 함께 깬다. 대표적인 사회적 금융의 국제 협력 기구로 앞서 언급한 ISB, GABV와 더불어 'INAISE'(International Association of Investors in the Social Economy), 'FEBEA'(Féd ération Européenne des Banques Ethiques et Alternatives) 등 네 곳이 꼽힌다.

이 국제 협력 기구들은 사회적 금융기관을 묶어 주고, 이를 통해 사회적 금융의 외로운 길을 꿋꿋하게 나아갈 수 있도록 돕는다. 이 기구들은 설립 시기나 회원 구성, 업무 영역 등이 서로 다르다. 그러나 이들이 이르려는 길의 끝은 같다. 같은 곳을 바라보고 있다. '사회적 금융을 통한 지속 가능한 세상 만들기'다. 그 길을 따로 또 같이 가는 것이다.

사회적 경제 투자자 국제협회, INAISE

INAISE(International Association of Investors in the Social Economy)는 1989년 7개의 금융기관들이 스페인 바르셀로나에 모여 발족한 '사회적 경제 투자자 국제협회'다. INAISE가 의미하는 '사회적 경제(social economy)'란 지역공동체 발전에 기여하는 기업과 협동조합, 고용 창출이나 중소기업 발전을 위한 사업, 실업자 및 빈곤층 등 소외 계층을 지원하는 제반 경제활동을 의미한다. 한마디로 영리만을 위한 경제활동이 아닌 사회적 가치를 증진시키는 경제활동을 일컫는다.

INAISE는 사회적 금융기관들의 발전을 위해 설립되었다. 그들은 사회적 금융의 발전을 도모하고, 소외된 공동체들이 필요한 곳에 자금을 활용할 수 있도록 기여하는 것을 목표로 한다. 이를 위해 회원들은 1990년 벨기에 브뤼셀에 사무국을 설치하고, 1992년에 인력을 구성하여 본격적으로 회원 간의 교류를 추진했다.

INAISE 사무국은 회원을 비롯해 사회적 경제에 관심 있는 이들을 위해 정보를 수집·배포하고, 국제 세미나를 개최한다. 회원 간 공동 연구도 벌이고 교육·훈련 등의 일도 맡는다. 정관에 명시된 주요 업무는 '회원들을 위한 정보의 제공과 공유'이다. 원활한 정보 교류를 통해 회원들의 발전을 도모하고자 하는 취지다. 이 밖에도 '회원 기관 및 사회 투자 실무자에 대한 교육·훈련', 'INAISE·회원 기관의 활동 및 사회적 경제에 관련한 정보 공개', '투자 정책이나 실무에 영향을 주는 정보 제공' 등을 주요 업무로 명시하고 있다.

회원의 형태는 금융을 수행하는 정규 회원과 비금융 업무를 종사하는 제휴 회원으로 나뉜다. 2012년 6월 기준으로 회원 기관은 54개사이다. 회원으로 가입하기 위해서는 기관의 운영 목적이 INAISE의 목표와 부합해야 한다. INAISE는 기본적으로 협회로서의 기능을 수행하는 만큼 회원들의 이익을 위해 운영이 되며, 회원들만을 위한 정보 창구의 역할 외에 회원들의 활동을 대변하는 업무도 수행한다.

INAISE의 특징은 개방성과 다양성에 있다. 회원 기관의 법적 형태에 특별한 제약을 두지 않는다. 널리 두루 손을 잡고 말을 섞자는 것이다. 회원 명부에는 트리오도스 은행이나 GLS 은행과 같은 선도적인 사회적 은행부터 저개발국의 영세한 비영리 단체까지 다양하게 올라 있다. 회원이 속한 나라도 사회적 금융이 발달한 유럽과 북미부터 아시아, 호주, 남미, 아프리카까지 전 대륙에 걸쳐 분포해 있다. 이와 같이 세계 곳곳에 있는 은행과 기업, 협동조합, 시민사회단체 등이 하나의 조직 안에서 이사회와 사무국을 구성하고 업무를 수행하는 점은 통상 비슷한 조직으로 이뤄진 여느 협회와는 다른 모습이다. 네 개의 사회적 금융 국제 협력 기구 가운데 이러한 개방성은 INAISE에서 두드러진다.

그러나 회원들 간의 외형적 이질성과 물리적 거리는 INAISE에게 쉽지 않은 과제다. 여러 대륙의 기관들이 회원으로 가입해 있지만 유럽의 회원이 과반을 차지한다. 사무국도 유럽에 있어 지역적으로 쏠림이 있다. 활동 또한 실무보다는 기관 대표들의 느슨한 친목 모임처럼 운영되는 경향도 보인다. 이러한 문제를 해결하기 위해 INAISE는 핵심 회원들을 중심으로 지역별 접촉과 소통을 확대하고, 사무국의 역할을 이를 위한 조력자로 재설정하는 등의 고민을 하고 있다. INAISE가 이러한 현안을 해결한다면 가장 국제적인 협력 기구로서의 장점을 극대화하고, 회원들의 필요를 보다 적절히 충족시키게 될 것이다.

윤리적 대안은행의 유럽연합, FEBEA

FEBEA(Féd ération Européenne des Banques Ethiques et Alternatives), 즉 '윤리적 대안은행의 유럽연합'은 2001년 6개의 기관이 벨기에 브뤼셀에 창립한 비영리 기구이다. 윤리적 대안은행은 주류 상업은행과 다른 목적을 지닌 사회적 은행을 가리킨다. 2012년 기준으로 FEBEA에는 은행을 비롯하여, 신용협동조합, 투자회사, 재단법인 등 24개의 기관이 회원으로 가입되어 있다. 기구의 명칭에는 대안은행을 표방하지만 회원들의 법적 형태를 '은행'으로 한정하지 않는다.

FEBEA는 회원의 형태를 정규 회원, 제휴 회원, 명예 회원의 세 가지로 나눈다. 정규 회원은 예금이나 기금을 운용하는 금융기관 또는 금융과 유관한 업무를 수행하는 재단법인 등으로서, 최소 100만 유로의 자산을 보유해야만 한다. 제휴 회원은 정규 회원은 아니지만 FEBEA의 활동을 지원하고 참여하는 국방부 직할 부대 및 기관으로, 이사회에는 참여할 수가 없다. 명예 회원은 단체가 아닌 개인이다. 통상적인 의미의 회원은 아니며, 사회적 금융 분야에서 능력과 업적을 인정받은 이를 이사회의 결정으로 임명한다. FEBEA는 INAISE와 달리 지역 기구로 출발했다. 유럽에 소재한 기관들에게만 회원 자격을 부여한다.

FEBEA는 시민의 참여를 통해 유럽의 윤리적 연대금융(solidarity finance)을 발전시키는 것을 목적으로 삼고 있다. 여기서 '연대금융'이란 지속 가능한 발전을 위한 호혜와 협력의 금융을 의미한다. 배타적 금융 수익이 아니라 상호 협력을 통한 사회의 발전을 추구하는 금융을 육성하는 협력 기구이다. 이 기구는 주요 업무로 세 가지를 꼽는다. 첫째, 정보와 경험의 교환을 추구하고 유럽 지역 네트워크 및 사회적 경제·사회적 금융 활동가를 지원하는 업무를 한다. 둘째, 유럽연합(EU) 및 기타 금융·정치 조직들을 대상으로 회원의 입장을 대변한다. 셋째, 회원을 위한 금융 기구 창설한다.

FEBEA에는 다른 협력 기구들과 뚜렷이 구분되는 특이점이 있다. 바로 FEBEA가 주도하여 회원들을 위한 금융 기구들을 만들고, 사회적 금융 사업을 수행하고 있다는 점이다. FEBEA 는 SEFEA, 솔리더리티개런티(Solidarity Guarantee), 솔리더리티초이스(Solidarity Choice) 등의 연대금융 기구를 만들었다.

SEFEA(Société Européenne de Finance Ethique et Alternative, 유럽 윤리적 대안금융 공동체)는 FEBEA의 10개 기관이 협력하여 이탈리아에 등록한 금융 협동조합이다. 대안금융기관에 대한 금융지원과 자문을 하며, 중장기 융자와 펀드 투자, 기관 간 네트워크 형성 등의 지원도 한다.

솔리더리티개런티는 2002년 설립된 신용보증기금으로 독립적인 법적 지위는 없다. 담보 능력이 부족한 기관에 대한 신용보증을 통해 대출을 활성화하는 일을 맡는다. 솔리더리티초이스는 2002년 설정된 펀드다. 2005년 프랑스에서 개방형 투자신탁의 법적 지위를 취득하였다. 따라서 펀드가 관리자에 의해 하나의 회사와 같이 운용되며, 주식 소유자는 언제든지 회사에 투자금에 대한 환매를 요청할 수 있다.

솔리더리티초이스는 FEBEA와 관련 있는 회사들의 사업을 지원하기 위해 설립되었는데, 마이크로파이낸스, 보건, 주거, 장애인, 신재생에너지 사업 등에 투융자 하는 일을 한다.

사회적 은행 교육 연구소, ISB

ISB(Institute for Social Banking)는 2006년 10개의 사회적 금융기관이 독일 보훔에 세운 '사회적 은행 교육 연구소'이다. 교육과 연구를 통해 사회적 금융에 대한 지식과 능력을 배양하고, 이에 대한 학문적 이론화와 대학 교육과정 편입을 촉진하는 것을 목적으로 삼는다. ISB의 주요 업무도 교육과 연구에 집중되어 있다. 학습 프로그램과 연구 과제를 개발하고 사회적 금융을 대학의 정규 교육과정에서 다루도록 하며, 사회적 금융에 대한 실용적 연구를 수행한다. 또 대학과 협동 연구 추진, 대중 강연과 국제회의·세미나 개최 등을 주요 업무로 삼고 있다.

ISB의 회원은 2012년 6월 기준으로 15개 기관이다. 회원이 되기 위해서는 ISB의 규정을 지지하는 법인이어야 하며, 최종적으로 감독 이사회의 승인을 얻어야 한다. 회원의 대부분이 은행이지만 독일의 비영리 투자 컨설팅업체인 GLS 신탁, 아일랜드의 사회투자기금인 클란 크레도(Clann Credo)처럼 은행은 아니지만 금융 관련 업무를 수행하는 기관도 회원이 될 수 있다. 회원의 자격에 지역적인 제한을 두지 않았지만 현재까지는 유럽에 속한 기관들만 회원으로 가입되어 있다.

ISB가 다른 국제 협력 기구와 구분되는 점은 사업 역량을 교육에 집중한다는 것이다. ISB는 사회적 금융을 제도권 내에 알리기 위한 교육 프로그램을 고안하고 체계화하는 데 역량을 쏟는다. 상업금융에 기반한 기존의 금융교육은 인간의 결정을 합리성과 계량적 인과로 해석하고, 경제체제에 내재된 버블의 위험과 윤리의 부재 등에 대해서는 가르치지를 않는다. 경제학자들 중 어떤 이는 최근의 세계 금융위기가 교육자의 잘못에 기인한 것이며, 복잡한 금융 이론의 급격한 확장도 교육자에게 책임이 있다고 지적하기도 한다. ISB의 설립자들은 이러한 금융 교육의 문제를 인식하여 사회적 금융에 대한 체계적 교육 프로그램을 개발하고, 이것이 기존 교육시스템 내에 정착하도록 하는 것을 기관의 주요 목표로 삼았다.

ISB의 노력으로 2007년에 영국 플리머스대학을 시작으로 독일 알라누스대학도 학사 과정과 석사 학위 과정을 개발했다. 금융업에 종사하고 있는 이들을 위한 10개월짜리 수료 과정과 1주일짜리 여름학교 등 사회적 금융 강좌도 열고 있다. 교육을 통한 사회적 금융의 저변 넓히기다. 그들은 기존의 금융을 정량분석에만 의존한 추상적인 것으로 여기고, 사회적 금융을 보다 현실적이고 실제적인 기반 위에서 교육하려고 시도한다. 그러나 ISB는 기존의 금융이론에 대해 배타적이지만은 않다. 사회적 금융 교육이 보다 현실적인 가치를 지니기 위해서는 기존 금융에 대한 깊은 이해가 있어야 한다는 것을 전제로 교육 과정을 개선해 나가고 있다. 무엇보다 ISB는 교육을 통해 사람들의 사고와 행동 양식, 문화 자체를 변화시키려 한다. 이러한 노력을 인정받아 ISB는 2009년과 2011년 독일 유네스코 위원회로부터 '지속 가능발전을 위한 교육'(Education for Sustainable Development)에 선정되었다.

가치 지향 은행 세계연합, GABV

사회적 은행 네트워크인 GABV(Global Alliance for Banking on Values, 가치 지향 은행 세계연합)는 트리오도스 은행이 주최한 사회적 은행들의 국제회의를 계기로 2009년에 결성된 협력 기구이다. GABV이 내건 가치란 지속 가능한 가치이며 가치 지향 은행은 사회적 은행을 가리킨다. 이 기구는 기존 금융 시스템이 가진 문제의 해결책을 찾고 현실적인 대안을 제시하기 위해 출범했다. 지속 가능한 사회적 변화를 이끌어 내기 위해 공동 사업을 도출하고, 금융 분야의 혁신을 이끌 리더십을 제공하며, 역량과 자원을 결합하여 회원 각자의 경쟁력을 끌어올리는 것을 해야 할 일로 삼는다. GABV는 사회적 금융에 대한 연구나 관련 협력 사업도 추진하지만 특히 역점을 두는 주요 업무는 '회원의 실천적 목표 도출을 위한 회의'를 여는 일이다. 모여 머리를 맞대되, 회의를 위한 회의가 아니라 행동 강령을 짜는 자리를 많이 만들겠다는 뜻이다.

GABV는 네덜란드에 재단법인의 형태로 등록되어 있고 자이스트의 트리오도스은행 본사에 사무실을 두고 있다. 회원 수는 2012년 6월에 3개의 은행이 새로 가입함으로써 모두 19개 기관이다. 유럽은 물론, 미국 대륙과 아시아에 이르기까지 다양한 지역의 기관들이 참여하고 있다. 이곳의 회원이 되기 위해서는 자산 규모가 5000만 달러 이상 되는 사회적 은행으로서, GABV 운영 위원회의 심의를 거쳐야 한다. 그들은 사회적 은행을 지속 가능 은행으로 표현하기도 하는데, 이러한 은행들이 지켜야 할 원칙을 여섯 가지로 규정하여 2011년 운영 위원회의 승인을 받아 명문화하였다.

1. 핵심 사업이 사람·환경·이윤의 세 가지 기준을 따를 것.

2. 지역사회에 뿌리를 두고 실물경제에 공헌하며, 실물경제를 위한 신사업을 개발할 것.

3. 고객과 장기적인 관계를 구축하고, 고객의 경제활동과 리스크를 정확히 파악할 것.

4. 장기적 재정 지속성과 외부의 충격에 대한 회복력을 보유할 것.

5. 투명하고 포괄적인 지배 구조를 갖출 것.

6. 위 원칙들이 반영된 내부 조직 문화를 확립할 것.

GABV는 정부에서 은행업 인가를 받은 기관들에게만 회원 가입 자격을 부여하기 때문에 사회적 금융의 국제 협력 기구 중 기관 형태에 대한 가입 요건이 가장 엄격하다. 그러나 은행이라는 동질성이 강한 기관들끼리 모임으로써 효과적으로 필요한 지식과 경험을 공유하고, 공동의 과제와 목표를 도출해 낼 수 있다는 것이 장점이다.

GABV의 특별한 점은 미국에서 촉발된 세계 금융 위기 이후 사회적 은행들이 모여 연합체를 구성했다는 것에 있다. 즉 모든 은행들이 경험한 금융의 문제를 대안적이면서도 현실적으로 해결하기 위해 공동의 관심하에 모이고, 공동의 목표를 수립하게 된 것이다. 이러한 회원 간의 동질성이 앞서 언급한 2012년 3월과 11월의 두 통계를 낼 수 있는 힘이 되었나. GABV 회원 은행들은 앞서 살폈듯이 금융 위기에 강한 모습을 보였다. 거대 글로벌 금융기관들이 약탈적 금융과 부패와 불투명으로 고객과 시장의 신뢰를 잃고, 천문학적 손실로 쩔쩔맸던 것과 대조적이다. GABV는 작지만 강한 사회적 은행을 돈보다 사람을 우선하는 금융의 새 틀 짜기의 표준으로 삼고자 한다.

사회적 금융 국제 협력 기구가 만드는
지속 가능한 미래

INAISE, FEBEA, ISB, GABV와 같은 사회적 금융 국제 협력 기구들은 세계 경제의 부침 속에서도 설립 목적을 잊지 않은 채 지속적으로 영향력을 확대해 나가고 있다. 이들은 '사회적 금융을 통한 지속 가능한 사회 구축'이라는 비전을 위해 다른 기관과의 협력 필요성을 깨닫고, 네트워크를 구성하여 공동의 목표를 수립하고 업무를 수행해 왔다.

INAISE는 최초의 사회적 금융 국제 협력 기구로서 다양한 회원들 간의 네트워크 구성과 정보 교류의 선도적 시도를 하였고, FEBEA는 실무적 금융 기구 설립을 통해 사회적 금융기관들의 이익을 대변하고 그들의 발전을 도모하였다. ISB는 교육과 연구를 통해 사회적 금융을 체계적으로 알릴뿐 아니라 주류 금융 교육의 패러다임을 변화시키기 위해 일하고 있으며, GABV는 동질성 높은 은행 간의 연합을 통해 탐욕적 금융 세계에 현실적인 대안으로 사회적 금융을 제시하고 있다.

이와 같이 국제 협력 기구들이 해 왔던 일들을 볼 때, 이들이 충실하게 의도했던 목표를 이루고 있다는 것을 알 수 있다. 무엇보다 사회적 금융기

▸ 사회적 금융 국제 협력 기구 비교

구분	INAISE	FEBEA	ISB	GABV
설립년도	1990년	2001년	2006년	2009년
사무국 소재지	벨기에 브뤼셀	벨기에 브뤼셀	독일 보훔	네덜란드 자이스트
설립 목적	사회적 금융기관의 발전 도모	유럽 윤리적 연대금융의 발전	사회적 금융 연구 성과 및 교육과정 확산	기존 금융 시스템의 현실적 대안 제시
주요 업무	• 정보 제공 및 공유 • 실무자 교육·훈련	• 정보·경험의 공유 • 금융 기구 설립을 통한 활동지원	• 교육 및 연구 • 국제행사 개최	• 국제회의 개최 • 연구 활동 수행 • 공동 사업 개발
회원 자격	사회적 금융기관 또는 지원기관	유럽에 소재한 사회적 금융기관 또는 재단법인	사회적 금융기관	사회적 은행
회원 기관 수 (2012년 6월 기준)	54개	24개	15개	19개

관들은 사회 구성원의 자생력, 사회적 자본, 사회의 지속 가능성 등을 위해 일하면서, 동시에 그들의 자생력과 그들 간의 사회적 자본, 그들의 지속 가능성을 위해서도 협력해야 한다는 것을 잊지 않았다. 그 점을 눈여겨 보아야 한다.

이제 사회적 금융의 밥상을 차릴 때다

"자본 자체가 악한 건 아니다. 잘못 쓰일 때 자본은 악해진다. 어떤 형태로든 자본은 늘 필요하다."

—모한다스 간디, 『하리잔(Harijan)』

시작은 미미하지만 끝은 창대하리라 했다. 창대한 끝으로 이끄는 미미함의 원천은 생각의 틀을 깨는 다른 생각이다. 다른 생각에는 늘 야유와 냉소가 따른다. 잘될 리가 없다고 여기는 갇힌 생각이 잘되면 좋겠다는 상상조차 가둬 버리기 때문이다. 하지만 다른 생각은 잘되지 않는 이유가 무엇인지 찾아내고 어떻게 하면 잘될 것인가를 파고든다. 막무가내라거나 비논리와 비과학의 치기라는 냉소도 이겨 낸다. 버나드 쇼(Bernard Shaw)가 얘기했듯이 다른 생각을 하기에 엉뚱한 이들, 그렇지 않은 이들로부터 비이성적이란 소리를 듣던 이들이 '잘될 턱이 없다'는 갇힌 생각에 숨통을 틔웠다. 다른 생각이 세상을 바꿨다. 역사 속에서 다른 생각들은 여러 이름으로 불렸다. 요즘엔 이를 일러 '사회적 기업가 정신'이라 일컫는다. 사회적 기업가 정신은 차려진 밥상에 숟가락만 얹는 게 아니라, 다들 손들고 돌아서는 상황에서도 밥상을 차려 낸다. 사회적 금융의 밥상을 차리는 일의 시작도 여기에 있다.

사람과 조직, 그리고 돈이 바꾸는 세상

사람과 조직과 돈, 세상을 굴리고 바꾸는 세 가지 요소다. 다른 생각을 하는 사람이 있어야 하고, 다른 생각을 지속적이고 효율적으로 실천할 조직이 필요하다. 그리고 이를 뒷받침할 돈이 요구된다. 세상을 뒤로 굴리든 앞으로 굴리든 사람이 없다면 조직도 돈도 없다. 조직이 시원치 않다면 사람과 돈이 겉돈다. 그러나 돈이 없다면 사람도 조직도 힘을 쓰지 못한다. 사람을 중심으로 조직과 돈이 모이기도 하고, 돈으로 사람과 조직을 불러 모을 수도 있다. 문제는 잘 맞물려야 할 이세 요소에 어긋남이 상존한다는 점이다. 사람은 있는데 돈이 없거나, 돈은 있는데 사람과 조직이 부실하기 일쑤다. 이러면 정말 '잘될 턱'이 없어진다. 사회적 경제의 부상에 대해 '잘돼야 할 텐데'란 기대와 염려가 나오는 것은 이러한 세 요소의 어긋남에서 비롯한다.

사회적 경제 영역에서 돈의 결핍은 특히 심각하다. 사회적 경제는 전통적인 비영리 단체를 비롯해 사회적 기업, 협동조합, 마을기업 등의 다양한 실체를 아우르는 큰 울타리를 가리킨다. 정의가 분분하지만, 돈 나고 사람 났다는 갇힌 생각에 맞서 사람 나고 돈 났다는 오래된 다른 생각을 추구하고, 경제 민주화를 실천하는 사람과 조직과 돈의 집합체가 '사회적 경제'라 할 수 있다.

그간 정부와 자선재단들은 빈곤과 교육 격차, 질병, 환경 등 사회적 난제들을 극복하려는 노력을 해 왔다. 제도를 손보고 기금도 만들었다. 하지만 그런 방식은 늘 한계에 부딪쳤다. 세상을 바꾸기 위한 세 요소, 사람과 조직과 돈의 어울림을 증강하는 것이 아니라 어긋남을 확장해 온 탓이 크다. 공적 영역에서뿐 아니라 민간 영역에서도 어긋남을 해소하는 쪽으로 역량이 충분히 발현되지 못했다. 사회적 경제 조직들은 만성적인 돈 가뭄을 겪고, 사회적 기업가 정신은 기존 금융 구조에서 소외되고 농락당했다. 사회적 가치는 '여기' 있는데, 돈은 늘 '저기'서만 돈다. 다른 생각을 하는 사람과 조직을 응원하고 힘이 되는 금융의 부재가 사회적 경제의 최대 장애물이라는 지적은 그래서 나온다.

돈은 돈이 돈을 벌 수 있다며 돈을 목적으로 삼는 쪽으로 쏠려 왔다. 돈을 수단으로 여기는 쪽은 돈줄이 마른다. 돈이 돈의 흐름을 좌우하는 탓이다. 돈만 좇다 세상이 이처럼 헝클어졌는데도 돈의 흐름은 여간해 바뀌지 않는다. 사회정의와 돈은 마치 이것이냐 저것이냐의 양자택일인 것처럼 취급된다. 사회적 투자도 '잘되면 좋겠지만…' 투의 엉거주춤한 모양새에서 벗어나지 못하고 있다. 기부와 지원은 들쭉날쭉하고, 사회적 경제의 조직들은 제한된 자원을 놓고 서로 경쟁한다.

이 어긋남의 장애물을 돌파해야 하는 것이 금융의 사회적 기업가 정신이다. 사회적 기업가 정신이 요구되는 곳은 취약 계층을 보듬고 사회적 일자리를 늘리는 '인증' 사회적 기업에만 국한하지 않는다. 협동조합과 마을기업을 조직하고, 사회적 경제의 대오를 갖추게 하는 다른 생각과 실천의 동력 또한 사회적 기업가 정신이다. 비단 민간의 일만도 아니다. 공공성의 재구성이란 시대 흐름에 비춰 공적인 영역에서도 사회적 기업가 정신은 절실하다. 사회적 경제를 '잘되면 좋겠다'는 바람에서 구체적인 일상으로, 삶의 현장으로 가꿔 내는 일이 민·관 사회적 기업가 정신의 과제다. 그 과제의 일부가 사회적 경제를 힘들게 하는 사람과 조직과 돈의 어긋남을 해소하는 것, 즉 사회적 금융을 뿌리내리는 일이다. 사회적 금융을 '금융의 사회적 기업'이라고 부르는 이유가 여기에 있다.

사회적 경제를 살리는 금융

사회적 금융은 사회적으로 가치 있는 일에 돈을 투융자해 지속 가능한 발전을 꾀하는 활동을 가리킨다. 사회가 맞닥뜨린 다양한 문제를 해결하기 위한 자본을 조성하고 가용한 금융 서비스를 개발해 적용하는 것으로 정의되기도 한다. 임팩트 투자, 마이크로파이낸스, 지역개발 금융, 사회목적투자 등의 다양한 형태로 나타난다. 침팬지 은행의 약탈적 금융에 빗대 '착한 금융'이라고도 하고, 주류 금융시장의 '틈새 금융'이라고도 한다. 어떠한 표현을 쓰든 사회적 금융이란 '사회, 환경, 문화에 긍정적인 영향을 주는 금융'으로 넓게 정의할 수 있다.

원래 금융은 인간의 생활을 편리하게 하기 위한 목적으로 탄생했다. 그런데 현대에 와서는 이러한 금융이 산업과 경제를 지배하고 있다. 파생상품과 같은 다양한 상품을 만들어 '금융을 위한 금융' 놀이를 하기도 한다. 그러다 그 게임이 잘 풀리지 않으면 실물경제에 막대한 영향을 주어 때로는 금융 위기 같은 재난도 부른다. 금융이 사회에 주는 영향이 지대하기 때문에 사회의 구성원들은 금융을 살리려고 노력한다. 사람이 금융을 위해 희생하는 것이다.

사회적 금융은 기본으로 돌아가는 금융이다. 사회적 금융이 별나다거나 착하다거나 틈새라거나 하는 것은 기존 금융 질서가 절대 불변으로 여기는 갇힌 생각에 지나지 않는다. 사회적 금융은 기존 금융의 빈틈을 메우는 금융의 사회적 기업이다. 그러나 빈틈을 메우는 데에 만족하지 않는다. 빈틈이 생겨나지 않는 건실한 금융의 틀을 지향한다. 보노보 은행은 침팬지 은행이 하지 못하거나 하지 않는 금융의 새 길을 열면서, 물구나무 선 금융을 정상으로 여기는 갇힌 생각에 다른 생각의 틈을 낸다. 사회적 금융은 금융시장의 틈새가 아니라 다른 금융을 상상하는 출구인 것이다.

금융은 돈의 흐름을 중개한다는 점에서 기본적으로 '사회적'이다. 누군가는 여윳돈이 있고, 누군가는 돈이 아쉽기에 금융이 존재한다. 기업의 사회적 책임에 대응하는 금융의 사회적 책임이란, 투자 수익만을 고려하기보다는 사람과 환경에 긍정적인 영향을 미치는 일에 자금을 중개하는 것으로 볼 수 있다. 즉 금융의 사회적 책임을 중시하는 것이 사회적 금융이다. 노벨 경제학상을 받은 폴 크루그먼(Paul Krugman)은 보통 사람이 알아듣지 못하게 일부러 어려운 말만 골라 쓴대서 경제학을 '우울한 학문'이라고 했지만, 사회적 금융은 결코 '우울한 금융'이 아니다. 일상과 떼려야 뗄 수 없는 금융, 그러나 보통사람의 삶에서 점점 멀어져 가는 금융을 제자리로 돌리는 '이웃 같은 금융'이다.

사회적 금융은 이편과 저편을 나누는 진영 논리가 아니다. 금융시장의 주류와 금융의 사회적 책임을 중시하려는 시도 사이에 인식의 골이 자리하는 현실을 인정한다. 여기가 사회적 금융의 출발점이다. 보노보 은행은 침팬지 은행과 적대하지 않는다. 오늘날 우리가 누리고 있는 풍요에 이들이 기여한 바가 있다는 사실을 부정하지 않는다. 다만 탐욕에 매몰된 나머지 본래의 존재 목적을 잊고 자신과 주변을 해치고 있는 침팬지의 곁에서 보다 포용적이고 따뜻한 공존의 방법을 보여 주고 있는 것이다. 사회적 금융은 저쪽에 있는 돈과 이쪽에 있는 사회적 소명 사이에 다리를 놓는 금융이다. 사회적으로 활용하려 하지 않고 할 줄도 모르는 거대한 재원과 소통하고 이해시킨다.

통상 금융은 개인의 자금 수요를 중개하는 소비자 금융과 생산 활동에 자본을 공급하는 기업 금융으로 나뉜다. 소비자 금융의 덩치가 커지고 있지만, 금융의 본령은 기업 금융이다. 사회적 금융은 특히 후자의 영역에 집중한다. 이는 재원의 제약 탓이기도 하지만, 사회적으로 금융이 마땅히 해야 하고 잘할 수 있는 일이 바로 그것이라고 보기 때문이다. 구조적 불의의 피해자에게 직접 돈을 푸는 것이 아니라, 불의의 구조를 개선하려는 사람과 기관에 돈을 조달하는 일이야말로 사회적 금융의 본령이고, 금융의 사회적 책임이라는 것이다. 이와 같이 취약한 사회구조를 개선하기 위해 자금을 제공하는 것이 사회적 금융이다. 사회적 금융은 결국 사람과 사회를 위한 진짜 금융인 것이다.

민관 협치의 새 틀을 짜야 한다

사회적 금융은 사회적 자본시장을 만들고 자본시장을 사회화하는 일이다. '복지 혼합'(welfare mix) 시대에 금융의 역할을 재구성하는 거대한 민주주의의 실험이기도 하다. 사회정의와 복지는 정부의 몫이고, 시장은 돈만 벌면 그만이라는 기존의 경계는 허물어지고 있다. 정부가 시장의 효율로 다가가고, 시장이 정부의 공공성을 끌어안지 않고서는 지구적 난제를 풀 길이 막막하다. 그래서 정부 실패와 시장 실패를 사회적 혁신을 통해 돌파하는 사회적 경제의 부상에 대해 민간이 정부의 역할을 대행한다는 의미에서 '그림자 국가'(shadow state)라는 말도 나온다. 이는 정부 역할의 외주화 내지 사회 서비스의 민영화란 의혹도 없진 않지만, 시민 주도의 공적 활동이 주류화하고 있음을 단적으로 보여 준다.

사회적 금융은 돈을 투융자하는 금융의 기본 틀을 따른다. 여기에 복지와 경제 민주화라는 또 다른 틀을 결합한다. 사회적 투자, 투자적 복지라고 하는 것은 그래서이다. 그러나 그게 말처럼 쉽진 않다. 금융에 대한 민과 관의 어긋남이 해소되어야 한다. 서로 멀뚱하게 '잘돼야 할 텐데'라고만 해선 곤란하다. 서로 다가가 말을 섞고 보노보 은행의 다른 생각을 공유하는 민관 협치(governance)의 새 틀을 짜야 한다. 이럴 때 사회적 경제는 사회적 금융으로 힘을 얻고, 사회적 금융은 정책으로 힘을 얻는 상생의 순환이 가능하다.

선순환을 시동하는 것은 돈이 아니라 보노보 은행, 금융의 사회적 기업이어야 한다. 돈을 뿌려도 '선수'가 없으면 금융의 돈은 돌지 않는다. 사회적 기업가 정신이 발휘되지 않고서는 사회적 금융은 요원하다. 보노보 은행의 성공 사례를 만드는 일에 힘을 모을 필요가 있다. 혁신의 대안이 제시될 때 세상의 변화는 빨라진다. 세상을 바꾸는 보노보 은행들을 보았다. 우리라고 제도권 안에 사회적 금융이 터를 잡지 못할 이유는 없다. 성공 사례가 나오면 금융 보노보의 복제가 빨라질 수 있다. 창업 못지않게 중요한 것이 금융의 보노보화이다. 태생은 보노보이면서 침팬지 무리 속에서 은행도 아니고 협동조합도 아닌 어정쩡한 모습을 하고 있는 신협과 금고 등이 정체성을 회복하는 일이 현실적으로 시급하다. 금융 규제를 탓하기에 앞서 사회적 금융으로 거듭나는 노력이 요구된다.

사회적 금융은 간판으로 말하는 게 아니라 혁신으로 실천하는 것이다. 사회적 경제에 다가가기 위해서는 이윤이란 단일 잣대를 대신할 수 있는 사회적 금융공학을 개발해야 한다. 융자 중심의 단순 금융지원은 가뜩이나 재무구조가 취약한 사회적 경제 조직들에게 빚만 늘려 줄 수 있다. 투융자가 혼합된 상품 기법 등을 활용하여 개별기관 및 프로젝트의 성격에 맞는 맞춤형 설계방식을 도입해야 한다. 사회적 경제 조직의 특성과 사업 성격에 따라 기부와 투융자를 적절히 혼합하는 복합설계 방식의 다양한 맞춤형 기금이 요구된다.

사회적 금융에는 정부의 역할도 크다. 금융은 기본적으로 대표적인 규제 산업이기 때문이다. 존 메이너드 케인스(John Maynard Keynes)는 금융이란 너무 잘 돌아가서 탈인 바퀴와 같다며 적절한 감독과 규제의 필요성을 강조하기도 했다. 사회적 금융에 대해 정부가 어떤 입장을 취하고, 어디까지 어떻게 관여하는가는 중요한 변수이다. 기존의 금융 감독이 기회주의를 방지하기 위한 것이었다면, 사회적 금융에 대한 정책적 관심의 초점은 사회적 기업가 정신이 발현될 수 있도록 하는 것이어야 한다. 침팬지 은행으로 기울어진 경기장을 바로잡는 일이다.

사회적 금융기관의 역량을 키워 주는 정책 방향이 바람직하다. 앞에서 살폈듯이 미국과 영국의 사회적 모태펀드(fund of funds)는 사회적 경제를 육성하기 위한 중간 조직으로 사회적 금융기관을 지원하는 방식을 취한다. 경계해야 할 것은 다른 생각을 하는 보노보 은행을 지원한다며, 돈으로 돈을 벌겠다는 침팬지 은행을 규제하고 감독하던 생각과 잣대를 그대로 들이대는 일이다. 이러면 사회적 경제에 대한 투융자도 사회적 가치 추구에 따른 위험을 회피하고 돈 되는 쪽으로만 쏠릴 수 있다. 지원이란 이름으로 해코지하는 일은 없어야 한다. 큰돈을 들여 아무리 사회적 모태펀드를 만들어도 보노보 은행을 키우지 못한다면 불임의 기금이 되고 만다.

몇 년 안에 몇 개의 보노보 은행을 만들겠다는 식의 육성 정책도 위험하다. 유기농을 한다며 텃밭에 화학비료를 뿌리는 꼴이 될 수도 있다. 정부의 역할은 앞장서서 모든 사업을 이끌어 가는 것이 아니다. 사명감을 갖춘 사회적 금융기관들이 지역에 뿌리를 내리고 잘 성장할 수 있는 환경을 만들어 주고, 세제 혜택이나 투자 인센티브 제공 등 제도적 지원을 통해 사회적 가치와 재무적 성과를 추구하는 민간의 투자자 그룹이 이 시장에 유입될 수 있도록 자극하는 시장 조성자이자 '후견인'이어야 한다.

민관 협치는 사회적 금융가와 정부만의 일은 아니다. 푼돈을 모아(예금) 목돈으로 푸는(투융자) 금융은 본디 크라우드 소싱이다. 사회적 경제 조직과 시민도 금융에 대한 다른 생각, 다른 상상력이 요구된다. 사회적 경제 조직들은 안으로는 편협성과 아마추어리즘에서 벗어나야 하고, 밖으로는 정부나 시장과 소통의 폭을 넓혀야 한다. 보노보 은행을 또 다른 후원단체로 여기는 게 아니라 자본을 조달하는 금융기관으로 바로 볼 필요가 있다.

　사회적 금융이란 용의 그림에서 마지막 점을 찍는 것은 시민의 몫이다. 예금 이자 받고, 대출 이자 내면 그만이 아니다. 은행은 조폐창이 아니라 돈과 신용을 중개할 따름이다. 내가 맡긴 돈이 어디로 어떻게 흘러가는지, 내가 빌린 돈은 또 어디서 어떻게 모인 것인지 묻고 따져야 한다. 이런 성가심을 감수하지 않는다면 논밭이야 어찌되었든 도지만 챙기려는 부재지주와 다를 바 없다. 고질이 되어 버린 침팬지 은행의 기회주의는 금융에 대한 시민적 무관심에 똬리를 틀고 있다. 이자와 가치를 함께 고려할 때 금융 이용자는 금융 시민으로 거듭나고, 보노보 은행은 힘을 얻고, 침팬지 은행은 반성하게 된다.

우공약수, 상선이산의 사회적 금융

　　　　　　　　산은 산이고 물은 물이다. 맞다. 고승의 화두가 아니어도 자명한 이치다. 하지만 다른 생각은 자명함을 의심하고 뒤집어 본데서 다른 생각이다. 산은 산이라면 우공이산(愚公移山)의 우화는 무엇이고, 물이 물이라면 상선약수(上善若水)의 비유는 또 무엇인가. 산이 물이고 물이 산인 것은 아닐까, 그럴 수는 없는 것일까? 이런 상상력을 열어 놓고 있는 것이 사회적 경제이고, 사회적 경제 조직에 힘을 실어 주는 다른 생각이 사회적 금융이다.

우공이산은 어리석은 영감[愚公]이 산을 옮긴다[移山]는 뜻으로, 중국 고전 『열자(列子)』의 '탕문편'(湯文篇)에 나오는 우화다. 사전은 우공이산을 '쉬지 않고 꾸준하게 한 가지 일만 열심히 하면 마침내 큰일을 이룰 수 있음을 비유한 말'이라고 풀이한다. 두 개의 커다란 산에 가로막혀 살고 있던 90세 노인이 자식들과 산을 옮기는 '어리석은 일'을 벌였고, 마침내 하늘을 감동시켜 산을 옮겼다는 내용이다. 여기서 태산은 물처럼 유동한다.

상선약수는 노자(老子)의 『도덕경(道德經)』에 나오는 말이다. 최고의 선[上善]은 물과 같다[若水]는 뜻이다. 이는 만물을 이롭게 하면서도 다투지 아니하는 부쟁(不爭)의 덕을 선의 으뜸으로 비유한 말이라고들 한다. 만물은 움직이고 만사는 변한다. 물처럼 모든 것이 변하지만, 변한다는 것만은 불변이다. 여기서 유동하는 물은 상선이란 태산이 된다.

우화와 비유는 상상력의 원천이다. 우공이산의 우화 속에는 산이 유동하고 물이 미동도 않는 것일 수 있다는 다른 생각의 복선이 깔려 있다.

우공이산 우화에는 네 가지 유형의 인물이 등장한다. 산을 옮기겠다는 우공, 그를 지켜보며 '잘될 턱이 없다'며 혀를 차는 친구, 산이 옮겨질까 전전긍긍하는 산신령, 그리고 이런 소란을 지켜보다 산을 옮기기로 결정하는 옥황상제가 서로 갈등하는 구도다. 눈여겨볼 대목은 우공과 산신령, 산신령과 옥황상제의 갈등이다. 열자는 우화 속에 산신령이 옥황상제에게 우공을 말려 달라고 애원하는 장면을 슬그머니 밀어 넣고, 상제가 결국 우공의 손을 들어주는 것으로 마무리 지었다. 여기에 우공이산의 묘미가 있다. 산신령에게 산은 산이어야 한다. 산을 물로 보는 우공과 생각이 다르고 이해도 엇갈린다. 산신령은 산을 지키려 하고 우공은 산을 옮기려 한다. 산신령은 우공을 꺾을 길이 없자 옥황상제를 찾아간다. 그런데 믿었던 옥황상제는 산신령을 내치고 우공의 손을 들어준다. 결국 산을 옮긴 것은 우공의 우직함이 아니라 우공의 다른 생각을 받아들인 '하늘'이다.

등장인물을 바꿔 보자. 우공을 보노보 은행으로, 산신령을 침팬지 은행으로 대체하면 우공이산은 사회적 금융의 우화가 된다. 그러면 우공의 친구와 옥황상제는? 지성감천(至誠感天), 민심천심(民心天心)이라 했다. 친구는 금융 이용자에서 개종한 금융 시민이 되고, 옥황상제는 곧 금융 시민의 민의를 상징한다.

상선약수에서 노자가 하려던 말도 부쟁과 무위만이 아니다. "(물은) 만물을 이롭게 하면서 다투지 않는다[不爭]"를 바로 받는 말이 "뭇사람이 싫어하는 곳[所惡]에 처한다"이다. 물은 "바름으로 정치를 맑게 하고[正善治]", "움직임에는 때를 기다린다[動善時]"라는 말도 뒤따른다. 물이 아래로 흐르는 것을 두고 노자는 '낮은 곳'이라고 하지 않고 '뭇사람이 싫어하는 곳'이라고 했다. 물은 무심하고 다투지 않는 것처럼 보이지만, 때를 살펴 다들 가기를 꺼려하는 곳으로 '향해' 만물을 이롭게 하고 세상을 바로 잡는다는 얘기다. 그래서 도(道)에 가깝고 최고의 선이라는 것이다. 노자가 말한 '소오'(所惡)를 침팬지 은행이 싫어하는 사회적 경제 조직으로 바꾸면, 상선약수가 곧 사회적 금융이 된다.

사회적 금융은 산이 물이고, 물이 산인 금융이다. 우공의 사회적 기업가 정신으로 사회적 경제를 이롭게 하는 '우공약수'(愚公若水)의 금융이고,

물처럼 다투지 않으면서도 태산처럼 미동도 하지 않을 것 같은 금융 질서를 바로잡는 '상선이산'(上善移山)의 금융이다. 경제 민주화를 향한 금융의 두리반이고 연대의 혁명이며 산과 물의 노래다.

2013년 6월

필진을 대표해 이종수 적음

닫는 글

참고 문헌

여는 글 보노보 은행이 희망이다

유병선 지음, 『보노보 혁명』, 부키, 2008.

리처드 하인버그 지음, 노승영 옮김, 『제로 성장 시대가 온다』, 부키, 2013.

Heiko Spitzeck, Michael Pirson, Claus Dierksmeier, eds., *Banking with Integrity—The Winners of the Financial Crisis?*, Palgrave Macmillan, 2011.

Katharina Beck, Katrin Käufer, eds., *Networking Social Finance*, Brussels, 2010, http://www.social-banking.org/fileadmin/isb/Artikel_und_Studien/Networking_Social_Finance_Beck_Kaeufer_Vandemeulebrouke.pdf

Olaf Weber, Sven Remer eds., *Social Banks and the Future of Sustainable Finance*, Routledge, 2011.

Robert Shiller, *Finance and the Good Society*, Princeton University Press, 2012.

Ronald Benedikter, *Social Banking and Social Finance—Answer to the Economic Crisis*, Springer, 2011.

Siegfried E. Finser, *Money can Heal*, Steinerbooks, 2006.

Italian Journal of Sociology of Education, "Building civil society through finance: the Ethical Bank in Italy", 2009. 2, http://www.ijse.eu/index.php/ijse/article/viewFile/20/29

Siri Aspevik Bosheim, "Social banks and impact measurement: The cases of Charity Bank and Triodos Bank," ISB Paper Series No. 10, 2012, http://www.social-banking.org/fileadmin/isb/Artikel_und_Studien/Paper_Series/Paper_No.10.pdf

Telegraph, "'Don't demonize banks', urges HSBC chairman Stephen Green", 2009. 1. 30, http://www.telegraph.co.uk/finance/financetopics/davos/4399956/Dont-demonize-banks-urges-HSBC-chairman-Stephen-Green.html

AlterNet, "The Rise of the New Economy Movemen", 2012. 5. 20, http://www.alternet.org/story/155452/the_rise_of_the_new_economy_movement

Huffingtonpost, "Move Your Money: A New Year's Resolution", 2009. 12. 29, http://www.huffingtonpost.com/arianna-huffington/move-your-money-a-new-yea_b_406022.html

1부 공존의 금융, 보노보 은행

열린 대출과 나눔을 실천하다 독일 GLS 은행

GLS Bank Annual Report 2010.

GLS Bank Annual Report 2011.

존스턴 버챌 지음, 장종익 옮김, 『21세기의 대안 협동조합운동』, 들녘, 2003.

Heiko Spitzeck, etc., eds., *Banking with Integrity*, Palgrave MacMillan, 2012.

Rolf Kerler, *Eine Bank für den Menschen*, Verlag am Geotheanum, 2011.

Siegfried E. Finser, *Money Can Heal: Evolving Our consciousness: The Story of RSF and Its Innovation in Social Finance*, Steinerbooks, 2006.

Spiegel Online, "Sie stützen diejenigen, die die Probleme verursacht haben", 2008. 10. 1, http://www.spiegel.de/wirtschaft/us-rettungspaket-sie-stuetzen-diejenigen-die-die-probleme-verursacht-haben-a-581631.html

Süddeutsche Zeitung, "Ethikbanken jubeln über Kundenansturm", 2010. 2. 10, http://www.sueddeutsche.de/geld/gewinner-der-finanzkrise-ethikbanken-jubeln-ueber-kundenansturm-1.51599

대항해시대의 금융 혁명, 21세기에 되살아나다 네덜란드 트리오도스 은행

Bugg-Levine, Antony and Jed Emerson, *Impact Investing*, Jossey-Bass, 2011.

Spitzeck Heiko, Michael Pirson and Claus Dierksmeier eds., *Banking with Integrity*, Palgrave Macmillan, 2012.

Weber Olaf and Sven Remer eds., *Social Banks and the Future of Sustainable Finance*, Routledge, 2011.

Articles of Association Triodos Bank NV 2010, http://www.triodos.es/media/40764/estatutos-triodos-bank-ingles.pdf

Articles of Association Stichting Administratiekantoor Aandelen Triodos Bank 2010, http://www.triodos.es/media/40764/estatutos-saat-ingles.pdf

Triodos Bank Business Principles 2010, http://www.triodos.com/downloads/about-triodos-bank/corporate-governance/triodos-bank-business-principles.pdf

http://www.triodos.com

이자 없이도 잘 돌아가는 은행 스웨덴 JAK 협동조합은행

안진구, 「스웨덴 JAK 협동조합은행 사례와 시사점」, 『협동조합네트워크』 통권 57호, 2012.

Anca, Celia and Cristina Trullols, JAK Medlemsbank, IE Business Publishing, 2011.

Anielski, Mark, The JAK Members Bank, Sweden, Anielski Management Inc., 2004.

Burton, Mark, "Unravelling Debt," Dissertation for MSc in Holistic Science, Schumacher College, August 2008.

Carrie, Ana, How interest-free banking works : The case of JAK, 2001.

http://www.feasta.org

http://www.jak.se

http://jak.se/vad-ar-jak/arsredovisningar-och-delarsrapporter

사람과 환경을 모두 살리는 녹색 은행 미국 뉴 리소스 은행

http://www.newresourcebank.com

Peter Liu, "Investing for the Future", NAESCO Annual Conference 2007, October. 2007, http://www.naesco.org/presentations/annual/2007/Liu.pdf

TIME, "Peter LiuApril", June. 2007.

Contra Costa Times, "New Wave of 'Green Banks' to Finance Organic Farming, Alternative Energy, & Geen Building", November. 24. 2006, http://www.organicconsumers.org/articles/article_3367.cfm

News Blaze, "Taiwan-born Entrepreneur Finances 'Green' Business Development", April. 1. 2009, http://newsblaze.com/story/20090401091209tsop.nb/topstory.html

NPO에 의한, NPO의 은행 이탈리아 방카에티카

Andrea M. Maccarini, Riccardo Prandini, "Building Civil Society through finance," *Italian Journal of Sociology of Education*, 2, 2009.

Antonino Vaccaro, "Banca Popolare Etica," Heiko Spitzeck, Michael Pirson, Claus Dierksmeier eds., *Banking with Integrity*, Palgrave Macmillan, 2012.

Banca Etica, *Bilancio Sociale*, 2007년~2011년.

http://www.bancaetica.it

Moody's, "Banking Statistical Supplement, Italy," 2012.

SETEM Finanzas, "Ethical finance in Italy".

Ugo Biggieri, "The Undertaking of Finanza Etica," 2012.11.28., http://www.gabv.org/opinionpieces/banca-popolare-etica-president-ugo-biggieri-on-ethical-finance

금융감독원, "2012년 3월 말 국내 은행의 BIS비율 현황", 2012. 5. 31 보도자료.

금융감독원, "2012년 3월 말 국내 은행의 부실채권 현황 및 향후 감독 방향", 2012. 5. 7 보도자료.

금융감독원, "국내은행의 2012년 1/4분기 중 영업실적(잠정)", 2012. 4. 27 보도자료.

신용협동조합, 보노보 은행으로 변신하다 캐나다 밴시티

Vancity, "2011 Annual Report," 2012, http://www.vancity.com

The Vancouver Observer, "Vancouver can reinvent the global economy: Vancity", 2012. 9. 28, http://www.vancouverovserver.com/print/node/12984

미완의 '신용 민주화' 혁명 미국 쇼어 은행

Richard P. Taub, *Community Capitalism: Banking Strategies and Economic Development*, Harvard Business Review Press, 2000.

Cascade, "ShoreBank's Legacy and Vision Continue: A Practitioner's Reflections", No. 76, 2011, http://www.philadelphiafed.org/community-development/publications/cascade/76/05_shorebanks-legacy-and-vision-continue.cfm

Stanford Social Innovation Review, "Too Good to Fail", 2011, http://www.ssireview.org/articles/entry/too_good_to_fail

FRB, "Community Development Financial Institutions: Current Issues and Future Prospects", http://www.federalreserve.gov/communityaffairs/national/CA_Conf_SusCommDev/pdf/zeilenbachsean.pdf

MicroCapital Monitor, "PIONEERS IN MICROFINANCE: Ron Grzywinski and Mary Houghton of ShoreBank", 2008. 2. 27, http://www.microcapital.org/pioneers-in-microfinance-ron-grzywinski-and-mary-houghton

MicroCapital Monitor, "PIONEERS IN MICROFINANCE: Ron Grzywinski and Mary Houghton of ShoreBank", 2008. 2. 28, http://www.microcapital.org/pioneers-in-microfinance-ron-grzywinski-and-mary-houghton-of-shorebank-%E2%80%93-part-ii

Fast Company, "ShoreBank's Demise: Death of a Brand and Shot in the Arm of Social Capitalism", 2010. 8. 30, http://www.fastcompany.com/1685788/shorebanks-demise-death-brand-and-shot-arm-social-capitalism

AFFORDABLE HOUSING FINANCE, "THE BANKER: Banking on the Inner City: ShoreBank's Ron Grzywinski shows the way", 2007. 10, http://www.housingfinance.com/ahf/articles/2007/oct/BANKER1007.htm

The Economist, "ShoreBank: Small enough to fail: The sorry end to a bold banking experiment", 2010. 8. 26, http://www.economist.com/node/16891993

The American Prospect, "Too Small to Save", 2011. 12. 6, http://prospect.org/article/too-small-save-0

Chicago Magazine , "Urban Partnership Bank Chairman David Vitale on ShoreBank,

Federal Aid for Banks, and Detroit's Troubles", 2011. 4, http://www.chicagomag.com/Chicago-Magazine/April-2011/Urban-Partnership-Bank-Chairman-David-Vitale-on-ShoreBank-Federal-Aid-for-Banks-and-Detroits-Troubles

2부 사회적 금융의 다양한 혁신들

민관 협치 속에 뿌리내린 지역금융의 보호막 미국 CDFI 펀드

The Aspen Institute, *"Building an Impact Economy in America"*, 2011, http://www.aspeninstitute.org/publications/building-impact-economy-america-2011

The Aspen Institute, *"Enterprising Organizations: New Asset-Based and Other Innovative Approaches to Solving Social and Economic Problems"*, 2005, http://www.aspeninstitute.org/publications/enterprising-organizations-new-asset-based-other-innovative-approaches-solving-social-e

CDCU, "State Fund Comes Step Closer to Becoming Reality", 2010. 4. 5, http://www.cdcu.coop/i4a/pages/index.cfm?pageID=1601

CDFA, "CDFA Strategic Plan 2012-2017", 2012, http://www.cdfa.org.uk/wp-content/uploads/2012/03/cdfa-strategy-cover.png

CDFI Fund, "Community Development Financial Institutions Fund FT 2011 Agency Financial Report", 2012. 7, http://www.cdfifund.gov/news_events/CDFI%20Fund%20FY%202011%20Agency%20Financial%20Report%20FINAL%2011%2016%2011.pdf

CDFI Fund, "FY 2012 CDFI Program Awards Highlights", 2012, http://cdfifund.gov/docs/2012/cdfi/Highlights.pdf

CDFI Fund, "Treasury Announces More Than $186 Million in Awards to Organizations Serving Low-Income and Native Communities", 2012. 8. 6, http://www.cdfifund.gov/%5Cnews_events%5CCDFI-2012-29-Treasury_Announces_More_Than_$186_Million_in_Awards_to_Organizations_Serving_Low-Income_and_Native_Communities.asp

FRB, "Community Development Financial Institutions: Current Issues and Future Prospects", 2004, http://www.federalreserve.gov/communityaffairs/national/CA_Conf_ SusCommDev/pdf/zeilenbachsean.pdf

Federal Reserve Bank of Dallas, "Ending 'Too Big to Fail': A Proposal for Reform Before It's Too Late", 2013. 1. 16, http://www.dallasfed.org/news/speeches/fisher/2013/fs130116. cfm

"Coalition of Lenders and Investors Help Create the Community Development Financial Institution Act of 1994", *Shelterforce Online* No. 79, 1995. http://www.nhi.org/online/ issues/79/coallaw.html

"Starbucks Introduces New Indivisible Collection and Citi Donates $1 Million to Support Create Jobs for USA", Starbucks, 2012. 6. 12, http://news.starbucks.com/article_print. cfm?article_id=666

The New York Times, "We Can All Become Job Creators", 2011. 10. 17, http://www.nytimes. com/2011/10/18/opinion/nocera-we-can-all-become-job-creators.html

시민 섹터를 위한 사회적 자금의 도매상 영국 빅 소사이어티 캐피털(BSC)

Office of the Third Sector, "*Social Investment Wholesale Bank*", 2009.

Boston Consulting Group, "*Growing the market for Social Investment in UK*", 2011.

SITF, "*Social Investment Ten Years On*", 2010.

Social Finance UK, "*Toward a new social economy*", 2010.

Big Society Bank, "*Big society bank outline proposal*", 2011.

Big Society Bank, "*Big society capital*", 2012

민간 협력 채권으로 사회문제를 해결하다 영국 소셜 임팩트 본드(SIB)

Boston Consulting Group, "*Growing the market for Social Investment in UK*", 2011.

SITF, "*Social Investment Ten Years On*", 2010.

Social Finance UK, "*Toward a new social economy*", 2010.

National Counsel of Voluntary Organization, *"UK civil society almanac"*, 2010.

Ministry of Justice, *"Lessons learned from the planning of the Social Impact Bond"*, 2011.

Social Finance UK, *"Commissioning Social Impact Bond"*, 2011.

Social Finance UK, *"A New Tool for scaling impact"*, 2012.

Social Finance US, *"Social Impact Bond, an overview"*, 2012.

NSW Government, *"Social Impact Bond Pilot"*, 2011.

사회적 투자의 정석 '인내자본' 미국 어큐먼 펀드

http://www.acumenfund.org

http://www.acumen.org

SNS 시대의 감성 모금 활동 크라우드 펀딩

조용호 지음, 『스트리트 이노베이터』, 21세기북스, 2012.

이주성, 신승훈 지음, 『미래 경제와 사회적 기업』, 청람출판사, 2011.

SERI 경영노트, "사람을 이어주는 투자, 크라우드펀딩", 제155호, 2012. 6. 21.

기업법연구, "자금 조달 수단으로서 Crowdfuding에 관한 법적연구", 제26권 제2호 (통권 제49호).

정보법학, "벤처창업과 크라우드 펀딩(Crowdfunding)," 제16권 제2호, 2012.

KB금융지주경영연구소 KB daily 지식 비타민, "크라우드펀딩 효과 및 파급효과", 2012-108호,
    2012. 8. 28.

하나금융경영연구소 Weekly Hana Financial Focus 금융경영브리프, "미국 JOBS 법안 승인으로
    크라우드펀딩 허용", 제2권 18호, 2012. 5. 7~5. 13.

"Crowdfunding Industry Report: Market Trends, Composition and Crowdfunding Platform",
    http://www.scribd.com/doc/93646415/CROWDFUNDING-INDUSTRY-REPORT-
    ABRIDGED-VERSION-Market-Trends-Composition-and-Crowdfunding-Platforms

한국장애인인권포럼 Webzine 프리즘, "크라우드 펀딩(Crowd Funding)과 99퍼센트의 직접행
    동", 2012년 봄호, http://www.ableforum.com/webzine-prism/webzine?it_Seq=34&it_
    SubSeq=563

부천문화재단 이슈페이퍼, "공감의 방정식, 크라우드펀딩을 아시나요?", 2011-3호, http://www.
bcf.or.kr/webzine/0204/focus1.html

한국경제매거진, "투자자=참여자=소비자=마케터, 새로운 투자 스타일 '흥행 중'", 2012. 9. 3,
http://magazine.hankyung.com/apps/news?popup=0&nid=01&c1=1002&nkey=201209
0400875000261&mode=sub_view

Economist, "The new thundering herd. Wanted: small sums of money to finance young
companies. Click here to invest", 2012. 1. 16, http://www.economist.com/node/21556973

global envision, "marrying cash and change: social 'stock markets' spread worldwide",
2012. 8. 24, http://www.globalenvision.org/2012/08/24/marrying-cash-and-change-
social-stock-markets-spread-worldwide

유럽 최대 사회적 기업의 금융 노하우 실현 그룹 SOS의 사회혁신센터(CDI)

Jean-Marc Borello, Francois Bottollier-Depois, Nicolas Hazard, *L'Entreprise du XXIe
siecle sera sociale, ou ne sera pas*, Paris: Editions Rue de l'Echiquier, 2012.

CDI, *Le Comptoire de l'Innovation: Invest & Impact*, 2011.

CDI, Le Financement des Entreprises sociales en France, "opinionway", 2012.4.11.

Groupe SOS, *Rapport d'Activite 2009*, 2009.

Groupe SOS, *Impact Entrepreneurs*, 2012.

Groupe SOS, *Groupe SOS: une entreprise sociale*, 2012, http://www.groupe-sos.org/media/
doc/pages/plaquette_institutionnelle_groupesos_fr.pdf

The Guardian, "Can French social enterprise succeed globally?", 2013. 2. 19, http://
socialenterprise.guardian.co.uk/social-enterprise-network/2013/feb/19/french-
social-enterprise-succeed-globally

http://www.groupe-sos.org

http://www.lecomptoirdelinnovation.com

사회적 임팩트의 표준 잣대를 만든다 B랩의 GIIRS

유병선 지음, 『보노보 혁명』, 부키, 2007

동아비즈니스리뷰, "맥도날드 시스템 안과 병원에 도입, 1800달러 수술비 18달러로 낮췄다", November 2012 Issue 2, No.117.

김동혁, "Introduction to IRIS and GIIRS", Sustinvest, ESG Insight, 2012.

"Growing the Social Investment Market: A Vision and Strategy", HM Government 2011.

Jamie Jones, "Good Capital and Better World Books (A): A Better World for Investing", Kellogg School of Management, 2010.

Jamie Jones, "Good Capital and Better World Books (B): A Better World for Investing", Kellogg School of Management, 2010.

Andrew Klaber, Bobbi Thomason. "B Lab: Building a New Sector of the Economy", Harvard Business School, 2011.

http://blog.bcorporation.net/2010/04/channeling-investment-for-impact-new-rating-system-helps-investors-move-beyond-responsibility/

http://www.globalreporting.org/resourcelibrary/Explorations_TheTransparentEconomy.pdf

사회적 금융의 국제 네트워크 기구 INAISE · FEBEA · ISB · GABV

Katharina Beck, Katrin Kauefer, *Networking Social Finance*, INAISE, 2010.

Olaf Weber, Sven Remer eds., *Social Banks and the Future of Sustainable Finance*, Routledge, 2011.

Roland Benedikter, *Social Banking and Social Finance—Answers to the Economic Crisis*, Springer, 2011.

Robert J. Shiller, *Finance and the Good Society*, Princeton University Press, 2012.

FEBEA AISBL Internal Rules, 2008.

FEBEA Annual Report 2005.

FEBEA Annual Report 2007.

FEBEA Articles of Association 2008.

http://www.gabv.org/about-us/our-charter

INAISE Articles of Association, 2004.

INAISE Charter, 2008.

Institute for Social Banking(ISB) Annual Report 2011.

Statute of the Institute for Social Banking e.V.(registered society).

Strong, Straightforward and Sustainable Banking—Financial Capital and Impact Metrics of Values Based Banking; Full Report, (GABV, 2012).

http://www.febea.org

http://www.gabv.org

http://www.inaise.org

http://www.social-banking.org

S O C I A L   F I N A N C E